Diálogo com Nietzsche

Gianni Vattimo (Turim, 1936) é um dos mais renomados filósofos italianos, além de ser colaborador de prestigiados jornais e revistas. Discípulo de Hans-Georg Gadamer e Luigi Pareyson, leciona filosofia teórica na Universidade de Turim e é autor de inúmeros estudos sobre a filosofia alemã dos séculos XIX e XX. Foi parlamentar europeu de 1999 a 2004. Além deste livro, escreveu: *O fim da modernidade, Além da cristandade, Para além da interpretação.*

Gianni Vattimo
Diálogo com Nietzsche
Ensaios 1961-2000

Tradução
SILVANA COBUCCI LEITE

SÃO PAULO 2010

Esta obra foi publicada originalmente em italiano com o título
DIALOGO CON NIETZSCHE – SAGGI 1961-2000
por Garzanti Libri
Copyright © Garzanti Libri s.p.a. 2000
Copyright © 2010, Editora WMF Martins Fontes Ltda.,
São Paulo, para a presente edição.

1ª edição 2010

Tradução
SILVANA COBUCCI LEITE

Acompanhamento editorial
Luzia Aparecida dos Santos
Preparação do original
Renato da Rocha Carlos
Revisões gráficas
Helena Guimarães Bittencourt
Maria Regina Ribeiro Machado
Edição de arte
Katia Harumi Terasaka
Produção gráfica
Geraldo Alves
Paginação/Fotolitos
Studio 3 Desenvolvimento Editorial

Dados Internacionais de Catalogação na Publicação (CIP)
(Câmara Brasileira do Livro, SP, Brasil)

Vattimo, Gianni
  Diálogo com Nietzsche : ensaios 1961-2000 / Gianni Vattimo ; tradução Silvana Cobucci Leite. – São Paulo : Editora WMF Martins Fontes, 2010. (Biblioteca do pensamento moderno)

  Título original: Dialogo con Nietzsche : saggi 1961-2000.
  ISBN 978-85-7827-286-9

  1. Filosofia alemã 2. Nietzsche, Friedrich Wilhelm, 1844-1900 I. Título.

10-05117   CDD-193

Índices para catálogo sistemático:
1. Nietzsche : Filosofia alemã   193

Todos os direitos desta edição reservados à
Editora WMF Martins Fontes Ltda.
Rua Conselheiro Ramalho, 330 01325-000 São Paulo SP Brasil
Tel. (11) 3293.8150 Fax (11) 3101.1042
e-mail: info@wmfmartinsfontes.com.br http://www.wmfmartinsfontes.com.br

ÍNDICE

Observação 1

O niilismo e o problema da temporalidade 5
A visão de mundo de Nietzsche 49
O problema do conhecimento histórico e a formação da ideia nietzschiana da verdade 77
A filosofia como exercício ontológico 111
Nietzsche e a hermenêutica contemporânea.......... 133
Nietzsche, o super-homem e o espírito de vanguarda 151
Arte e identidade. Sobre a atualidade da estética de Nietzsche 175
A sabedoria do super-homem................................... 227
Os dois sentidos do niilismo de Nietzsche 241
A gaia ciência 255
Aurora. Pensamentos sobre os preconceitos morais. 281
Zaratustra... 299
Nietzsche, intérprete de Heidegger 323
O Nietzsche "italiano"... 339
Nietzsche 1994.. 349

Índice de nomes 369

Aos alunos e aos colegas do
Kolleg Nietzsche de Weimar

OBSERVAÇÃO

Quis dar a esta série de ensaios sobre Nietzsche o título de "diálogo" – imitando conscientemente o título de uma memorável série de escritos de Jean Beaufret sobre Heidegger[1] – porque o termo me pareceu o mais adequado para o trabalho que, a partir dos anos 1960, realizei sobre os textos do filósofo alemão. Jamais se tratou de uma pura e simples atividade filológica de esclarecimento, exposição, reconstrução "objetiva" de seu pensamento. Afirmo-o, também, com plena consciência dos limites que isso pode comportar para os textos que apresento aqui. Por outro lado, até a atividade mais puramente "filológica" que teve por objeto os textos de Nietzsche no último meio século, ou seja, a grande edição crítica organizada por Giorgio Colli e Mazzino Montinari para a editora Adelphi, de Milão, não foi inspirada por um objetivo desinteressadamente descritivo: como revelam so-

---

1. Jean Beaufret, *Dialogue avec Heidegger*, Paris, Editions de Minuit, 1974, 4 vols.

bretudo os escritos e as notas de Montinari[2], ao publicar os escritos póstumos em sua forma original (livre das manipulações dos primeiros editores, acima de tudo de sua irmã Elisabeth), Colli e Montinari pretendiam livrar Nietzsche das mitologias nazistas nele inseridas, e também prevenir ou limitar a mitificação de outra marca que passou a se delinear a partir dos anos 1960 e que, ao contrário do esperado por eles, ainda perdura.

Não me envergonho de dizer que a essa nova onda de "mitologia" nietzschiana pertencem também os escritos que reúno aqui, todos inspirados na ideia (que teve sua máxima expressão em Heidegger) de que Nietzsche é um pensador decisivo para o nosso presente e ainda repleto de futuro. Especialmente por esse motivo, um trabalho de organização "definitiva" de seu pensamento não é possível e não o será ainda por um tempo. O próprio fato de a imagem de Nietzsche se modificar significativamente em momentos diferentes, até mesmo na perspectiva de um único estudioso – como aconteceu comigo, embora, penso eu, sem grandes contradições, no decorrer destes quase quarenta anos de leituras –, é uma demonstração da vitalidade de sua obra, se é verdade, como me parece, que a variedade das interpretações não depende apenas das diferentes subjetividades dos intérpretes, mas também da riqueza do "objeto" a que se dedicam. Observo aqui, de passagem, que até a terminologia registra algumas oscilações: depois de *Il soggetto e la maschera*, de 1984, preferi traduzir *Uebermensch* por "além-do-homem" [*oltreuomo*], em vez de "super-homem" [*superuomo*], mas às vezes voltei à antiga termino-

---

2. Veja-se, para todos, seu *Che cosa ha "veramente" detto Nietzsche*, Roma, Astrolabio, 1975, e depois Milão, Adelphi, 1999.

logia, como no capítulo 11, quando se tratava precisamente de evidenciar as implicações éticas de suas expressões.

Para completar – e talvez piorar – o quadro desta apologia preliminar, lembrarei também que a leitura dos escritos reunidos neste livro deve ser relacionada a dois outros livros que dediquei a Nietzsche no decorrer destes anos: o volume acima mencionado, *Il soggetto e la maschera. Nietzsche e il problema della liberazione* (1974; 2.ª ed., Milão, Bompiani, 1994) e a *Introduzione a Nietzsche* (1985; 10.ª ed., Roma/Bari, Laterza, 1997).

Recentemente tive ocasião de retomar e rediscutir os vários aspectos e momentos de meu trabalho sobre Nietzsche com grupos de interlocutores atentos e experientes: em aulas e seminários realizados na Universidad Internacional Menendez y Pelayo de Valencia (em um curso dirigido juntamente com Jesús Conill em julho de 2000); em um congresso internacional realizado no castelo de Elmau (Baviera, julho de 2000) sob a direção de Rüdiger Safranski; e especialmente em uma série de aulas que ministrei entre maio e junho de 2000, a convite do Kolleg Nietzsche de Weimar, dirigido por Rüdiger Schmidt. Sobretudo as discussões efetuadas neste último local representaram um estímulo decisivo para esta publicação. Este livro, portanto, é dedicado aos colegas e aos estudantes do Kolleg Nietzsche de Weimar, em sinal de amizade e gratidão.

As três seções do volume compreendem:
a) A reedição do agora esgotado *Ipotesi su Nietzsche*, publicado em Turim pela editora Giappichelli, em 1967, cujos capítulos I e IV haviam saído respectivamente no *Archivio di Filosofia*, de 1961, e, em francês, nas atas do

Congresso de Royaumont de 1964, *Nietzsche*, Paris, Editions de Minuit, 1967;

b) uma série de ensaios, conferências e intervenções muitas vezes não publicados ou impressos em revistas italianas ou estrangeiras, em volumes de atas de congressos e convenções:

"Nietzsche, il superuomo e lo spirito dell'avanguardia", no volume *Il caso Nietzsche*, organizado por M. Freschi, Cremona, Libreria del Convegno, 1973;

"Arte e identità", em *Revue Philosophique*;

"I due sensi del nichilismo", no volume organizado por B. Egyed, T. Darby e B. Jones, *Nietzsche and Rhetoric of Nihilism*, Ottawa, Carleton University Press, 1989;

"Nietzsche e l'ermeneutica contemporanea" (relatório apresentado na Universidade hebraica de Jerusalém em 1984), no volume *Nietzsche as Affirmative Thinker*, organizado por Y. Yovel, Haia, Nijhoff, 1986;

"Nietzsche interprete de Heidegger", no volume organizado por F. H. von Hermann, *Kunst und Technik* (por ocasião do centenário de Heidegger), Frankfurt, Klostermann, 1989;

"Nietzsche tra estetica e politica" (em *Cuadernos de Filosofia*, Buenos Aires, mar. 1995; e em *Aut-aut*, jan.-abr. 1995);

La saggezza del superuomo, conferência inédita.

c) Três prefácios a obras de Nietzsche publicadas em italiano por várias editoras: *La gaia scienza*, Turim, Einaudi, 1979; *Aurora*, Roma, Newton Compton, 1990; *Così parlò Zarathustra*, Milão, TEA, 1992. Incluí também, como apêndice, uma breve intervenção em *Nietzsche italiano*, publicada na *Magazine Littéraire*. Mas temo, ou espero, ter esquecido ainda alguma coisa. No que me diz respeito, o diálogo de modo algum chegou ao fim.

O NIILISMO E O PROBLEMA DA TEMPORALIDADE

Os significados do eterno retorno

Após a publicação, em 1936, da obra fundamental de Löwith sobre a filosofia do eterno retorno de Nietzsche, o conceito de *ewige Wiederkehr des Gleichen* tornou-se, muito mais do que era na historiografia filosófica precedente, o conceito central de quase todas as interpretações do pensamento nietzschiano. No livro de Löwith, o eterno retorno eleva-se a pensamento unificador de toda a múltipla especulação de Nietzsche, dos escritos da juventude ao *Zaratustra* e aos escritos publicados postumamente com o título de *Wille zur Macht*[1]. Sob esse ponto

---

1. As obras de Nietzsche publicadas durante sua vida, das quais se encontram muitas edições e traduções, serão citadas remetendo ao título e ao número do capítulo ou do aforismo (ou, no caso de *Assim falou Zaratustra*, ao livro e ao título do discurso). Os escritos póstumos serão citados de acordo com a ordem estabelecida por Colli e Montinari em sua edição crítica (Milão, Adelphi, 1967 ss.), com os números (romanos) do volume, do tomo e da página (em algarismos arábicos) da tradução italiana. Em alguns casos, porém, indico o volume, o número

de vista, a filosofia de Nietzsche aparece como uma tentativa de "restaurar a visão de mundo dos pré-socráticos", que se situa na conclusão de todo um processo de "descristianização" iniciado na história do pensamento moderno com Descartes[2]. Na mesma época em que era publicada a primeira edição do livro de Löwith, saía também o *Nietzsche* de Jaspers e nascia a interpretação heideggeriana do pensamento de Nietzsche, em uma série de cursos realizados na Universidade de Freiburg entre 1936 e 1940, cujos apontamentos foram publicados em 1961[3]. Enquanto na interpretação de Jaspers o eterno retorno ainda tem uma posição subordinada[4], Heidegger reconhece-o como um dos temas centrais a que se pode remeter todo o pensamento de Nietzsche, ou melhor, o essencial, juntamente com o conceito de *Wille zur Macht*. A vontade de potência representa a essência do mundo

---

atribuído por Colli e Montinari aos cadernos dos apontamentos de Nietzsche e o número do fragmento. Para *A vontade de potência*, que, como se sabe, é uma obra publicada postumamente aos cuidados de sua irmã Elisabeth e de Peter Gast, preferi remeter à tradução italiana da edição definitiva de 1906, que foi reeditada com a organização de M. Ferraris e P. Kobau (Milão, Bompiani, 1992). O amplo aparato de notas dessa edição ajudará também a recolocar cada "aforismo" de *A vontade de potência* no quadro dos fragmentos póstumos da edição Colli-Montinari. Nos poucos casos em que os fragmentos póstumos ainda não foram publicados na edição crítica (por exemplo, os escritos de filologia dos anos anteriores a 1869), tive de manter a remissiva à edição Nauman (1895 ss.).

2. Cf. K. Löwith, *Nietzsche e l'eterno ritorno* (1936, 1956), trad. it. de S. Venuti, Roma/Bari, Laterza, 1996, pp. 111 ss.

3. M. Heidegger, *Nietzsche* (1961), ed. it. org. por F. Volpi, Milão, Adelphi, 1994, 2000[3].

4. Cf. K. Jaspers, *Nietzsche. Introduzione alla comprensione del suo filosofare* (1936), trad. it. de L. Rustichelli, Milão, Mursia, 1996, parte II, cap. 6.

como Nietzsche o vê, enquanto o eterno retorno é sua existência e realização (embora, e isto é decisivo, em um sentido diferente da relação tradicionalmente estabelecida entre essência e existência)[5].

A ideia do eterno retorno, contudo, ainda que represente o conceito interpretativo mais válido elaborado até agora pela historiografia nietzschiana, está bem longe de fornecer uma solução das contradições presentes na obra de Nietzsche; quando muito, ela contribui para evidenciá-las ainda mais, reduzindo-as a suas características fundamentais. O próprio conceito de eterno retorno, de fato, é um conceito problemático e de significado no mínimo ambíguo. É muito provável que a ambiguidade não esteja ligada apenas à dificuldade de interpretação, aumentada pelo estado de desordem em que se encontram os últimos escritos de Nietzsche, mas que remonte ao próprio Nietzsche, que talvez nunca chegue a formulá-lo claramente. O que se pode fazer, nessa situação, é tentar ilustrar o significado do conceito de eterno retorno mostrando os problemas que ele, segundo Nietzsche, devia resolver, as linhas daquele desenvolvimento de pensamento que encontrou na ideia da *ewige Wiederkehr* seu ponto de chegada. Na verdade, deve-se considerar que, desde o momento em que foi concebido (a famosa caminhada perto do lago de Silvaplana, na Alta Engadina)[6], o pensamento do eterno retorno representou para Nietzsche o próprio significado de seu filosofar, a chave de solução de todos os problemas, sua mensagem ao mundo: Zaratustra é "o mestre do eterno retorno"[7].

---

5. Cf., por exemplo, *Nietzsche*, cit., p. 747.
6. Nietzsche fala dela em *Ecce homo*: "Assim falou Zaratustra", 1.
7. *Zaratustra*, III: "O convalescente", 2.

A ambiguidade fundamental do conceito de eterno retorno relaciona-se ao duplo significado, cosmológico e moral, que a doutrina assume[8]. Essa ambiguidade encontra-se resumida claramente em uma breve proposição pertencente aos inéditos do período em que foi composta *A gaia ciência*, precisamente a obra em que, pela primeira vez, Nietzsche anuncia a doutrina da *ewige Wiederkehr*: "Age de maneira que devas desejar viver de novo, esta é a tarefa – e, além do mais, isso ocorrerá de qualquer modo." A eterna repetição daquilo que acontece é ao mesmo tempo uma tarefa a ser realizada e um fato inelutável. Na medida em que é um fato, a doutrina do eterno retorno apresenta-se como uma proposição cosmológica que enuncia uma necessária estrutura da realidade. É esse o sentido em que a teoria foi entendida desde seus primeiros intérpretes, desde o próprio Peter Gast até Drews e Lichtenberger[9]. Este último chega a considerar que a doutrina da *ewige Wiederkehr* é enunciada em algumas obras de contemporâneos de Nietzsche (que no entanto Nietzsche não teria conhecido), cujo sentido parece-nos até banal e inteiramente permeado de um positivismo superficial, que Lichtenberger julgava em substancial acordo com a posição nietzschiana. Uma relação muito estreita da doutrina da *ewige Wiederkehr* com o positivismo é ressaltada também por Rudolf Steiner,

---

8. Como ressalta, por exemplo, Löwith, *Nietzsche*, cit., pp. 97 ss.

9. Cf., por exemplo, o prefácio de Gast ao vol. XIV de *Nietzsche's Werke*, Leipzig, Naumann, 1895, pp. VII-VIII; A. Drews, *Nietzsches Philosophie*, Heidelberg, 1904, pp. 323-81. Drews ressalta, contudo, e com razão, também o caráter de *Glaube* que a doutrina do eterno retorno tem para o próprio Nietzsche, ao menos em certas páginas, motivo pelo qual não seria cientificamente demonstrável; H. Lichtenberger, *La philosophie de Nietzsche*, Paris, 1904, pp. 160-8.

para quem ela representa a mera inversão, realizada por Nietzsche com um movimento típico de seu caráter, das posições de Dühring expostas no *Kursus der Philosophie als strenge Wissenschaft* (Leipzig, 1875), que Nietzsche teria lido e comentado[10]. Do ponto de vista desses intérpretes, e de muitos outros que os seguiram[11], o eterno retorno do mesmo resume-se na ideia de que o futuro do universo não tem uma ordem racional, não tem fins nem etapas sucessivas, em suma, não tem sentido algum; no entanto, como o conceito de uma infinidade de forças é contraditório, e a quantidade de energia só pode ser finita, esse processo sem fim nem sentido não cria nada de novo, é um movimento circular em que cada situação se repete ciclicamente ao infinito.

Essa argumentação parte do pressuposto de que o tempo do devir natural é infinito, ao passo que a matéria e as energias físicas não o são: só assim Nietzsche pode demonstrar que, se fosse possível algum fim, algum objetivo ou ao menos um estado de equilíbrio e de repouso das forças, ele já deveria ter sido alcançado; se isso não ocorreu no tempo infinito que constitui o passado, jamais poderá ocorrer, e um fim do devir é inconcebível. O mesmo raciocínio vale para demonstrar que não pode haver um objetivo do devir natural[12]. O processo do eterno retorno, ainda que não tenha sentido nem objetivo, implica sempre que aquilo que acontece é apenas repe-

---

10. R. Steiner, *F. Nietzsche. Ein Kampfer gegen seine Zeit*, 2. ed., Dornach, 1926 (trad. it., Lanciano, 1935, pp. 28-9 e 40).

11. Para Schlechta, por exemplo, *Der Fall Nietzsche*, cit., pp. 82-3 e *passim*, o eterno retorno, cujo significado lhe parece contudo ambíguo, é no fundo simplesmente uma maneira de reconhecer e enunciar a falta de sentido do futuro descoberta pelas ciências naturais e pela *Historie*.

12. *Opere*, vol. VII, tomo 2, p. 76.

tição do que aconteceu e não pode ser nada de diferente, já que isso contradiria o pressuposto da finitude das forças. Assim, embora não exista uma dialética histórica com leis racionalmente formuláveis, no mundo do eterno retorno aparentemente não há lugar para a liberdade: as ações do homem são simplesmente o produto do devir cíclico do cosmos.

Em contraposição a esse significado cosmológico, há, como se dizia, um significado moral da doutrina. Nesse segundo sentido, o eterno retorno não é tanto um fato ineluctável a ser reconhecido quanto uma tarefa de eternização a ser realizada; a eterna repetição de minha existência é algo que devo desejar: "Só quem considera a própria existência apta a se repetir eternamente sobrevive."[13] Aliás, a primeira enunciação da ideia da *ewige Wiederkehr* no IV livro da *Gaia ciência* é apresentada de forma hipotética e implica, ao menos na expressão literal, uma proposta feita ao homem: "Queres reviver isso ainda uma vez e uma infinidade de vezes?"[14] Deixando de lado o significado menos ou mais forte que se queira atribuir à forma hipotética do aforismo, é inegável que aqui a ideia da eterna repetição tem antes o sentido de um critério para a escolha moral: devo agir de maneira que eu queira que qualquer instante de minha vida se repita eternamente[15].

Ao lado desses dois significados, cuja conciliação, como dissemos, é problemática, sobretudo pela carga de

---

13. *Opere*, vol. V, tomo 2, p. 391.
14. *La gaia scienza*, n. 341, p. 198.
15. Sobre o confronto dessa doutrina de Nietzsche com o imperativo kantiano, tentado por alguns intérpretes, cf. W. A. Kaufmann, *Nietzsche, filosofo, psicologo, anticristo* (1956), trad. it. de R. Vigevani, Florença, Sansoni, 1974, p. 283.

determinismo e de necessidade inelutável implícita no aspecto cosmológico da doutrina, parece que deve haver um outro que não se reduz a eles e que, ao contrário, parece acenar para a possibilidade de uma ligação mais profunda e mais estreita entre a eternidade do mundo e a decisão do homem. A doutrina do super-homem, por exemplo, como é enunciada no *Zaratustra*, implica evidentemente uma relação da vontade com o mundo que não pode reduzir-se ao simples reconhecimento da necessária ciclicidade de tudo o que acontece: a vontade é denominada explicitamente "uma criadora"[16]. "Aquilo que chamastes mundo, deveis primeiro criá-lo para vós", diz Zaratustra a seus discípulos em outro discurso[17]. Estas não são proposições isoladas: especialmente ao longo dos dois primeiros livros do *Zaratustra*, o super-homem é aquele que institui com o mundo uma relação que não é o puro e simples reconhecimento da realidade como ela é, e tampouco uma ação moral referente apenas ao sujeito, mas uma verdadeira relação de recriação do próprio mundo, redimido do acaso e da brutalidade do evento numa criação poética em que vigora uma nova necessidade.

Por outro lado, o fato de os significados da *ewige Wiederkehr* não poderem ser reduzidos ao cosmológico e ao moral é sugerido também por uma análise dos problemas que o conceito nietzschiano do eterno retorno se propunha resolver. Um desses problemas, a nosso ver o principal, que emerge desde as obras iniciais de Nietzsche, é o da posição do homem diante do tempo. Não se

---

16. *Zaratustra*, II: "Da redenção".
17. *Zaratustra*, II: "Das ilhas bem-aventuradas". Cito geralmente a trad. it. de B. Allason, Turim, 1944, com pequenas modificações.

trata do tempo em seu significado gnosiológico ou metafísico, mas no sentido que se pode chamar existencial. Ora, uma das consequências da ideia do eterno retorno – consequência é modo de dizer, pois pode ser considerada o próprio sentido do conceito – é a inversão da concepção banal do tempo, que o vê como uma corrente irreversível de instantes ordenados em série[18]. Para compreender mais a fundo esse aspecto da ideia do eterno retorno, portanto, será útil estudar como se apresenta em Nietzsche o problema da temporalidade como categoria existencial. A importância da questão é dada pelo fato de que justamente os problemas suscitados pela relação entre vontade criadora do homem e eternidade como caráter do mundo – problemas que, como vimos, não encontram uma solução satisfatória na interpretação cosmológica e moral da ideia do eterno retorno – aparentemente só podem ser resolvidos a partir de uma visão diferente da temporalidade. Assim, esclarecer os termos do problema da temporalidade deveria ser útil não apenas para iluminar outro significado da doutrina do eterno retorno, mas talvez também para indicar um caminho para a solução dos problemas que nela permanecem abertos.

A doença histórica

Uma das primeiras obras em que Nietzsche tenta uma análise abrangente dos males da civilização contemporânea e de suas causas é a segunda das *Unzeitgemässe Betrachtungen*, aquela *Da utilidade e desvantagem*

---

18. Cf. *Zaratustra*, II: "Da visão e do enigma".

dos estudos históricos para a vida, escrita em 1874, ou seja, dois anos depois de *O nascimento da tragédia*, em que a análise da decadência ainda está totalmente ligada à visão mítica da Grécia e ao entusiasmo pela música de Wagner. Em um fragmento autobiográfico que remonta à época de *Menschliches Allzumenschliches*, Nietzsche destaca a importância das reflexões contidas nesta *Extemporânea* (como de resto, mas de forma menos nítida e rigorosa, nas outras) para o desenvolvimento de seu pensamento: "'Filisteus da cultura' e 'doença histórica' começaram a dar-me as asas."[19] O filisteísmo é apenas outra maneira de indicar a doença histórica; o problema da definição de uma postura correta diante da história é explicitamente definido, na segunda *Extemporânea*, como o verdadeiro e fundamental problema do espírito moderno[20]. A própria *Unzeitgemässheit*, a extemporaneidade, que Nietzsche polemicamente destaca no título de seus ensaios, não é apenas uma tomada de posição genérica contra a própria época, mas contra a temporaneidade, entendida como o ser no âmbito dos tempos, que é típica do homem que sofre da doença histórica. Em vez disso, Nietzsche quer "agir de modo extemporâneo, ou seja, contra o tempo, e por isso mesmo sobre o tempo e, espera, em favor de um tempo futuro"[21].

A doença histórica é uma espécie de definhamento que se manifesta em uma civilização que, pelo excesso dos estudos e dos conhecimentos sobre o passado, perde toda a capacidade criativa. Esta, segundo Nietzsche, é a situação de nossa época: o enorme desenvolvimento

---

19. *Opere*, vol. IV, tomo 3, p. 279.
20. *Da utilidade e desvantagem da história para a vida*, 8.
21. *Da utilidade e desvantagem*, **prefácio**.

dos instrumentos de conhecimento histórico e a quantidade de noções e de documentos disponíveis sobre as épocas passadas reduziram grande parte da cultura a ser simplesmente "história da cultura", como se vê pelos programas dos institutos de instrução[22], sem mais impulso produtivo. A extrema consciência histórica, de fato, mata no homem a vontade de criar algo novo, provoca-lhe uma espécie de paralisia que nasce da perda absoluta da confiança em si mesmo e na própria obra. "Um homem que fosse absolutamente privado da capacidade de esquecer e que fosse condenado a ver, em cada coisa, o processo do devir... não acreditaria mais no próprio ser nem em si mesmo. Veria todas as coisas se transformarem como uma série de pontos contrastantes e se perderia nesse mar do devir. Como verdadeiro discípulo de Heráclito, acabaria por não ter mais a coragem de mover um dedo. Toda ação exige o esquecimento."[23] A consciência de si como momento transitório de um processo, como ponto imerso em um fluxo que do passado conduz ao futuro, como resultado daquilo que foi e etapa preparatória para o caminho daquilo que será – tudo isso é próprio da doença histórica e, paradoxalmente, elimina toda a capacidade de "fazer" história, que é a capacidade de se elevar acima do processo, decidindo e acreditando na própria decisão. A ação histórica não é impossibilitada apenas pela visão do fluxo perpétuo: mesmo quando se atribui a esse fluxo uma direção e um significado, a decisão individual perde todo o sentido, e até aumenta a devoção ao fato, o servilismo para com as potências ven-

---

22. Cf. especialmente a primeira das cinco conferências *Sul futuro delle nostre scuole* [*Do futuro das nossas escolas*], realizadas em 1872, em *Opere*, vol. III, tomo 2, pp. 91 ss.
23. *Da utilidade e desvantagem*, 1.

cedoras, a submissão ao devir e a suas leis, o otimismo e a apologia das coisas como elas são. "Quem não compreende quanto a história é brutal e sem sentido tampouco poderá compreender o impulso para dar um sentido à história."[24] Ver-se como uma etapa de um processo encaminhado para um fim que transcende os indivíduos é apenas uma tentativa de encontrar um significado dado na realidade das coisas, enquanto o único significado possível é aquele que o homem se atribui com a própria criatividade[25].

No conceito nietzschiano de doença histórica entram, portanto, todas as espécies de historicismo, desde aquele, mais típico do século XIX, que vê a história como desenvolvimento necessário para um fim (seja este a autoconsciência do espírito absoluto, a sociedade sem classes ou, genericamente, o "progresso da humanidade"), até aquele, mais astucioso, que se limita a sublinhar a relatividade histórica de toda obra do homem e seu caráter transitório: o que constitui a doença histórica é, de fato, a impossibilidade de transcender de alguma maneira o processo, quer este tenha ou não um sentido abrangente.

A relação com o passado, da qual a doença histórica é uma degeneração, é contudo constitutiva do homem: este se distingue dos animais precisamente na medida em que, a certa altura, aprende a dizer *es war* [foi], reconhece que tem um passado com o qual deve entrar em relação. O problema dessa relação, que na época presente se configura como problema do historicismo e da

---

24. *Opere*, vol. IV, tomo 1, p. 125.
25. *Da utilidade e desvantagem*, 8; cf. também *Opere*, vol. III, caderno 29, fr. 72.

doença histórica, não é, portanto, próprio de uma época em particular, mas do homem como tal. Contudo, esse aspecto mais universal, que Nietzsche deixa um pouco na sombra na segunda *Extemporânea*, deve ser levado em conta para compreender o ulterior desenvolvimento da questão do tempo e o conceito de eternidade. Aprendendo a dizer *es war*, o homem reconhece também sua própria natureza mais profunda, que é a de "um imperfeito jamais perfectível" ("ein nie zu vollendes Imperfektum"), ou seja, uma sucessão ininterrupta de instantes, cada um dos quais é a negação do outro, transformando sua vida em uma luta contínua contra o passado, que recai como um peso sobre ele[26]. O passado, no entanto, não é apenas o peso do qual temos de nos libertar. Ele também tem sempre o caráter, aparentemente oposto, do paraíso perdido: "Os semideuses sempre viveram antes, a geração presente é sempre a degenerada", afirma Nietzsche em um apontamento escrito na mesma época da segunda *Extemporânea*. Também na vida do indivíduo só se reconhece o valor de uma experiência depois que ela chegou ao fim e passou; apenas a morte põe fim a essa situação[27]. Em ambos os casos, o passado, considerado aquilo que não depende de nossa decisão, tem o efeito de esvaziar de sentido o presente, de pôr o homem em uma atitude epigônica, aquela atitude que se tornou sistema no pensamento de Hegel[28].

O homem da doença histórica vagueia como um turista no jardim da história[29] ou, como Nietzsche dirá mais tarde, comporta-se como um ator que recita várias partes,

---

26. *Da utilidade e desvantagem*, 1.
27. *Opere*, vol. III, tomo 3, parte 2, pp. 303-5.
28. *Da utilidade e desvantagem*, 8.
29. *Da utilidade e desvantagem*, 10.

insere-se em diversas situações históricas, sem que nenhuma realmente lhe pertença[30]. Entendida como ciência que tem o passado diante de si como próprio objeto, a história pressupõe e desenvolve a absoluta insensibilidade aos valores e à hierarquia destes: de um lado, o historiador efetivamente parte da convicção de que tudo o que ocorreu na história é compreensível, ou seja, no próprio nível ou no nível de uma "humanidade" comum que acaba sendo uma mediocridade comum em que não existe lugar para o que é grande; de outro lado, a história pretende explicar precisamente como história, isto é, como produto de determinadas situações, tudo o que ocorre, relativizando todas as coisas e destruindo o valor[31].

Assim entendida, a história é ao mesmo tempo o fundamento e a expressão característica da moderna civilização de massa, em que as exigências da produção requerem um tipo médio de homem suficientemente informado mas desprovido do sentido da individualidade e dominado pelo instinto do rebanho: o órgão desta cultura de massas, democrática e cosmopolita, mas sem raízes, é o jornalismo. O gênio e o profeta como figuras norteadoras que valem para todos os tempos foram substituídos pelo jornalista, que está a serviço do momento[32]. Poderia parecer que o aumento da consciência histórica deveria ser acompanhado por uma ampliação da personalidade além dos limites estreitos da situação individual, pelo fim ou pela diminuição dos egoísmos. Mas ocorre o contrário: o homem da doença histórica, tendo perdido o sentido do horizonte infinito, substituído pela precisa

---

30. *Opere*, vol. VII, tomo 2, p. 231; cf. também *Opere*, vol. III, tomo 3, parte 2, p. 240.

31. *Da utilidade e desvantagem*, 5.

32. Cf. *Do futuro das nossas escolas*, primeira conferência.

definição da situação em todos os seus componentes, isola-se em si mesmo, no restrito círculo de seu egoísmo, e acaba se tornando insensível[33]. Por outro lado, posto em relação com uma infinidade de situações, nenhuma das quais, contudo, realmente lhe pertence, o homem contemporâneo vive em uma permanente insegurança, é um "sem pátria"[34].

A doença histórica, em suma, sintetiza os males de nossa civilização decadente: a quantidade de noções históricas que possuímos, intelectualmente mas não organicamente ligadas à vida, produz um desequilíbrio entre conteúdo interno e forma visível da nossa civilização, que é ao mesmo tempo muito culta e bárbara, não possui um estilo, ou seja, um princípio próprio unificador vivo; além disso, o excesso de estudos históricos produz uma perigosa convicção da transitoriedade das coisas humanas e ao mesmo tempo um estado de espírito cético, que faz com que nenhuma idealidade impressione, apenas os interesses egoístas mereçam atenção. Tudo isso é acompanhado pela presunção intelectual da objetividade, que leva o homem contemporâneo a sentir-se muito mais evoluído e mais "verdadeiro" que seus predecessores, enquanto, em decorrência da falta de um princípio unificador, permanece sempre um imaturo[35].

A relação autêntica com o passado

É possível, contudo, e como se configura, uma atitude correta diante do passado? Nietzsche analisa longa-

---

33. *Da utilidade e desvantagem*, 9.
34. *Da utilidade e desvantagem*, 7.
35. *Da utilidade e desvantagem*, 5.

mente as diversas maneiras de estabelecer uma relação com o passado às quais correspondem diversos tipos de historiografia: a monumental, a antiquária, a crítica. Mesmo essas maneiras, porém, podem ser mais ou menos legítimas, ou seja, úteis e não prejudiciais à vida, apenas na medida em que nelas o elemento histórico seja posto a serviço do elemento não histórico, isto é, da vida em seu significado criativo. Já vimos que a ação exige o esquecimento, isto é, de certo modo a suspensão da consciência histórica; esse momento de esquecimento, que cria em torno do sujeito da decisão uma espécie de zona obscura subtraída à consciência histórica, é o que Nietzsche chama o elemento não histórico, a atmosfera em que apenas a ação pode nascer.

A atitude correta diante do passado consiste na prioridade atribuída a esse elemento não histórico sobre o histórico. Mais precisamente, isso significa que o passado é conhecido e revivido na consciência histórica apenas na medida em que serve à ação em curso, sem nenhuma preocupação de objetividade e de reconstrução fiel, mas com o objetivo de intensificar, facilitar e fortalecer a ação presente. O ser vivo tem necessidade de um "horizonte" dentro do qual possa se estabelecer e se estruturar, como em uma solução nutritiva; um horizonte só existe enquanto tem limites, e a capacidade de traçar esses limites escolhendo, aceitando, recusando, é aquilo que Nietzsche denomina aqui força plástica[36]. A medida em que o estudo e o conhecimento do passado são úteis para a vida é dada pela medida de força plástica de que

---

36. Esse significado de *Kraft* pode servir para entender melhor a concepção de mundo que Nietzsche expõe nas últimas obras: o mundo como conjunto de forças será visto, mais que em sentido mecânico, como um encontro e uma luta de "perspectivas".

um indivíduo ou uma civilização dispõem: quanto menor é a força plástica, tanto maior é o perigo de que o estudo da história leve à doença histórica, da qual precisamente sofre nosso tempo. O conhecimento do passado é útil apenas para o homem que tem fortes raízes interiores: nesse caso, ele se torna um alimento de sua capacidade criativa. "A história, enquanto é posta a serviço da vida, está a serviço de uma potência não histórica."[37] Esse apropriar-se do passado é a verdadeira "justiça" (ou objetividade) histórica: "Somos justos para com o passado só se estamos além dele."[38] "Só a maior força do presente pode interpretar o passado."[39]

É importante avaliar todo o alcance dessas afirmações nietzschianas: a relação com o passado histórico tem seu lugar apropriado apenas no interior de algo que não se reduz à história. As "fortes raízes" de que o homem necessita para não ser arrastado pelo passado, e sim colocado a seu próprio serviço, não são raízes "históricas", implicam uma relação com alguma outra coisa que na segunda *Extemporânea* não é claramente definida, a não ser como força plástica e criativa da vida. Na conclusão do ensaio, todavia, como veremos melhor, fala-se de forças eternizadoras como meios para vencer a doença histórica. O conceito de eternidade, no entanto, é introduzido em conexão com o de ilusão: assim, a arte é uma força eternizante na medida em que, com a ilusão da forma que produz, leva-nos a esquecer o devir e coloca-nos em um clima não histórico favorável à ação criativa. É a posição já enunciada em *Nascimento da tragédia*,

---

37. *Da utilidade e desvantagem*, 1; cf. 5.
38. *Opere*, vol. IV, tomo 1, p. 148.
39. *Da utilidade e desvantagem*, 6.

e que expressa uma atitude ainda inteiramente ligada a Schopenhauer. Dentro desses limites, contudo, é formulado um problema que Nietzsche exime-se de considerar resolvido com a teoria schopenhaueriana da ilusão, e que continuará a preocupá-lo ao longo de todo o seu itinerário especulativo.

O fato de o problema ainda permanecer aberto, aliás, é evidente também pela pouca precisão da *pars costruens* desse ensaio. A correta relação com o passado, em geral, é aquela que o põe a serviço da vida, que subordina o elemento histórico ao não histórico. É possível definir mais claramente essa relação? Nietzsche, como se sabe, tem constantemente diante dos olhos o exemplo dos gregos, um exemplo que, como revela o escrito sobre a tragédia, é abundantemente idealizado, mais que historicamente definido. Os gregos da época das origens, antes do socratismo e da decadência iniciada por este, são um povo que soube conservar um admirável sentido não histórico; sua cultura é "essencialmente anti-histórica e apesar disso, ou melhor, precisamente por isso, indizivelmente rica e fecunda"[40]. Sua maneira de se posicionar diante da história é o oposto do "curioso querer saber tudo" que caracteriza a decadência helenística[41]. É uma relação instintiva, irrefletida, própria das crianças, como Nietzsche frequentemente os chama, que os faz conhecer de maneira não histórica e espontânea o conteúdo de cultura da *pólis*[42].

Em uma página da segunda *Extemporânea*, não ligada aos gregos, a relação correta com o passado é compa-

---

40. *Da utilidade e desvantagem*, 8.
41. *Opere*, vol. III, tomo 3, parte 2, p. 6.
42. *Opere*, vol. IV, tomo 1, p. 127.

rada à da árvore com as próprias raízes: não as conhece, mas as sente[43]. Em um longo apontamento da mesma época, Nietzsche tenta representar a situação de uma civilização não acometida da doença histórica como a nossa, em que o sentido histórico seja abrandado como no momento mais feliz da história dos gregos: "Logo atrás do presente começa o escuro: nele se movem como sombras incertas grandes figuras, que aumentam desmesuradamente, que agem sobre nós, mas quase como heróis, não como realidades claras e comuns de todos os dias. Toda tradição é quase inconsciente como as características hereditárias: as pessoas vivas *são*, em suas ações, as demonstrações da tradição que nelas age, e a história *é* visível em carne e osso, não nos documentos amarelados e como memória de papel."[44] Enquanto a história como ciência implica um distanciamento fundamental do passado, sua redução a objeto de um conhecimento preciso e abstrato, os mitos heroicos são precisamente um modo de "sentir" as próprias raízes, menos claramente, porém de modo mais vital, pois o passado vive como tradição e não foi objetivado. "Só onde cai a luz do mito, a vida dos gregos resplandece."[45] O próprio politeísmo dos gregos, por outro lado, é um sinal de seu viver no presente, sem a preocupação de uma ordem definitiva ou de um fundamento último; um sinal de grande prodigalidade do espírito[46].

Todas essas características, contudo, estão bem longe de dar uma ideia clara do que Nietzsche entende por postura correta diante do passado; elas devem ser consi-

---

43. *Da utilidade e desvantagem*, 3.
44. *Opere*, vol. III, caderno 29, fr. 172.
45. *Humano, demasiado humano*, I, n. 261.
46. *Opere*, vol. IV, tomo 1, p. 133.

deradas mais como tentativas, que servem para esclarecer ulteriormente o conceito de doença histórica e o problema que ela suscita. O mito no lugar da história como ciência representa apenas o sinal de uma relação diferente com o passado, cuja verdadeira raiz ainda não foi indicada. De resto, a segunda *Extemporânea*, embora oponha à nossa civilização a civilização não histórica dos gregos das origens, está bem longe de rejeitar os instrumentos modernos de conhecimento histórico: a historiografia monumental, a antiquária e a crítica, que mesmo não sendo história icônica ou cientificamente "objetiva" tampouco são relato mítico; são declaradas formas legítimas de conhecimento do passado, desde que subordinadas ao elemento não histórico, ou seja, postas a serviço da vida. O que permanece não ulteriormente definido é precisamente esse elemento não histórico.

As conclusões do ensaio também acrescentam pouco ao que foi visto. O que se trata de fazer é inverter a relação história-vida. Essa inversão implica uma avaliação distinta da função do indivíduo e uma intervenção de forças eternizantes como a arte e a religião[47]. A doença histórica leva a ver o indivíduo como perfeitamente inserido no processo universal, expressão de seu tempo, determinado pelas condições em que é obrigado a viver, justificado apenas no desenvolvimento geral; a vida, por sua vez, é o contrário: criatividade, novidade, irredutibilidade daquilo que nasce àquilo que existiu. A verdadeira história é a história dessas novidades, a história dos homens superiores que souberam criar e justificar-se por si sós, a história dos gênios[48]. Essa criatividade dos indiví-

---

47. *Da utilidade e desvantagem*, 10.
48. *Da utilidade e desvantagem*, 9.

duos é possível apenas em uma atmosfera não histórica, no esquecimento do devir. Precisamente a criação dessa atmosfera exige a presença de "forças eternizantes" como a arte e a religião. Elas agem como fontes de ilusão, capazes de fazer esquecer, ao menos por momentos, o devir, pondo o homem acima da história do tempo. Só nesse sentido Nietzsche fala aqui de eternidade, de modo que ela não se distingue da ilusão necessária para a continuação da vida.

O fato de ele buscar obscuramente um outro e mais pleno significado do conceito como solução do problema do tempo pode ser inferido, por exemplo, de uma nota pertencente ao projeto de outra *Extemporânea*, que acabou não sendo escrita, intitulada *Die Philosophie in Bedrängniss*, redigida no outono de 1873, ou seja, pouco antes da publicação do ensaio sobre a história. Nesse apontamento, os problemas que a época põe para a filosofia estão de algum modo vinculados com o problema da relação entre o tempo e o eterno. Nietzsche vê uma das características dominantes do homem de seu tempo na pressa, *Hast*, que aliás é um produto das exigências sociais: o Estado, de fato, exige que se viva no instante; não existe "um construir para a eternidade"[49]. Também acerca da função da arte como antídoto para a doença histórica é preciso observar que a arte já tem para Nietzsche, mesmo antes das *Considerações extemporâneas*, além do significado vinculado com a ilusão, um outro significado, que conservará até as últimas obras: "Contra a historiografia icônica e contra as ciências naturais são necessárias extraordinárias forças artísticas", escreve em um apontamento de 1872[50]. Nesse contexto já existe algo mais

---

49. *Opere*, vol. III, tomo 3, parte 2, p. 341.
50. *Opere*, vol. III, tomo 3, parte 2, p. 8.

que a arte como ilusão que faz esquecer o devir: ela tem antes a função de criar as perspectivas unitárias que constituem a fisionomia e o estilo próprio de uma época ou de uma personalidade. Em outras palavras, a arte é sinônimo da própria criatividade da vida, que se opõe ao reflexo mecânico do passado ou do mundo natural. É o mesmo conceito de arte que se encontrará em *A vontade de potência*[51]. A própria fisionomia de uma civilização livre da doença histórica é definida de uma maneira que a aproxima da obra de arte: nela a cultura tornou-se natureza, atingiu-se a perfeita unidade entre o interno e o externo[52].

Nem o conceito da inversão da relação história-vida, nem a evocação do exemplo dos gregos resolvem satisfatoriamente o problema do *es war* e da temporalidade. A evocação dos gregos, aliás, vale como simples evocação ideal, e o próprio Nietzsche está bem consciente de que não é determinante: em virtude do cristianismo e sobretudo de sua decadência, nossa época tornou-se incapaz de compreender a antiguidade; por isso a ideia de uma imitação dos antigos e de uma recuperação de sua mentalidade é desprovida de sentido. Não apenas isso: a época da doença histórica é um fato que não pode ser anulado, ainda que se deva pensar em superá-lo; a superação deverá levar em conta que "nós vivemos no tempo em que diversas interpretações da vida convivem uma ao lado da outra... O homem do futuro é o homem europeu"[53]. Uma superação da doença histórica não pode ser um retorno ao mito, que supunha

---

51. Cf. *A vontade de potência*, ns. 796, 853, II; Heidegger, *Nietzsche*, cit., pp. 78-85, 206-15.

52. *Da utilidade e desvantagem*, 10.

53. *Opere*, vol. IV, tomo 1, p. 113.

condições de civilização radicalmente diferentes das nossas, e especialmente uma estreiteza de horizontes de vida que hoje se perdeu e foi substituída pelo cosmopolitismo.

Nessa situação, a tarefa do historiador e do filólogo é antes de tudo uma tarefa negativa: iluminar sem pudor a irracionalidade que domina os fatos humanos, destruir toda visão providencialista da história[54]. Mas também essa conclusão é insuficiente diante da amplitude do problema de uma relação autêntica (se podemos usar tal expressão) com o passado como é apresentado na segunda *Extemporânea* e que só será encaminhado para uma solução mais tarde, com o surgimento da ideia do eterno retorno.

Niilismo e historicismo

Nas obras do Nietzsche maduro, em que a análise da decadência da nossa época se amplia no grande panorama do niilismo como caráter geral da história da civilização europeia e não apenas europeia, a doença histórica continua a ser um dos aspectos fundamentais pelos quais o niilismo se define em sua origem e desenvolvimento. Vimos como na segunda *Extemporânea* a expressão "doença histórica" servia para indicar os dois significados de nosso conceito de historicismo, ou seja, a atribuição de uma ordem providencial à história ou a absoluta relativização de toda manifestação do homem na época em que surge, sem que esta seja inserida na ordem racional mais ampla do devir. Doença histórica é, para o

---

54. *Opere*, vol. IV, tomo 1, p. 125.

Nietzsche da segunda *Extemporânea*, tanto o historicismo providencialista, no fundo ainda cristão, quanto o relativismo absoluto de quem vê a realidade como um fluxo em que tudo o que nasce é digno de perecer. Ora, precisamente o historicismo entendido nesses dois significados, um dos quais é o desenvolvimento lógico do outro, é uma das diretrizes principais no caminho que leva ao niilismo. Este, de fato, em seu significado mais geral, se define como a perda de todo sentido e valor do mundo; chega-se a esse ponto através de um desenvolvimento que engloba o socratismo, o platonismo, o cristianismo. Na verdade, o niilismo não é apenas o reconhecimento da ausência de qualquer significado e de qualquer ordem racional no devir; já é niilismo, enquanto representa o primeiro passo que levará necessariamente aos seguintes, a atribuição de um sentido e de uma finalidade ao mundo, a justificação daquilo que acontece mediante qualquer razão que está além ou acima do próprio fato. O desenvolvimento pode ser esquematizado deste modo: a racionalidade e o valor existem enquanto ordem finalista da história (historicismo como providencialismo); mas a experiência histórica (precisamente a *Historie* como conhecimento objetivo do passado, que em nossa época aumentou enormemente a amplitude e a profundidade de seu campo de investigação) mostra que, na realidade, no devir histórico não existe nenhuma ordem providencial ou nenhum sentido abrangente[55]; portanto, em absoluto, não existem ordem, sentido e valor das coisas, e o homem perde qualquer ancoradouro que possa dar alguma direção à sua ação no mundo: "Quando se põe o valor fundamental da vida (*das Schwergewicht des*

---

55. *A vontade de potência*, n. 12 A.

Lebens) não na própria vida, mas no 'além', ou seja, no nada, tira-se da vida qualquer valor fundamental."[56]

Niilismo e historicismo desenvolvem-se assim paralelamente e representam a premissa do filosofar de Nietzsche. Tanto em relação ao sentido histórico como em relação ao niilismo, encontra-se em Nietzsche um duplo juízo, ao mesmo tempo negativo e positivo: negativo na medida em que é indicador de fraqueza e de perda de iniciativa por parte do homem; positivo na medida em que, com o fim das construções providencialistas da história, o campo está livre para uma perspectiva nova que restitua ao homem a plena liberdade de iniciativa no mundo histórico[57].

O niilismo como fisionomia geral da nossa civilização e o historicismo que é um de seus componentes não indicam apenas um movimento geral da cultura, mas marcam profundamente a psicologia individual do homem moderno. Uma das características do homem contemporâneo em que Nietzsche mais insiste, sobretudo nos escritos reunidos no *Wille zur Macht*, é a incapacidade de sair do imediato, de desejar em relação com o eterno: mesmo na segunda *Extemporânea*, esse vínculo com o imediato e a restrição do desejo à esfera egoísta dos pequenos interesses eram paradoxalmente ligados à doença histórica. Perdida a fé em uma ordem providencial e imerso no fluxo irrefreável das coisas, o homem vive sua vida psíquica segundo um "tempo" que musicalmente seria possível definir como um prestíssimo; é hi-

---

56. *O anticristo*, n. 43; e cf. o Prefácio de *A vontade de potência*: "Depois de Copérnico, o homem resvala do centro para o x".

57. Sobre o niilismo como sinal de fraqueza, mas também de força, cf. *A vontade de potência*, n. 585 B; sobre o sentido histórico, cf. *A gaia ciência*, n. 337, e *Opere*, vol. V, tomo 2, p. 457.

persensível e incapaz de não reagir logo: o que não é um sinal de força, mas de fraqueza, porque significa que, no fundo, a ação nunca é uma iniciativa do agente, mas apenas resposta a um estímulo externo que a dirige e a condiciona[58].

Mesmo a incapacidade de aceitar a tradição, que caracteriza a mentalidade moderna, faz parte desse quadro: a tradição aparece apenas como algo de que nos devemos libertar, e que eventualmente aceitamos como peso inelutável, mas que não desejamos. Isso indica uma incapacidade da vontade de querer além do momento, em uma perspectiva que abarque longos períodos passados e futuros[59]. Essa incapacidade de estabelecer uma relação correta com o passado é acompanhada por técnicas artificiais e fantásticas de recuperá-lo: o álcool, por exemplo – no *Wille zur Macht* Nietzsche menciona muitas vezes a difusão do alcoolismo –, é uma maneira de se reportar a graus de desenvolvimento cultural superados[60]; deve-se dizer o mesmo, do ponto de vista psicológico, do amor pela história, que, por meio da imaginação, nos permite uma inserção nas mais diversas situações do passado[61].

Tudo isso, quer o que diz respeito ao historicismo como caráter geral da civilização moderna, quer o aspecto psicológico desse historicismo, não vai muito além do que se disse já na segunda *Extemporânea*. O que é relevante é a inserção da doença histórica no quadro geral do niilismo, porque justamente por esse caminho os

---

58. *A vontade de potência*, ns. 71 e 45.
59. *A vontade de potência*, n. 65.
60. *Opere*, vol. VIII, tomo 3, pp. 30-1.
61 *Aurora*, n. 159.

problemas que ela suscita e que na segunda *Extemporânea* haviam permanecido irresolutos serão esclarecidos e encaminhados para uma solução. O que na segunda *Extemporânea* formava a raiz da doença histórica era o constitutivo pôr-se em relação do homem com o passado e a impossibilidade de evitar que o *es war* acabasse por eliminar todo o sentido de sua vida e de suas iniciativas. Nem a aspiração da civilização grega das origens, nem a conclusão que afirmava a necessidade de inverter a relação história-vida pela intervenção de "forças eternizantes" como a arte e a religião haviam resolvido o problema em definitivo. Nas obras da maturidade, enquanto a doença histórica em seu aspecto de fato cultural e psicológico é apresentada como um dos diversos elementos por meio dos quais se define o niilismo[62], o problema da relação com o passado e da luta contra o peso do *es war* assume, ao contrário, um alcance mais universal, torna-se o próprio problema do niilismo, e só com a solução deste o niilismo pode ser superado. Aquele significado universal do *es war*, com base no qual o próprio homem, e não o homem de uma época histórica particular, era definido essencialmente como "um imperfeito jamais perfectível", e que no ensaio sobre a história permanecia, contudo, em segundo plano, é agora considerado independentemente do problema particular da doença histórica, define em geral o próprio problema do homem e de sua existência no mundo que Nietzsche se propõe resolver construindo o super-homem.

O vínculo com o problema da temporalidade como problema constitutivo do homem enquanto tal permite

---

62. Cf. *A vontade de potência*, n. 12 A.

também evidenciar outra característica do conceito de niilismo, ou seja, o fato de que ele indica ao mesmo tempo a época histórica particular de decadência em que vivemos e uma condição universal e permanente, uma forma de "alienação", se se quiser, que está ligada à essência do homem e não depende de circunstâncias históricas específicas. O *es war* e o problema da relação com o passado, de fato, são a raiz da doença histórica, mas ao mesmo tempo constituem a própria essência do homem; assim, o niilismo é certamente um fenômeno histórico cujo desenvolvimento pode ser indicado, mas é também *tout court* a condição universal do homem que não resolveu o problema do *es war*. Pode-se ver uma comprovação disso no fato de que Nietzsche não conhece uma época histórica não niilista: o niilismo começa com Platão, e antes ainda com Sócrates. Onde quer que tenha havido pensamento, aliás, ali dominou o espírito de vingança[63], que, como veremos em breve, é precisamente sinal e consequência da incapacidade de resolver o problema do *es war* e de se libertar do peso esmagador do passado[64]. Também a civilização grega das origens, que no restante das obras da maturidade perde significativamente um pouco daquele valor paradigmático que tinha nos primeiros escritos, é mais uma condição desejada que uma situação precisamente definida como fenômeno histórico.

---

63. Cf. *A vontade de potência*, n. 765.
64. A relação entre instinto da vingança e problema da temporalidade é estudada minuciosamente, ainda que com resultados diferentes dos nossos, por J. Stambaugh, *Untersuchungen zum Problem der Zeit bei Nietzsche*, Haia, Nijhoff, 1959, pp. 68-78.

O instinto de vingança

A existência de uma relação muito estreita entre niilismo e problema do *es war* é sugerida pelo discurso de Zaratustra intitulado "Da redenção". Nele, aquilo de que o homem deve ser libertado para que ocorra uma redenção, ou seja, aquela renovação que deve tirar-nos do niilismo, é precisamente a pedra do passado, que aparentemente é irreversível: "Libertar aqueles que nos precederam, transformar todo 'foi assim' em um 'eu quis que fosse assim', eis o primeiro passo para a redenção."[65] Em outro lugar, essa libertação do passado não é apenas o primeiro passo, mas a própria redenção: "Libertar no homem o passado, recriar todo 'foi assim' para que a vontade possa afirmar: 'assim quis que fosse, assim desejarei que seja'... só isso lhes ensinei a chamar de libertação."[66] No entanto, o querer para trás é uma tarefa que parece impossível para a vontade. Ela se encontra em uma situação que não escolheu, que não depende dela e da qual não consegue ver uma ordem qualquer: "Se meu olhar passa do presente para o passado, sempre encontro a mesma coisa: fragmentos, membros espalhados e casos horrendos, nunca homens. O presente e o passado aqui embaixo, meus amigos, me são insuportáveis, e eu não seria capaz de viver se não fosse um adivinho do que está por vir. Um vidente, um resoluto, um criador ..."[67] O passado contra o qual a vontade nada pode é o caos da situação dada sem ser escolhida[68]. A libertação só po-

---

65. *Zaratustra*, II: "Da redenção".
66. *Zaratustra*, III: "Das antigas e das novas tábuas".
67. *Zaratustra*, II: "Da redenção".
68. Passado, nesse sentido, são por exemplo os instintos; cf., por exemplo, *Opere*, vol. VII, tomo 1, parte 1, p. 285; vol. VII, tomo 2, p. 121.

deria ter lugar em uma vontade criativa que pudesse recriar o passado transformando o "foi assim" em um "eu quis que fosse assim". Mas a vontade percebe que é impossível querer para trás: dessa impossibilidade nasce o espírito de vingança, que constitui a passagem da experiência da impotência diante do passado à produção de todas as manifestações que compõem o niilismo.

O espírito de vingança, no discurso de Zaratustra sobre a redenção, está na base de toda a visão de mundo que a vontade cria para si depois de ter experimentado a impossibilidade de querer para trás e, portanto, de se libertar do peso do passado. A vontade "sobre tudo aquilo que é capaz de sofrer vinga-se por não poder agir retroativamente sobre o passado". Mas vingança não é apenas isso; ela é a própria estrutura do ato com que a vontade se esforça para subjugar o passado sem conseguir: é vingança não apenas aquilo que a vontade faz depois dessa experiência, mas essa própria experiência contém em si a forma essencial da vingança. De fato, esta é definida, na mesma página do *Zaratustra*, como "a aversão da vontade ao passado e ao seu 'foi assim'" ("des Willens widerwillen gegen die Zeit und ihr 'es war'"). Pode-se dizer que a tentativa de querer para trás e a impossibilidade diante da qual a vontade se encontra são, mais que a origem, o arquétipo do espírito de vingança, seu primeiro ato: nessa experiência, de fato, a vontade depara com efeitos cuja causa não pode dominar, efeito ela mesma de algo que já está ali como fundamento e origem daquilo que lhe cabe ser e fazer. Nasce nessa experiência a visão do ser como estrutura de causa-efeito, de fundante-fundado: o princípio de causalidade, que domina nossa representação do mundo, é expressão do instinto da vingança, o mais profundo de nossos instintos[69]. Em geral, "onde quer que se tenham buscado responsabilidades, quem as buscou foi o instinto da vingança. Esse instinto da vingança dominou a tal ponto a humanidade por séculos que toda a metafísica, a psicologia, a representação da história e sobretudo a moral estão marcadas por ele. Na medida em que o homem pensou, ele arrastou nas coisas o germe da vingança. Atribuiu essa doença até a Deus, despojou as coisas de sua inocência, uma vez que pretendeu atribuir todo modo de ser a uma vontade, a intenções, a atos responsáveis"[70].

O instinto da vingança domina toda a mentalidade do homem ocidental, e talvez do homem em geral; e o princípio de causalidade que é expressão dele mostra que não é vingança apenas a busca da responsabilidade em sentido próprio, mas qualquer busca de fundamento. Em toda forma de relação entre o homem e o mundo se repete a experiência fundamental da vontade: o encontrar-se diante de um "dado" que funda a situação, da própria situação como não escolhida por mim e pela qual algo ou algum outro é responsável. Em cada um dos muitos casos em que está em ação o espírito de vingança repete-se a "aversão da vontade ao passado e ao seu 'foi assim'", ou seja, o embate com alguma coisa que "já é" e que não pode ser objeto de criação por parte da vontade.

Três aspectos do niilismo

É possível esclarecer melhor a relação do espírito de vingança com as manifestações fundamentais que cons-

---

69. *Opere*, vol. VII, tomo 1, parte 1, p. 116.
70. *A vontade de potência*, n. 765.

tituem o niilismo? Para fazer isso, é preciso antes de tudo tentar reunir tais manifestações sob alguns conceitos essenciais que nos permitam uma visão unitária. Para tanto, escolhemos um dos últimos projetos formulados por Nietzsche para a organização da obra depois publicada postumamente como *A vontade de potência*, um projeto escrito no outono de 1888 e que pode assim ser considerado expressão "definitiva" de seu pensamento. Nesse projeto, o niilismo é reduzido a três manifestações essenciais: "I. A libertação do cristianismo: o Anticristo. – II. A libertação da moral: o Imoralista. – III. A libertação da 'verdade': o espírito livre. – IV. A libertação do niilismo: o niilismo como consequência necessária do cristianismo, da moral e do conceito de verdade da filosofia."[71] Cristianismo, moral e metafísica são os componentes essenciais do niilismo; e eles, como sabemos, são dominados, como qualquer coisa que o homem pensou, pelo instinto da vingança. No *Anticristo*, que nesse plano figura como a primeira parte da obra, e que foi efetivamente composto e publicado por Nietzsche, cristianismo, moral e metafísica estão estreitamente ligados entre si, unidos de modo bem claro, ainda que não explícito, precisamente pelo conceito de vingança, no significado, que vimos, de deparar com uma situação dada diante da qual não se pode nada. O cristianismo, na invectiva que conclui o *Anticristo*, chega a ser identificado com o espírito de vingança[72].

Antes que o cristianismo, o próprio espírito religioso em geral é expressão do instinto de busca do responsável que Nietzsche chama instinto de vingança: não ou-

---

71. *Opere*, vol. VIII, tomo 3, p. 359.
72. *O anticristo*, n. 62.

sando assumir pessoalmente a responsabilidade por sua condição, o homem recorre a uma vontade alheia para atribuir essa responsabilidade[73]. Essa atitude não surge apenas nas situações de dificuldades, como busca do "culpado": até um povo orgulhoso e contente consigo mesmo busca espontaneamente um Deus a quem agradecer. "A religião é uma forma de gratidão"[74]; mas gratidão e vingança têm a mesma raiz[75].

No que diz respeito ao cristianismo em particular, todos os seus dogmas se apresentam como uma "história" destinada a explicar a condição humana mediante conceitos como os de criação, pecado, pena e redenção: o homem com suas decisões aparece nessa história apenas como o último elo de uma corrente de fatos que escapam à sua iniciativa[76]. A busca de um responsável por aquilo que somos é apenas uma maneira errada e falsa de formular a relação com o passado: nada podendo sobre ele, a vontade procura atribuir-lhe alguma estrutura compreensível; mas o reconhecimento e a aceitação de tal estrutura não são um modo de querer ativo, são antes um sinal de profunda fraqueza, um fato depressivo, que tira do homem toda dignidade, reduzindo todo seu agir a uma questão de Graça[77].

---

73. *A vontade de potência*, n. 136.
74. *O anticristo*, n. 16.
75. *Opere*, vol. VII, tomo 1, parte 1, p. 83.
76. *A vontade de potência*, n. 224. O problema da relação entre Nietzsche e o cristianismo é evidentemente muito mais complexo, como demonstra, por exemplo, o próprio *Anticristo*, ns. 33-40. Sobre ele, vejam-se, além do já citado artigo de T. Moretri Costanzi: K. Jaspers, *Nietzsche und das Christentum*, 2. ed., Munique, 1952; E. Benz, *Nietzsches Ideen zur Geschichte des Christentums und der Kirche*, Leiden, 1956; B. Welte, *Nietzsches Atheismus und das Christentum*, Darmstadt, 1958.
77. *A vontade de potência*, n. 136.

A própria fraqueza revela a "vontade de verdade" que caracteriza a metafísica: aqui o pressuposto é de que o mundo caótico e mutável do devir tenha como fundamento uma estrutura estável qualquer, um outro mundo que seria o verdadeiro. A fé nessa estrutura é própria "dos homens improdutivos, que não querem criar um mundo... Eles o colocam como dado e procuram fazer de tudo para chegar a ele. 'Vontade de verdade' como impotência da vontade de criar"[78]. A vontade de verdade implica o medo do devir e do movimento próprio dos homens medíocres que não sabem dirigir e dominar as coisas e concebem a felicidade como imobilidade. Também e sobretudo a moral, enfim, é um produto do instinto de vingança, e isso em vários sentidos: em um primeiro sentido, o mais elementar, porque a moral cristã que domina nossa mentalidade é um produto dos homens inferiores que, diante da livre criatividade dos grandes homens, criam uma tábua de imperativos em que dominam as virtudes do rebanho e da passividade, procurando transformar em sinais de superioridade moral aquelas que são características de inferioridade e de fraqueza[79]. A característica mais fundamental do espírito de vingança, contudo, é visível na própria estrutura da concepção de uma lei ou de uma ordem moral: ela significa,

---

78. *A vontade de potência*, n. 585. Cf. um trecho da última carta de Nietzsche a Burckhardt, escrita de Turim em 5 de janeiro de 1889, quando a loucura já o acometera: "Caro senhor professor, no fim eu teria preferido muito mais ser professor em Basileia que Deus; mas não ousei levar tão longe meu egoísmo particular a ponto de omitir, por causa dele, a criação do mundo" (*Carteggio Nietzsche-Burckhardt*, trad. it. de M. Montinari, Turim, 1961, p. 41).

79. É essa, como se sabe, a tese de toda a *Genealogia da moral*; cf. especialmente o terceiro ensaio, "O que significam os ideais ascéticos", ns. 14 ss.

na verdade, que "há de uma vez por todas uma vontade de Deus que estabelece o que o homem deve ou não deve fazer"[80]; em que, para o problema do *es war* que nos interessa, é importante destacar a expressão "de uma vez por todas". Se existe uma lei ou uma ordem moral dada, a vontade é imobilizada por essa lei e não pode mais ser criadora. A vontade de Deus, os dogmas da Bíblia, a estrutura estável da verdade, a lei moral dada de uma vez por todas – são todos modos em que se apresenta a irreversível pedra do *es war*, são todas formas daquele passado como ser-já-assim contra o qual a vontade se sente impotente e do qual deve libertar-se se deseja ser criadora.

Se queremos agora tentar compreender a relação que existe entre cristianismo, moral e metafísica, de um lado – dominados em sua origem pelo instinto de vingança –, e niilismo, de outro, temos de voltar à já mencionada nota 12 do *Wille zur Macht*: lá o niilismo era atribuído a três causas essenciais, que constituem, aliás, o desenvolvimento uma da outra. Prepara-se o advento do niilismo, escreve Nietzsche, quando se atribui à história uma ordem providencial, já que se descobrirá que essa ordem providencial não existe, e então o devir perde sentido; em segundo lugar, prepara-se o niilismo quando, independentemente de objetivos e fins a serem alcançados, se concebe o mundo e seu desenvolvimento como uma totalidade em que cada parte está inserida em um conjunto sistemático (não é fácil distinguir esta segunda atitude da primeira: parece que, enquanto uma pode ser caracterizada como historicismo, esta deva ser entendida mais como monismo, termo que o próprio

---

80. *O anticristo*, n. 26.

Nietzsche usa nesse contexto): é o conjunto que dá valor a cada parte e ao próprio homem. Mas, quando a ideia de tal sistema se revela falsa, então as coisas e o homem perdem todo o valor. Uma vez que com o devir não se atinge nenhum objetivo, e que sob a multiplicidade das coisas não se esconde nenhuma unidade total, surge a concepção do caráter ilusório do devir e a fé em um outro mundo, no mundo estável da verdade. Mas, com o passar do tempo, também este mundo se revela construído pelo próprio homem segundo suas necessidades psicológicas: estamos na última e extrema forma do niilismo, a perda de fé no mundo metafísico, ou seja, da própria verdade, ao menos em sua acepção tradicional[81].

O que é subjacente a todo esse desenvolvimento é a atitude que já reconhecemos na origem do cristianismo, da metafísica e da moral, ou seja, a busca de uma ordem, de uma estabilidade, de um valor independentes da vontade. É sempre o instinto da vingança que age: só porque a vontade se descobre incapaz de eliminar a pedra do *es war*, ela vai em busca de explicações e constrói as visões de mundo que desembocarão necessariamente no niilismo. A necessidade do advento do niilismo depende do fato de que toda ordem do mundo independente da vontade se revela ilusória: pelo doloroso processo da anulação dos valores e do reconhecimento da insensatez do mundo e da história, a vontade chega finalmente a essa conclusão. Eis por que, em Nietzsche, niilismo extremo e superação do niilismo estão tão próximos que são quase identificados, e ele se proclama "o primeiro niilista completo, que viveu em si o niilismo até o fim"[82]; para a von-

---

81. *A vontade de potência*, n. 12 A.
82. *A vontade de potência*, Prefácio, 3.

tade, a perda das ilusões pode significar ou a absoluta incapacidade de ainda querer, ou o reconhecimento alegre e criador do fato de que não existem ordem, verdade e estabilidade fora da própria vontade, e que o niilismo deriva precisamente de ter desejado encontrá-las a qualquer preço. Compreende-se, assim, por que a conclusão lógica do desenvolvimento do sentido histórico e da *Historie* deva ser, para Nietzsche, o riso[83]; o fato de não existir nenhuma ordem fora da vontade significa que tudo deve ser criado.

No entanto, chegar a essa nova condição do espírito, que é própria do super-homem e se identifica com a libertação do instinto da vingança, já que a vontade não busca mais fundamentos ou responsabilidades fora de si mesma, implica sempre a solução do problema do *es war*. Para passar do niilismo em seu sentido negativo e destruidor ao niilismo completo, ou seja, ao niilismo superado, e para, a partir do reconhecimento da insensatez das coisas, chegar à consciência da criatividade da vontade, é necessário ainda um passo, a solução do problema da temporalidade. No final do discurso sobre a redenção, que tomamos como ponto de partida para estudar o conceito de vingança, Zaratustra se faz a pergunta: "Quem ensinará a vontade a querer para trás?" Se devo admitir que não apenas não existe uma ordem nas coisas independente da vontade, mas também que essa ordem pode ser criada pela própria vontade, preciso descobrir uma estrutura da temporalidade diferente daquela própria da mentalidade comum, para a qual o tempo se apresenta como uma série irreversível de instantes, cada um dos quais é filho do outro; uma estrutura da

---

83. *Além do bem e do mal*, n. 223.

temporalidade em que a vontade realmente possa "querer para trás", que só pode libertá-la do instinto de vingança e do niilismo.

O eterno retorno como solução do problema da temporalidade

A doutrina do eterno retorno do idêntico, como é formulada no *Zaratustra*, deve representar justamente a solução desse problema, evidenciando uma estrutura da temporalidade que inverta o modo banal de ver o tempo e que torne possível à vontade o paradoxo de "querer para trás". Isso explica a importância decisiva que adquire para Nietzsche essa doutrina, que é realmente o "pensamento único", como diz Heidegger[84], em torno do qual se articula toda a sua filosofia. Se de fato o niilismo, como nos pareceu, tem origem no espírito de vingança e na relação da vontade com o *es war*, só a solução do problema da temporalidade poderá valer como superação definitiva dele e como premissa para a construção do super-homem. Contudo, se a *ewige Wiederkehr* deve ter esse sentido, a interpretação puramente moral e a puramente cosmológica desta são insuficientes: uma faz do eterno retorno um critério de escolha referente apenas ao homem e a suas ações (devo escolher aquilo que gostaria de escolher de novo para a eternidade); a outra afirma uma estrutura do mundo em que a escolha do homem já não tem sentido algum, em que já não pode haver nada

---

84. Cf. *Nietzsche*, cit., p. 396: a vontade de potência ou, o que é o mesmo (cf. p. 747), o eterno retorno, é o "pensamento único" de Nietzsche.

de novo e, portanto, não pode existir vontade criadora, ao contrário do que prega Zaratustra no discurso sobre a redenção já mencionado várias vezes.

Na perspectiva de um eterno retorno como doutrina cosmológica, o querer para trás seria apenas uma aceitação do que já ocorreu e do já determinado. Nesse caso, a superação do niilismo e a solução do problema do *es war* só seriam alcançadas com um artifício dialético: a realidade permanece inalterada e a vontade, tendo reconhecido que não pode ser de outro modo, a aceita. A passagem do "foi assim" para o "eu quis que fosse assim" seria, portanto, um puro e simples ato de aceitação da necessidade.

No entanto, não é esse o sentido da *ewige Wiederkehr* que se depreende do grande discurso de *Zaratustra* em que a doutrina é enunciada com maior amplitude e vigor, aquele intitulado *Vom Gesicht und Rätsel*, na terceira parte. Nessa página, Zaratustra relata uma visão tida em sonho: sobre uma montanha, ele viu uma grande porta da qual saem duas estradas que correm em direções opostas; tais estradas, contudo, não são feitas de maneira que continuem ao infinito, cada uma na própria direção, mas constituem um anel que se une precisamente sob a porta. As estradas são o passado e o futuro; sobre a porta embaixo da qual o anel se une está escrita a palavra *Augenblick*, instante. Esta página e o restante do relato de Zaratustra foram objeto de numerosas interpretações que não discutiremos aqui. Basta destacar dois elementos bem evidentes: a doutrina da *ewige Wiederkehr* é aqui enunciada precisamente como o inverso da visão comum do tempo, que o concebe como linha reta formada por uma sucessão irreversível de instantes. É nessa visão do tempo que se fundamenta a impossibilidade de inverter a pedra do passado, de querer para trás. Ao contrário, o tempo é para Zaratustra um círculo, como diz o anão. Em segundo lugar, é igualmente importante observar que, nessa estrutura circular do tempo, o instante, ou seja, o momento presente, o tempo da decisão, representa o ponto em que o círculo de passado e futuro se une. "Olhe para este instante" – diz Zaratustra. – "Desta porta sai uma longa e eterna estrada que *volta*: atrás de nós jaz uma eternidade. Tudo o que *pode* correr não deve já ter uma vez percorrido essa estrada? Tudo o que *pode* acontecer não deve ter já uma vez ocorrido, ter-se realizado, ter transcorrido?... E não estão as coisas estreitamente entrelaçadas de tal modo que este instante arrasta consigo todas as coisas vindouras? *Portanto* também a si mesmo?"[85]

A primeira consequência da estrutura circular do tempo é, de um lado, que aquilo que é e será deve necessariamente já ter sido, fazendo com que o passado domine e determine de algum modo o futuro; mas, de outro lado, precisamente em virtude da própria estrutura circular, o futuro não deixa de ter influência sobre o passado, determina-o na mesma medida em que por ele é determinado. Se o discurso se interrompesse aqui, no entanto, estaríamos diante de um enigma sem solução ou até mesmo de uma proposição sem sentido, que poderia valer no máximo como simples inversão polêmica da visão banal do tempo. O que dá significado à doutrina é a função que nela exerce o instante. Estabelecida a estrutura circular do tempo, cai a perspectiva "retilínea" em que o passado podia ser um peso irreversível sobre os ombros do presente e do futuro, com toda sua força

---

85. *Zaratustra*, III: "Da visão e do enigma".

determinista; mas a relação de recíproca determinação entre passado e futuro só se torna possível a partir do presente como momento da decisão. Este não é mais simplesmente um ponto na linha que leva do passado ao futuro, que adquire sua fisionomia apenas em relação com os outros pontos e que por si só não tem consistência; em vez disso, ele leva consigo todo o futuro e, portanto, também todo o passado, está em uma espécie de relação imediata com a totalidade do tempo, ou seja, com aquilo que Nietzsche entende por eternidade. O instante assim concebido realiza a exigência que era expressa, mesmo que obscuramente, pelo conceito de *Un-historisches* da segunda *Extemporânea*: ele não se define com relação ao passado e ao futuro, mas passado e futuro adquirem fisionomia e sentido apenas em relação a ele.

A libertação do instinto de vingança não é assim, como poderia parecer, uma simples mudança de atitude da vontade diante da inelutável necessidade da estrutura do mundo: esta continuaria a ser uma maneira de ver as coisas influenciada pelo espírito de vingança, porque suporia a existência de uma ordem dada à qual a vontade teria apenas de se adaptar ou, melhor ainda, de se resignar. Ao contrário, a *ewige Wiederkehr* não equivale de algum modo ao determinismo no sentido comum do termo: "O determinismo: eu mesmo sou o destino e a condição de inteiras eternidades de existência."[86] O instante traz consigo todo o passado e todo o futuro: cada momento da história torna-se decisivo para toda a eternidade: "Em cada instante a existência começa... O centro está em toda a parte."[87]

---

86. *Opere*, vol. VII, tomo 1, parte 2, p. 265.
87. *Zaratustra*, III: "O convalescente", 2.

Poderíamos observar que, se cada instante é decisivo, nenhum o é, já que todos o são. Mas mesmo o falar de todos os instantes corre o risco de ser uma maneira de pensar ligada precisamente à visão retilínea do tempo, em que os momentos podem ser postos em fila e abarcados com um único ato de pensamento. Ao contrário, se não existe uma ordem desse tipo, não tem sentido colocar o problema da relação entre um instante e outro: cada um é sempre o ponto culminante, o "meio-dia" da história do universo, aquele em que se decide a eternidade[88]. Só será possível falar de passado e de futuro em sentido histórico em função do instante assim entendido: o tempo como série de momentos sucessivos somente tem realidade a partir do instante que está em uma relação imediata com a eternidade.

Tudo isso, é evidente, representa a premissa de uma interpretação da doutrina do eterno retorno, e assim quer continuar a ser: em vista disso, era preciso mostrar como, partindo precisamente do problema da temporalidade, é possível chegar a uma compreensão da *ewige Wiederkehr* que evite a unilateralidade das interpretações físico-cosmológica e moral. A dificuldade de saber ao certo aonde esse caminho deve conduzir depende do fato de que percorrê-lo exige um abandono da representação habitual das relações entre vontade humana,

---

88. *Opere*, vol. V, tomo 2, p. 396. Na existência "há sempre um momento em que, primeiro em um, depois em muitos, em seguida em todos, se ilumina o pensamento mais poderoso, o do eterno retorno de todas as coisas: esta é a cada vez a hora do meio-dia para a humanidade". A "descoberta" do eterno retorno não ocorre em determinada época histórica, mas refere-se a cada existência humana. Quando a decisão é vista nessa relação com o eterno, é sempre meio-dia. Cf. também vol. V, tomo 2, p. 514. "A partir do momento em que há este pensamento (o do eterno retorno), todas as cores mudam, e há outra história."

tempo e mundo, representação tão profundamente arraigada em nossa mentalidade e que, no dizer de Nietzsche, é inteiramente inspirada no instinto da vingança. O amigo que Zaratustra, em seu discurso, aconselha amar, e que representa o super-homem, é aquele "em que reside um mundo completo"; o mundo se desenvolve e se desenrola por ele[89]. Em outro lugar, Nietzsche escreve: "Quando criei o super-homem, coloquei em torno dele o grande véu do devir e fiz brilhar sobre ele o sol do meio-dia."[90]

O esclarecimento do significado da *ewige Wiederkehr* como inversão da temporalidade banal própria da doença histórica e do espírito de vingança exige um esclarecimento da nova relação que se instaura, nessa perspectiva, entre a vontade do homem e o mundo, que Nietzsche define como vontade de potência[91]. Só no âmbito dessa nova relação será possível dar um significado satisfatório a certas proposições em que Nietzsche parece resumir todo o conteúdo, mas também todos os paradoxos, de sua doutrina: "Superação do passado e portanto o esquecimento reparador, o divino círculo ... Supremo fatalismo, idêntico porém ao acaso e à criatividade. (Nenhuma hierarquia de valor nas coisas, mas antes de tudo criar)"[92]; e ao discurso em que Zaratustra faz uma espécie de balanço do próprio itinerário espiritual: "Alma minha, ensinei-te a dizer 'hoje' como 'outra vez' e 'uma vez', a dançar tua ciranda sobre todo 'aqui e ali' ... Dei-te também a liberdade de retroceder às coisas criadas e às

---

89. *Zaratustra*, I: "Do amor ao próximo".
90. *Opere*, vol. VII, tomo 1, parte 1, p. 197.
91 *A vontade de potência*, n. 1.067.
92. *Opere*, vol. VII, tomo 2, p. 271; cf. também vol. VII, tomo 1, parte 2, p. 174.

incriadas: e quem conhece como tu a volúpia das coisas por vir? Despojei-te da obediência, das genuflexões, das senilidades; dei-te o nome de 'reviravolta da fatalidade' e 'destino' ... Chamei-te 'destino', 'orbe da orbe', 'cordão umbilical do tempo' ... onde mais, como em ti, o passado e o futuro se tocam?"[93]

---

93. *Zaratustra*, III: "Do grande anelo".

A VISÃO DE MUNDO DE NIETZSCHE

O problema do horizonte

"E assim o homem, crescendo, foge de tudo aquilo que outrora o restringia; não é necessário que quebre violentamente as amarras, já que de repente, ao comando de uma divindade, elas caem por si sós. E onde está então a argola que ainda o reprime? É o mundo, ou Deus?"[1]

Um discurso sobre a maneira como Nietzsche vê o mundo deve tomar como ponto de partida esse fragmento autobiográfico, escrito aos 19 anos de idade, não apenas por motivos históricos e cronológicos, para traçar desde seu nascimento a perspectiva filosófica nietzschiana, mas porque esse fragmento está repleto de uma força profética singular e pode muito bem ser tomado para indicar, também e precisamente em seu caráter de problematicidade aberta, o significado abrangente dessa filosofia. Os intérpretes que, como Löwith, e recentemen-

---

1. De um fragmento autobiográfico datado de 18 de setembro de 1863, in *Werke*, Munique, ed. Schlechta,1956, vol. III, p. 110.

te Deleuze e Fink (por mais que estes últimos o tenham feito de maneira mais matizada), tendem a uma solução do problema favorável ao mundo, embora tenham muito boas razões para sustentar tal interpretação, não captam o espírito mais profundo do pensamento nietzschiano. Bastaria, para confirmá-lo, o preâmbulo da carta que Nietzsche escreveu de Turim a Burckhardt no início da loucura: "Caro professor, no fim eu teria preferido ser professor em Basileia a ser Deus; mas não ousei levar meu egoísmo privado tão longe a ponto de omitir, por causa dele, a criação do mundo."[2]

Pode-se atribuir essa carta à loucura: mas de tom não muito diferente são inúmeras outras páginas de outras obras nietzschianas, como sobretudo *Ecce homo*, que também são lidas como obras confiáveis e passíveis de interpretação. O tom paradoxal e "escandaloso" dessas afirmações é, na verdade, comum a todos os escritos de Nietzsche, especialmente aos do Nietzsche maduro. A dificuldade de aceitá-los como dignos de interpretação e de discussão não puramente clínica nasce mais do fato de que a totalidade desse pensamento entra em choque com nossos modos de pensar mais arraigados, questionando-os violentamente. Por esse motivo, também é justo dizer que a loucura, clinicamente comprovada, de Nietzsche não é um evento "casual" de sua biografia, mas tem uma ligação essencial e constitutiva com seu esforço filosófico[3]. Nessa perspectiva, a loucura de Nietzsche

---

2. A tradução italiana da carta a Burckhardt encontra-se em *Carteggio Nietzsche-Burckhardt*, cit., p. 41.

3. Sobre a ligação entre loucura e anúncio de novos valores, há um longo aforismo de *Aurora*, o de número 14, no qual Nietzsche parece reconhecer que, em linha geral, os grandes anunciadores de novas visões do mundo sempre foram loucos; ou, pelo menos, acabaram por

é apenas um sinal ou uma confirmação exterior de sua radical impossibilidade de pertencer ao mundo a que pertencemos.

Parece-me útil, para compreender esse pensamento tão polêmico e tão aberto a mal-entendidos (muitos: o mais clamoroso, como se sabe, é aquele que faz de Nietzsche, espírito europeu, se é que houve um, o profeta do nazismo), começar procurando definir qual é a "visão de mundo" de Nietzsche, e antes de tudo o próprio conceito de mundo. A partir desse conceito, teremos, em uma parte significativa, o conjunto da perspectiva filosófica nietzschiana. Entre "mundo" e "visão de mundo" há no pensamento de Nietzsche uma ligação toda particular. De fato, sua filosofia não é apenas uma visão de mundo no sentido em que essa expressão se aplica a toda filosofia que, dizem, é sempre uma *Weltanschauung*. Nessa expressão, subentende-se, em geral, que o mundo é algo óbvio, dado comumente a todas as filosofias, e que as diferenças entre as diversas doutrinas nascem precisamente como diferentes modos de ver, apresentar e conceber uma realidade que é fundamentalmente a mesma (ou, pensa-se, tem de ser a mesma se deve existir uma filosofia como visão verdadeira do mundo).

Ora, em Nietzsche a filosofia é visão de mundo na medida em que, antes de tudo, é o questionamento do mundo e do próprio conceito de *Weltanschauung*[4]. É por

---

se considerar ou fazer com que os considerassem loucos. E precisamente porque, ao menos no mundo antigo, a loucura parecia algo divino, que colocava o louco acima da lei, ela lhe dava o direito de modificá-la.

4. O fato de Nietzsche ser o profeta de uma época caracterizada, entre outras coisas, pela luta das *Weltanschauungen* é uma tese de Heidegger: ver seu *Nietzsche*, cit., livro primeiro. De Heidegger, cf. também *L'epoca dell'immagine del mondo* (1938), in *Sentieri interrotti* (1950), trad. it. de P. Chiodi, Florença, La Nuova Italia, 1984, pp. 71-101.

isso que os dois pontos extremos da busca de Nietzsche podem muito bem ser assinalados pelos dois fragmentos que reproduzi, o fragmento autobiográfico de Nietzsche aos 19 anos e a carta a Burckhardt escrita vinte e seis anos depois. No primeiro desses textos, o mundo é um problema no sentido em que nos perguntamos se é esse o âmbito que contém o homem mesmo quando caem todas as perspectivas provisórias e particulares. No segundo, o mundo permanece um problema, no sentido de que cabe ao homem (se quisermos, ao filósofo) criá-lo, tornando-se de algum modo Deus, por sua vez. Entre esses dois extremos, que não por acaso caracterizam-se pela presença dos mesmos dois termos, o mundo e Deus, realiza-se a especulação nietzschiana que é o desenvolvimento das linhas indicadas pelo fragmento autobiográfico de 1863 até as posições manifestadas na carta escrita de Turim em 1889.

A pergunta que encerra o fragmento autobiográfico adquire seu verdadeiro significado especulativo e profético especialmente se atribuímos à constatação da queda das amarras não apenas o sentido psicológico e individual que ela tem literalmente, mas também o sentido mais amplo, explicitado por toda a obra nietzschiana subsequente, de balanço do pensamento europeu, de história do niilismo. O que o Nietzsche de 19 anos viveu e descreve antes de tudo como um fato referente à própria consciência – e que, psicologicamente, é uma experiência comum, a sensação de que, à medida que se amadurece, desaparecem as amarras (mas também as fortalezas protetoras) que até certo momento haviam definido com clareza o âmbito de nossas escolhas e as orientações de nossas decisões –, ele passará a constatá-lo e a revivê-lo, no decorrer de sua obra, como fenômeno de toda uma civilização, aquela civilização europeia que tem início com Sócrates e se encerra com ele, Nietzsche, "o primeiro niilista completo"[5] e, por isso mesmo, também o primeiro a se livrar do niilismo.

Niilismo é justamente o nome que Nietzsche dá a esse processo e ao seu resultado: assim como o jovem que viu desaparecer ao seu redor e dentro de si todas as amarras e os "sistemas" que o mantinham preso se pergunta o que ainda existe, contudo, para constituir o horizonte dentro do qual colocar a própria vida, assim a civilização europeia, com o desaparecimento progressivo dos mitos, da filosofia, da própria religião que a impulsionaram e a guiaram em seu "desenvolvimento" que então aparece na verdade como um processo involutivo ou, melhor ainda, como um devir sem sentido unitário, ainda que capaz de levar a um novo início – essa civilização agora "resvala do centro em direção a x"[6]. A denúncia desse balanço falimentar, comum a muitas doutrinas filosóficas e a muitas poéticas de caráter profético da segunda metade do século XIX e do século XX, não é em Nietzsche o resultado de uma operação puramente intelectual de cobrança do mundo, uma espécie de *cogito* cartesiano (o qual, segundo Nietzsche, não é radical o suficiente), mas resultado de uma meditação sobre a cultura e sobre a mentalidade ocidental que ocupa toda sua vida de pensador e que constitui, quantitativamente, a parte mais relevante de sua obra. Foi por isso, entre outras coisas, que Nietzsche pôde aparecer como um "moralista", termo com o qual geralmente se pretende indicar uma espécie de jornalista de alto padrão, que nos revela os limites e os profundos segredos de nossos tabus

---

5. *A vontade de potência*, prefácio, n. 3.
6. *A vontade de potência*, "O niilismo europeu", n. 1.

sociais e culturais, sem contudo ir muito além desse exercício de acuidade. Eu diria que quem considera Nietzsche dessa maneira não dá nenhuma importância à pergunta com que se encerra o fragmento autobiográfico de 1863, aquela sobre o *horizonte* dentro do qual se situam e adquirem sentido os vários fatos e o futuro das *Weltanschauungen*. Em outros termos, Nietzsche é um "moralista" só enquanto é antes de tudo um metafísico: a solução do problema, ou pelo menos a apresentação dele, indicada pela carta a Burckhardt, com toda sua aparência de paradoxo e sua suspeita de loucura, ainda é sua resposta de metafísico à questão aberta pelo balanço falimentar da cultura ocidental.

Balanço do niilismo: o mundo verdadeiro transformou-se em fábula

Quais são as "vozes" desse balanço, ou seja, qual é, em suas linhas essenciais, a história do niilismo? Nietzsche fornece uma indicação sucinta dessas linhas em um capítulo da *Götzendämmerung* que, significativamente, traz o título "Wie die wahre Wel endlich zur Fabel wurde" [Como o mundo verdadeiro acabou se transformando em fábula].

"1. O mundo verdadeiro ao alcance dos sábios, dos piedosos, dos virtuosos – que vive neles, *é* eles mesmos. – 2. O mundo verdadeiro, por ora inatingível, mas prometido aos sábios, aos piedosos, aos virtuosos. (A ideia progride, torna-se mais sutil, mais fugidia e insidiosa – feminiza-se, torna-se cristã.) – 3. O mundo verdadeiro não alcançável nem demonstrável, não mais objeto de promessa, mas já, enquanto pensado, presente como consolo, obrigação, imperativo. (No fundo sempre o velho sol, mas através da névoa da *sképsis*; a ideia tornada sublime, pálida, nórdica, königsberguiana.) – 4. O mundo verdadeiro: inatingível? Em todo o caso, não alcançado. E enquanto não alcançado também desconhecido. E, consequentemente, tampouco capaz de consolar, redimir, obrigar: a que poderia nos obrigar algo desconhecido? (Alvorecer. Primeiro bocejo da razão. Canto do galo do positivismo.) – 5. O mundo verdadeiro: uma ideia que não serve mais para nada, nem sequer é capaz de obrigar a alguma coisa; uma ideia que se tornou inútil e supérflua, portanto uma ideia refutada: vamos aboli-la! (Dia claro; hora do café da manhã; volta do bom-senso e da serenidade; Platão vermelho de vergonha, grande estrépito de todos os espíritos livres.) – 6. Abolimos o mundo verdadeiro: que mundo resta? O mundo aparente, talvez? Não: com o mundo verdadeiro abolimos também o mundo aparente! (Meio-dia; hora das sombras curtas; fim do longo erro; ponto culminante da humanidade; *incipit* Zaratustra.)"[7]

As várias etapas desse processo, sumariamente esboçado, correspondem àquilo que no fragmento autobiográfico era a queda das amarras envolventes e dominantes; o "*incipit* Zaratustra" conclusivo, com o desaparecimento, juntamente com o "verdadeiro mundo", do mundo aparente, repete, mas ao mesmo tempo também inicialmente resolve, o problema do horizonte último que no escrito de 1863 era colocado como conclusão problemática.

Como o mundo verdadeiro – ou seja, fundamentalmente, o mundo das ideias platônicas (veja-se o primei-

---

7. *O crepúsculo dos ídolos*: "Como o *verdadeiro mundo* acabou se transformando em fábula. História de um erro".

ro ponto da passagem citada), aquele que sustenta e explica o mundo das aparências mutáveis e do devir – pôde transformar-se em fábula? Simplesmente porque desde o início ele não passava de fábula, porque na realidade o mundo verdadeiro nunca existiu. A crítica do conceito de verdade como evidência, ou seja, a manifestação imediata e de maneira psicologicamente convincente e indiscutível de alguma coisa: um "objeto", uma proposição, como verdadeira, ou seja, como correspondente ao "estado das coisas" – é um dos pontos mais constantes e significativos da especulação de Nietzsche, se não o principal significado de sua contribuição para a história do pensamento. O problema da verdade acompanha Nietzsche por toda sua carreira, desde o ensaio *Sobre verdade e mentira no sentido extramoral* (1873) até os últimos apontamentos reunidos sob o título *A vontade de potência*.

É precisamente no ensaio *Sobre verdade e mentira* que Nietzsche define as linhas fundamentais de sua crítica ao conceito de verdade como evidência, as quais continuarão a predominar durante toda sua carreira de pensador. "Ainda não sabemos", escreve Nietzsche, "de onde provém o impulso à verdade, pois até agora ouvimos apenas a obrigação que a sociedade estabelece para existir: *de dizer a verdade, isto é, usar as metáforas habituais*; em outros termos, exprimindo-o eticamente, a obrigação de mentir segundo uma convenção estabelecida, de mentir como um rebanho, em um estilo obrigatório para todos."[8] E a primeira convenção é justamente a de acreditar na "objetividade" dos "objetos", ou seja, acreditar

---

8. *Sulla verità e la menzogna in senso extra-morale*, trad. it. org. por E. Lo Gatto, in *Scritti minori*, Nápoles, 1916, p. 54.

que, ao conhecer, o mundo seja dado como um espetáculo totalmente traduzível nos esquemas lógicos. Na realidade, o que se chama de verdade não é outra coisa que a conformidade de nossos discursos a certas regras universalmente aceitas em um certo mundo. A criação das metáforas linguísticas, ou seja, de um certo vocabulário que traz em si uma estrutura de conceitos e, na sintaxe, de uma organização determinada que o homem impõe originariamente às coisas, é fundamentalmente um fato poético e estético: em sua forma originária, a linguagem é a "esfera média livremente poetante e criadora"[9], necessária para realizar a passagem do mundo como é em si, e sobre o qual nada sabemos, para o mundo organizado nos esquemas conceptuais. Mas, depois desse momento de criação e produção de metáforas, quem trabalha para a consolidação e para o esclarecimento do mundo da linguagem e dos conceitos nele implicados é a ciência. "Assim como a abelha primeiro constrói os favos e os enche de mel, assim a ciência trabalha sem cessar para esse grande *columbarium* de conceitos."[10] Por outro lado, o arcabouço dos conceitos é o abrigo no qual a ciência vive e prospera, o âmbito de estabilidade com que ela se defende do devir incessante das coisas. Mas, a partir do momento em que o intelecto se torna livre, ou seja, que experimenta aquele processo cujo ápice é o niilismo, esse arcabouço não passa de "um andaime de madeira, e de um objeto para seus audazes jogos de destreza"[11].

Esse esclarecimento do caráter convencional, ou, diríamos melhor, sintático e linguístico da verdade, será

---

9. *Sulla verità e la menzogna*, p. 58.
10. *Sulla verità e la menzogna*, p. 61.
11. *Sulla verità e la menzogna*, p. 64.

precisado e aprofundado nas obras subsequentes, em que se afirma cada vez mais claramente o vínculo entre a *evidência*, como fenômeno psicológico da imposição de uma "verdade" à consciência de maneira certa e indiscutível, e o pertencimento a um certo mundo, a um sistema de "preconceitos", a um mundo histórico cujas convenções ou, mais em geral, cuja linguagem aceitamos, mais ou menos inconscientemente, sem discutir. "Que a clareza", escreve Nietzsche evidentemente reportando-se ao conceito cartesiano de ideia clara e distinta, "deva ser uma atestação de verdade, eis uma ingenuidade."[12] Tendo em vista as características inconstantes e contraditórias da experiência comum do mundo, quando muito teríamos de suspeitar que clareza, ordem e simplicidade são justamente o sinal de que estamos diante de algo falso, de um simples produto da imaginação[13].

Na verdade, os critérios com base nos quais se considera que uma proposição é evidente – e portanto, com uma ilação, verdadeira – não são sempre os mesmos, mas variam nos diferentes mundos históricos, são eles mesmos produtos históricos. Falar de certezas imediatas, escreve Nietzsche, é uma ilusão: toda certeza é sempre o resultado de uma série de mediações[14]. Isso significa que não existem verdades por si sós evidentes, ou seja, capazes de se manifestar como tais antes de cada enquadramento em categorias convencionais ou históricas. Aliás, a evidência de uma proposição não passa de sua adaptação perfeita e sem dificuldades ao sistema de preconceitos que constituem as condições de conservação e de-

---

12. *Vontade de potência*, n. 538.
13. *Vontade de potência*, ns. 536 e 539.
14. *Além do bem e do mal*, n. 16.

senvolvimento de um certo mundo histórico a que pertencemos. Parece-nos evidente aquilo que se adapta a esse sistema de preconceitos; assim, a verdade como "conformidade" (da proposição ao estado das coisas) adquire aqui um sentido diferente, sintático, poder-se-ia dizer: é verdadeira a proposição que se conforma não antes de tudo ao estado das coisas, mas às regras internas da linguagem que define o âmbito do nosso mundo. Com base *nessa* conformidade, nós afirmamos a outra (a conformidade entre proposição e coisa): mas também essa passagem não é "natural"; ela é, mais uma vez, uma maneira historicamente dada de inferir um fato a partir de outro fato, do qual o primeiro é assumido como sinal fiel e confiável.

Rejeição do historicismo

Poderia parecer fácil, neste ponto, colocar Nietzsche entre os muitos que, sobretudo no século XIX, afirmaram a relatividade histórica daquilo que chamamos a verdade. De fato, se não existe uma apresentação imediata do mundo como é em si, mas apenas uma manifestação dele em diversas perspectivas, as quais são sempre historicamente condicionadas, a conclusão parece ser a de que, então, toda "verdade" é relativa à época em que surge e é enunciada, que cada época tem sua "visão do mundo". Mas Nietzsche recusa-se explicitamente a ser colocado entre os historicistas, ou seja, precisamente entre os que afirmam a relatividade histórica da verdade.

À polêmica contra o historicismo ele dedica um de seus mais belos escritos, a segunda das "considerações extemporâneas", escrita em 1873-74, *Da utilidade e des-*

vantagem dos estudos históricos para a vida: um escrito relativamente juvenil, da mesma época do ensaio *Sobre verdade e mentira*, e que junto com este pode ser tomado para definir aquele que será o âmbito do desenvolvimento sucessivo do pensamento de Nietzsche, sua problemática. Os estudos históricos, ou seja, aquela consciência historiográfica da própria colocação "histórica" que o século XIX praticamente criara e de que Nietzsche tinha alguns insignes exemplos sobretudo na historiografia alemã, são úteis para a vida apenas na medida em que não a bloqueiam, impedindo-lhe todo desenvolvimento.

Observe-se que Nietzsche vive quando os grandes sistemas historicistas do século XIX, o hegelianismo e o positivismo, já estão começando, ao menos como fato filosófico, a manifestar os sintomas da crise que os afetará cada vez mais profundamente nas décadas seguintes: o historicismo torna-se agora darwinismo no sentido científico do termo, ou seja, teoria da evolução das espécies naturais. Em outros termos, começa-se a perder a fé no necessário desenvolvimento espiritual da humanidade para acentuar apenas o devir. Em Hegel e em Comte, o devir é ainda dirigido necessariamente para a autoconsciência e para o progresso da ciência e da sociedade; mas à medida que nos aproximamos do fim do século torna-se cada vez mais evidente que essa necessidade do progresso é muito problemática, e que nossa única certeza é, ao contrário, o puro devir, a transitoriedade das culturas, o fato de que tudo o que acontece está destinado a passar. Ora, toda essa linha de pensamento, que aliás começa a se anunciar de modo muito obscuro, pode ser também atribuída ao crescimento desmesurado dos conhecimentos históricos, que tornam cada vez mais difícil enquadrar todos os eventos em um plano filosófico providencialista como o hegeliano.

Assim, se a consciência historiográfica leva-nos a reconhecer a transitoriedade de todo evento e de toda criação humana, o resultado será que não criaremos mais nada; que a historiografia terá matado a história como acontecimento de qualquer coisa nova, surgimento de novas instituições etc. Quem tivesse plena consciência de que, como dizia Heráclito, tudo flui não ousaria mais mover um dedo, não teria mais nenhuma fé no valor daquilo que faz e não encontraria a força para agir. A vida – é esta a conclusão, provisória, a que chega a segunda consideração extemporânea –, para se desenvolver, precisa de uma zona obscura, de um horizonte de não consciência histórica dentro do qual ainda seja possível acreditar nas próprias decisões e no alcance daquilo que se faz.

O que na segunda *Extemporânea* permanece no nível da pura exigência, esse âmbito obscuro dentro do qual a vida pode florescer como em uma solução nutritiva, torna-se explícito nas obras subsequentes e sobretudo naquelas da maturidade, do *Zaratustra* aos fragmentos de *A vontade de potência*. O sentido da grande ideia que Nietzsche anuncia pela primeira vez na *Gaia ciência* e que retoma e desenvolve no *Zaratustra* e em *A vontade de potência*, ou seja, aquela do eterno retorno do mesmo, é antes de tudo o esforço de substituir a visão própria do historicismo por outra visão.

No âmbito do historicismo, como vimos, o presente, apresentado nos moldes de um simples ponto na linha que do passado conduz ao futuro, perde todo significado, e com ele também a decisão. Cada momento do tempo, em uma perspectiva historicista, é definido apenas em relação ao momento que vem depois dele: mas passado e futuro, para definir o presente, devem ter uma espécie de existência autônoma e precedente em relação ao próprio presente, já que é só em relação a eles que o presente se constitui. E isso é evidente nas versões providencialistas do historicismo, que são as mais consequentes: para elas, há um curso necessário da história, estabelecido de algum modo *a priori*, e cada momento tem um sentido enquanto se insere nesse curso (só enquanto se insere na estrutura dialética do real o evento é unidade e identidade de real e racional, como quer Hegel; o que não se deixa reduzir ao esquema, admitindo-se que este exista, é apenas aparência, acidentalidade): no entanto, ninguém tem o poder de mudá-lo. Desse modo, essas perspectivas supõem que exista um tempo como fluxo uniforme de momentos, como linha, na qual estamos colocados em um certo ponto. A relação entre a decisão e o tempo é aqui inteiramente favorável ao tempo: a decisão, diz-se sucintamente, está no tempo, nós estamos no tempo.

Ora, essa é precisamente a visão da história que torna impossível a história como novidade, como distinta de um devir puramente natural em que tudo se desenvolve necessariamente e de maneira previsível. Esse historicismo, juntamente com a fé na evidência como critério da verdade, de que se falava no ensaio *Sobre verdade e mentira*, é o principal inimigo de Nietzsche, o alvo polêmico em relação ao qual seu pensamento se constitui e pode, consequentemente, ser compreendido. Essa vontade de justificar a história como nascimento de novidade, ou seja, a história como vida, fez com que se falasse, acerca de Nietzsche, de vitalismo e, por conseguinte, de irracionalismo[15]; mas esse discurso, como é evidente, só

---

15. Como se sabe, essa interpretação é defendida sobretudo, hoje, por G. Lukács, em *Die Zerstörung der Vernunft*, Berlim, 1954; trad. it. *La distruzione della ragione* (1955), Turim, Einaudi, 1959.

tem sentido do ponto de vista de um racionalismo metafísico ainda profundamente hegeliano, e não por acaso vem dos marxistas. Se é irracionalismo uma perspectiva que vê a razão lutar para se afirmar e para constituir coerências em um mundo substancialmente problemático, onde nada está garantido por antecipação, pois bem, Nietzsche é um irracionalista. Mas racionalismo e fé na razão tornam-se então prerrogativas de quem não acredita realmente na força da razão, mas faz dela um simples espelho de uma ordem estabelecida de uma vez por todas fora dela, ou ao menos fora daquilo que comumente chamamos razão e exercemos como tal.

Qual perspectiva Nietzsche opõe àquela que vê a decisão e o presente colocados e definidos no tempo? Trata-se efetivamente de uma verdadeira inversão. Se não fosse assim, seria precisamente o tempo a resposta à questão que Nietzsche, como vimos, formula na conclusão do fragmento autobiográfico de 1863, e que permanece substancialmente aberta até o fim. Não é o tempo aquilo que no fim envolve ainda o homem e constitui o horizonte dentro do qual suas decisões se colocam e adquirem sentido. Ou melhor: o tempo se constitui apenas no instante da decisão.

É esse o sentido de uma das mais sugestivas páginas do *Zaratustra*, o capítulo intitulado "Da visão e do enigma". Aqui o núcleo da visão, que constitui ao mesmo tempo o enigma e sua solução, é que os dois caminhos do passado e do futuro estão unidos firmemente sob a grande porta em que está escrito "Augenblick", o instante. É esse o instante da decisão a partir da qual o tempo se estende em suas dimensões constitutivas. E o presente é justamente decisão, corte e discriminação apenas em relação à decisão de que existe um passado e um futuro.

Antes disso não existe o tempo nem sequer como simples fluxo, já que até um fluir implica uma direção, um ir para, e portanto já contém aquela distinção, aquela discriminação que só a decisão é capaz de instituir. Não é a decisão que está no tempo, somos obrigados a dizer, portanto, mas é o tempo que está na decisão.

Juntamente com o ensaio *Sobre verdade e mentira*, a segunda *Extemporânea*, com seus desdobramentos nas obras sucessivas, constitui, assim, o outro fundamento do pensamento de Nietzsche porque, assim como aquele destruía a superstição da natureza, do dar-se imediato das coisas como critério da verdade e como horizonte, esta destrói o outro grande mito, próprio do século XIX, da história como horizonte. Esta última instância, para distinguir o verdadeiro do falso, que para o empirismo havia sido o "mundo da experiência", se tornara, para o século XIX, a "História". E era uma forma de salvar a estabilidade do mundo, mesmo admitindo, ou pensando admitir, o devir. De fato, pareciam dizer, não existe um dar-se imediato das coisas e da verdade; toda verdade é relativa; mas, justamente, é relativa à época, e existe portanto um saber verdadeiro, aquele que relativiza as verdades às diversas épocas (a filosofia de Hegel, para o idealismo; a sociologia, para o positivismo). Mas, como vimos, para Nietzsche, e precisamente através desse desdobramento de pensamento, o mundo verdadeiro tornou-se fábula; não só o mundo da natureza e da chamada evidência, mas também o da história. Admitir a "História" dentro da qual enunciados e ações adquirem um sentido é também admitir um mundo estável e verdadeiro, se não em suas características exteriores, ao menos em suas leis de desenvolvimento (a dialética).

A filosofia como fábula

A reflexão sobre o historicismo e sobre a consciência histórica é, portanto, apenas outra maneira com que Nietzsche verifica que o mundo se tornou fábula. E o ponto de chegada dessa reflexão ainda é o mesmo: *incipit Zarathustra*. Afinal, o que significa dizer que o mundo se tornou fábula? O que Nietzsche põe no lugar das fábulas da evidência e da história nas quais até então se sustentara a metafísica ocidental?

"O criar como fazer encantamentos (*Zaubern*) traz consigo um desencantamento (*Entzauberung*) diante de tudo o que existe."[16] Assim, em sua crítica às fábulas e aos mitos, Nietzsche também se apresenta como um criador de encantamentos. Só porque ele tem uma nova fábula para apresentar, as velhas fábulas se revelam como tais.

Desse modo, Nietzsche rejeita, com a qualificação de historicista, uma outra qualificação que seríamos tentados a lhe atribuir, e com muitas razões, a de desmitificador ou desmitologizador. Também a desmitificação, que Nietzsche exercitou talvez mais do que qualquer outro pensador moderno, implica, porém, a fé em uma certeza que está na base de todo desvelamento. Desmitificar quer dizer mostrar o espírito de verdade, a estrutura oculta (mas, esta sim, verdadeira) dos mitos, a verdadeira face que se esconde atrás de sua máscara. Ora, para ser um desmitologizador ou desmitificador, falta a Nietzsche justamente o essencial, ou seja, a fé na possibilidade de chegar a uma estrutura oculta, definitiva, que se revele como núcleo verdadeiro sob a fábula. Se não fosse

---

16. "Le sette solitudini" [As sete solidões], fragmento destinado a uma nova parte do *Zaratustra*, em *Opere*, vol. VII, tomo 1, parte 2, p. 161.

assim, ele também teria de admitir uma evidência última em relação à qual o mito e a fábula se revelam como tais. Contudo, a desmitologização e a desmitificação são um aspecto inegável e preponderante do pensamento de Nietzsche: como se explica? Precisamente porque a desmitificação é um aspecto vinculado necessariamente à criação de novos mitos; só por ter um mito novo para apresentar Nietzsche pode desvelar os mitos precedentes em sua mitologicidade. Fazer encantamentos também implica sempre um desencantamento diante daquilo que já existe.

Isso é muito importante, porque nos diz o que devemos esperar de Nietzsche como filósofo construtivo, de que natureza são as propostas que ele nos faz, as teorias que ele defende. É ele mesmo quem nos adverte: a que ele nos propõe não passa de outra fábula, que pretende tomar o lugar das outras, mas que não se apresenta com nenhum maior título de "verdade". Antes de nos propor uma nova filosofia, Nietzsche quer apresentar uma nova maneira de entender e de fazer filosofia. Que posição se pode realmente tomar diante de alguém que, antes de começar seu discurso, nos avisa que está prestes a nos contar uma fábula, já que as filosofias são todas fábulas, a sua não menos que as outras? O que é questionado e obrigado a uma decisão é, antes de tudo, nosso modo de discutir, de aceitar ou rejeitar o que nos é proposto. O discurso de Nietzsche não pede para ser aceito ou rejeitado com base em provas, pede alguma outra coisa. E qual coisa? Provavelmente, mais que uma aceitação ou uma recusa com base em provas, pede uma resposta.

Aqui Nietzsche alcança outro grande pensador do século XIX com quem tem em comum muito mais do que em geral se acredita, Kierkegaard. A verdade não é um fato objetivo, a ser reconhecido de forma fria e distanciada; a verdade (para Kierkegaard a verdade religiosa, do cristianismo) é antes questão de decisão pessoal, de compromisso. Nietzsche não pede para sua fábula a adesão passiva ou a aceitação "racional", mas por isso impessoal, que se dá a um teorema de geometria, do qual a nossa vida não depende de modo algum; ao contrário, ele nos apresenta sua fábula para que nós lhe demos uma resposta, ainda que igualmente fabulizando, por nossa vez. A filosofia, em suma, é proposta de posições pessoais diante do mundo; aceitar a discussão com ela significa assumir a responsabilidade de elaborar e propor um posicionamento próprio.

Eterno retorno e responsabilidade do homem

Esse é um primeiro sentido, ainda historicista, se desejarmos, da ideia do eterno retorno do mesmo, uma das ideias mais difíceis de suportar[17]. De fato, ao menos em um primeiro sentido, ela significa aquela consciência heraclitiana muito clara do fluir e do passar incessante de todas as coisas, consciência que tiraria toda capacidade de agir de quem não tenha uma coragem sobre-humana. Este primeiro significado da ideia do eterno retorno explica também em que sentido o primeiro niilista completo é também aquele que pela primeira vez supera o niilismo.

---

17. Sobre a ideia do eterno retorno como "o pensamento mais terrível", à qual Nietzsche volta com muita frequência, cf. por exemplo *Opere*, vol. VII, tomo 1, parte 2, p. 265.

Pode-se dizer que o último degrau da escada do niilismo (insensatez de todas as coisas em virtude do devir incontrolável) é também o primeiro passo para a superação deste. Compreender isso significa compreender também em que sentido a perspectiva de Nietzsche está bem distante de confiar o filosofar e a verdade ao arbítrio e ao irracional.

Se realmente o devir é um eterno retorno do mesmo, ou seja, não tem uma direção nem um desenvolvimento como queria o historicismo, a decisão, por um lado, torna-se um absoluto e, por outro, torna-se determinante não de um único ponto da história, mas da história em sua totalidade. São essas as características que, em aparente contradição, Nietzsche atribui precisamente à decisão uma vez que se tenha reconhecido o eterno retorno do mesmo. Antes de tudo: se o devir não é um desenvolvimento organizado por leis, cada ponto dele equivalerá a outro ponto (ou melhor, na verdade eles não se diferenciarão), e nenhum deles poderá ter uma prioridade de valor sobre os outros; nenhuma decisão poderá dizer-se determinada ou condicionada por outra coisa. Em um mundo em que não existe história como devir historicista, a decisão é realmente um absoluto. O que parece constituir o problema do fragmento autobiográfico de 1863 é a decisão não incluída em nenhum horizonte, mas que, quando muito, institui um horizonte. Ela não está em um mundo, mas precisamente, como dirá a última carta a Burckhardt, funda e institui, cria o mundo. É disso que deve ter consciência o super-homem nietzschiano. Pode essa consciência diluir-se em leviandade ou arbítrio? O que existe de mais severo que o imperativo: aja como se aquilo que você está para fazer tivesse de se repetir eternamente?

Assim, o pensamento do eterno retorno é mais um apelo à responsabilidade e à assunção de responsabilidade. O mundo transformou-se em fábula: isso significa que não existe nenhuma garantia do que fazemos ou dizemos, que toda a responsabilidade recai sobre nós. Até a morte de Deus, que Zaratustra anuncia, não é outra coisa que o fim das garantias de que o homem da metafísica tradicional se rodeara para se livrar da responsabilidade plena por seus atos. De fato, foi "o deus moral" que morreu[18], ou seja, o deus da ordem constituída de uma vez por todas.

O homem novo que Nietzsche projeta e para o qual quer preparar o caminho com seu pensamento é o homem capaz de assumir plenamente suas próprias responsabilidades. É por esse motivo que nos fragmentos do *Wille zur Macht*, a obra que Nietzsche planejava como *summa* de seu pensamento e que jamais levou a termo, tem tanta importância o conceito de *Rangordnung*, de hierarquia dos valores, mas em seu aspecto dinâmico, como instituições dessa ordem dos valores.

Desejou-se interpretar sobretudo esse aspecto do pensamento de Nietzsche como uma apologia do autoritarismo, do supra-humanismo político de que a primeira metade do século XX nos forneceu alguns tristes exemplos. Na verdade, a criação e promulgação de tábuas de valores é uma tarefa que Nietzsche propõe a todos os homens. No entanto, ele se dá conta de que, para criar autenticamente valores, para fazer algo de significativo na história, é preciso estar preparado. Todos somos chamados a fazer algo significativo, mas poucos conseguem fazê-lo.

---

18. Cf. *Werke*, Leipzig, ed. Naumann, 1903, vol. XIII, p. 75.

Resumida desse modo, a posição de Nietzsche torna-se até banal. E seria, se no fundo dela não houvesse sempre algo de misterioso e de dificilmente exprimível fora da aura mítica em que Nietzsche deliberadamente a deixa. Um livro inteiro do *Wille zur Macht* traz o título (decidido pelos editores, mas com base nos apontamentos de Nietzsche) *Zucht und Züchtung,* disciplina e educação; mas a melhor tradução para *Zucht* seria criadouro, e se usa igualmente para animais. De resto, todos sabem quanto Nietzsche insiste no conceito de raça, e também isso o levou a ser incluído entre os profetas do nazismo. Mas quem procurar interpretar esse conceito mantendo-se fiel ao significado abrangente do pensamento de Nietzsche reconhecerá que, com essa insistência na raça, mais que na educação no sentido costumeiro da palavra, Nietzsche quer apenas acentuar o caráter remoto, e por isso mais biológico que pedagógico e cultural, da preparação necessária ao homem que faz algo de decisivo na história, aquele super-homem capaz de suportar a ideia do eterno retorno e de abrigar sua decisão fora dos horizontes estabelecidos, fora de qualquer garantia. É por isso, por exemplo, que ninguém se torna filósofo, mas nasce filósofo. "Para estimar o valor das coisas, não é suficiente conhecê-las, ainda que isso seja necessário. É preciso atribuir-lhes valor, é preciso ser alguém que tem o *direito* de *atribuir valores.*"[19] Ora, quem me dá o direito de me considerar legislador? Sem dúvida, é um direito que temos na medida em que decidimos assumi-lo, mas até essa decisão implica uma espécie de predestinação. "Há no fundo do espírito alguma coisa que não pode ser ensinada: uma rocha granítica de fata-

---

19. *Opere,* vol. VII, tomo 2, fr. 248.

lidade, de decisão já tomada sobre todos os problemas em seu adequar-se e referir-se a nós, e ao mesmo tempo um direito a determinados problemas, uma inscrição deles a fogo com nosso nome."[20]

Essa predestinação não significa outra coisa senão que a possibilidade para o homem de fazer algo significativo na história nasce de uma raiz remota, de uma relação originária que talvez responda justamente ao problema que permanecera aberto no fragmento autobiográfico de 1863. É verdade que não se resolve a questão do horizonte da ação e da decisão, ou melhor, a decisão e a ação conseguem apenas criar o horizonte. Mas o fragmento de 1863 já acenava para alguma outra coisa, que aqui parece se evidenciar plenamente, ou seja, a presença de uma força regente e norteadora. Antes das palavras conclusivas que citamos no início, Nietzsche escrevia naquelas páginas: "Assim, eu posso olhar com gratidão para tudo o que aconteceu comigo até agora, seja alegria ou dor, e os eventos me conduziram até agora como uma criança..." Essa força que guia o homem, que a certa altura faz cair com poder irresistível as amarras que o envolviam, é agora a raiz remota que permite ao super-homem ser aquilo que é, suportar a difícil ideia do eterno retorno e decidir, amparando a própria decisão na eternidade.

Decisão e relação com o ser

Descobre-se aqui o último e mais profundo significado da ideia do eterno retorno, aquele que, apesar de tudo, poderia levar a falar, em um sentido muito amplo,

---

20. *Opere*, vol. VII, tomo 1, caderno 1, fr. 202.

de um Nietzsche religioso, ou no mínimo de um Nietzsche ontólogo ou ontologista. Se é verdade, de um lado, que a decisão não tem um horizonte pré-constituído, mas, ao contrário, ela mesma cria o próprio horizonte, justamente porque o devir histórico não tem mais aquele sentido norteador que o historicismo lhe atribuíra, também é verdade que o poder de decidir chega ao homem não por um ato arbitrário, e sim por uma espécie de raiz remota de que Nietzsche fala pouco, e à qual alude com muitas metáforas biológicas, incluindo a de raça. Ora, essa raiz leva a pensar que a decisão, apesar de tudo, também se define em relação a algo, ainda que esse algo não possa ser nem o mundo (da natureza ou da história) nem Deus, entendido no sentido tradicional. Em suma, além da queda dos horizontes, há uma relação constitutiva da decisão e do super-homem.

O que é essa relação, e com o quê? A única resposta possível, que Nietzsche não deu explicitamente, mas que podemos imaginar com base no restante de seu pensamento, é que essa relação que cria e constitui originariamente a decisão – que, por sua vez, está na base do tempo, das suas dimensões de passado e de futuro, e de todas as relações historicamente identificadas – é a relação com a totalidade do ser: "aceitar e aprovar um único fato significa aprovar o todo, a totalidade do passado e do presente"[21]. Aliás, esse é também um sentido possível dos discursos sobre a responsabilidade de cada decisão, na qual está implicado o destino de tudo. Demolida a estrutura serial do tempo, ou ao menos sendo esta reconhecida como não originária, a decisão também não se coloca mais em relação com este ou aquele mo-

---

21. *Opere*, vol. VII, tomo 2, p. 94.

mento do tempo, mas com a totalidade do devir e do ser (não mais diferenciados, por sua vez, como estabilidade-verdade e aparência ilusória). E por essa relação, como já parece sugerir o fragmento autobiográfico de 1863, é qualificada e em certo sentido determinada.

É a relação com o todo, a raiz remota na totalidade do ser que dá ao filósofo o direito de filosofar, ou seja, de legislar. Isso significa, traduzido no nível do discurso sobre a história de que partimos, que o devir da história é garantido como devir e como novidade só enquanto brota de uma origem, de um ser que tem como característica a criatividade, a originariedade precisamente no sentido de ser uma origem permanente e sempre ativa, jamais ocorrida de uma vez por todas, das coisas.

Se o devir da história fosse confiado a uma decisão arbitrária do homem, não se poderia falar de verdadeira novidade. Nada mais do chamado arbitrário está ligado às condições existentes: o humor, a herança biológica, as preferências instintivas.

Nietzsche não vê a história como natureza nesse sentido, ou seja, no sentido de que a novidade histórica é um produto do instinto ou da "vida" no significado banal e bruto do termo. Para ele, a história é natureza, quando muito em outro significado, no sentido da palavra grega *phýsis*, que significa força originante, manancial permanente, fonte atual da novidade, origem, nascimento. É essa, em última análise, a razão pela qual para Nietzsche não se pode falar de um mundo dado de uma vez por todas, em relação ao qual a proposição se verifique como verdadeira enquanto conforme a ele. Não existe o mundo, existem mundos como posições sempre em movimento da origem, a qual gera os mundos como, ou enquanto (e talvez seja a mesma coisa), gera as perspectivas dentro das quais eles se revelam. A maneira de se aproximar da verdade não é, portanto, a de finalmente chegar a ver as coisas como estão, já que elas não "estão" de jeito nenhum, mas antes – e aqui vamos além do sentido literal dos textos nietzschianos – manter-se em relação com a origem, evitar perder-se no interior da própria perspectiva histórica absolutizando-a, identificando-a imediatamente com *a* realidade. Tudo isso está contido na ideia nietzschiana do eterno retorno do mesmo, e o homem que Nietzsche quer preparar com sua filosofia, o super-homem, é aquele capaz de viver neste mundo, no ser assim entendido e compreendido.

Paradoxalmente, Nietzsche não deixa de dar uma espécie de justificação histórica para sua exigência de uma nova humanidade. É aquela que pode ser encontrada, por exemplo, no apontamento do *Wille zur Macht*, precisamente no livro intitulado *Zucht und Züchtung*. Com o progresso da técnica, o homem terá necessidade de cada vez menos virtude para sobreviver no mundo, já que as condições externas de dificuldade das quais as virtudes se originaram terão desaparecido. A esta altura, o homem terá diante de si dois caminhos: ou abandonar-se totalmente à mediocridade e à massificação, perdendo, com a necessidade de se esforçar, também todas as virtudes que pouco a pouco havia adquirido na história, em um processo involutivo que não sabemos aonde iria dar; ou então dedicar-se conscientemente à própria autoformação, finalmente liberta da casualidade a que se via obrigada pelas várias exigências exteriores.

Se quisermos, o mundo em que a verdade como estabilidade tornou-se fábula é o novo mundo da técnica, em que cada vez mais se torna evidente que as coisas não são como são, mas como nós as fazemos. Em um mundo em que o homem não encontra mais aquilo que é, mas aquilo que foi produzido, até o sentido do termo e o conceito de ser devem ser renovados. O ser, pensa Nietzsche, já não pode mostrar-se como a estabilidade do dado, mas como a dinamicidade da origem permanentemente viva e originante. E neste mundo o homem também não é mais o mesmo. Só podemos imaginar de maneira aproximada aquilo que ele deve se tornar. O que sabemos é que, para ser homem neste mundo, ele deve começar a assumir plenamente as próprias responsabilidades.

O PROBLEMA DO CONHECIMENTO HISTÓRICO E A FORMAÇÃO DA IDEIA NIETZSCHIANA DA VERDADE

Filosofia e filologia

A crítica que, ao longo de todo o desenvolvimento de seu pensamento, Nietzsche realiza à noção tradicional da verdade como conformidade da proposição ao dado, crítica vinculada àquela da noção de evidência como critério da verdade, costuma ser resumida muito apressadamente com aquilo que, também aqui de modo um tanto genérico, se indica como seu irracionalismo ou vitalismo. Para esclarecer tal interpretação, além disso, costuma-se evocar sua dependência de Schopenhauer, e o peculiar tom metafísico que este deu à distinção kantiana entre fenômeno e númeno.

Ora, se é certo que Nietzsche encontrou em Schopenhauer, ao menos no primeiro período de sua produção, os instrumentos conceituais que lhe permitiram formular filosoficamente sua visão de mundo, instrumentos que, sem dúvida, influenciaram também o conteúdo de tal visão de mundo, também é certo que, especialmente no que diz respeito ao problema fundamental da verdade, Nietzsche passou a constituir a própria posição de maneira substancialmente independente de Schopenhauer, e em referência a um tipo de experiência que, no fundo, não podia encontrar um lugar adequado no sistema de Schopenhauer, ou seja, à experiência do conhecimento histórico. Essa independência, não tão relativa, de Schopenhauer no que se refere aos pontos essenciais da concepção de verdade explicaria também como na filosofia de Nietzsche essa concepção de verdade pôde permanecer inalterada, e até se aprofundar sem se contradizer, mesmo quando qualquer adesão ao pensamento de Schopenhauer era um fato do passado.

Reconhecer a importância da experiência filológica na formação da noção nietzschiana da verdade significa também, entre outras coisas, indicar um dos caminhos mais autênticos e fecundos através dos quais se pode reconhecer a ligação de Nietzsche com a tradição filosófica europeia. A filologia, não tanto ou não apenas como disciplina especializada quanto sobretudo como modelo ideal do conhecimento e como âmbito de uma reproposição geral do problema da existência do homem no mundo e, acima de tudo, no tempo, de fato sempre se encontra nos grandes momentos de virada da moderna consciência europeia, e também da filosofia em sentido específico. Bastaria lembrar o significado central da filologia na formação do humanismo e do renascimento e, mais tarde, na preparação do romantismo através da época do classicismo alemão. No fundo, essas referências não são alheias à constituição essencial e à problemática dominante da filosofia nietzschiana; ao contrário, elas servem precisamente para situar Nietzsche na linha de uma tradição que é aquela à qual ele pertence mais autêntica e profundamente, a tradição que chamaríamos genericamente de tradição "humanista" do pensamento europeu. As tentativas que ainda recentemente se fizeram de vincular Nietzsche e seu pensamento mais ao desenvolvimento das modernas ciências da natureza têm o defeito de tomar como base o interesse, inegável mas certamente não "originário", e além disso sempre cultivado de modo fragmentário e ocasional, pelas teorias científicas de sua época; interesse refutado bem claramente (ao menos é o que procurarei mostrar) pelo peso determinante da experiência filológica na formação de sua ideia da verdade.

Quando se fala de experiência filológica, contudo, é preciso esclarecer desde o início que tal experiência, para Nietzsche, nunca foi, nem sequer nos anos em que ele se dedicou a ela mais completamente, uma atitude de erudito, de especialista. Mas isso, mais uma vez, aproxima-o precisamente dos filólogos das épocas decisivas da história do espírito europeu a que aludíamos pouco acima; os filólogos do humanismo e do classicismo, ao menos os grandes, tampouco foram especialistas do passado enquanto passado. Para Nietzsche, filologia significa, antes de tudo, apresentação do problema da nossa relação com o passado. Ora, tal problema está de qualquer modo na base de todo o desenvolvimento do pensamento moderno, que não por acaso culmina (e chega também a uma reviravolta decisiva) nas grandes doutrinas historicistas do século XIX e também do século XX. Nietzsche, que vive em uma época em que o amadurecimento da consciência histórica, iniciado no humanismo, chegou a seu apogeu e agora entra em crise precisamente pelo desenvolvimento sem precedentes da consciência historiográfica (das disciplinas históricas), em certo sentido reconduz toda a questão às suas origens, repropondo o problema acerca do modo como se dá nossa relação com o passado e sobre o significado que tal relação tem para a determinação geral da fisionomia de nossa civilização.

Não é por acaso que a obra em que Nietzsche se apresentava ao público como filólogo, propondo uma visão original e revolucionária do espírito do classicismo, tenha sido também toda uma apaixonada discussão da decadência do moderno espírito europeu. Na *Geburt der Tragödie*, os dois temas, visão do classicismo e problema da decadência, estão estreitamente ligados. Para sair da decadência não basta substituir uma certa visão da civilização grega por uma visão diferente, eventualmente mais fiel e objetiva. O que determina a decadência é, ao contrário, toda uma maneira abrangente de apresentar e de conceber nossa relação com o passado, uma maneira vinculada com a ideia que fazemos da civilização grega, mas que não se reduz a um erro historiográfico que é preciso simplesmente corrigir com uma perspectiva mais adequada. O fato de a civilização grega se manifestar sob as vestes daquilo que habitualmente chamamos de clássico está estreitamente ligado, num elo de determinação recíproca, com o fato de que temos uma atitude epigônica diante do passado em geral. É possível dizer que com essa ideia Nietzsche não faz senão enunciar claramente aquele que havia sido o paradoxo da mentalidade classicista viva no pré-romantismo alemão: a contemplação do classicismo como único mundo autêntico, equilibrado, digno do homem, e, ao mesmo tempo, a consciência profundamente nostálgica da impossibilidade de recuperar tal condição.

Assim como nessa perspectiva uma certa visão do conteúdo do classicismo era acompanhada ou simplesmente determinada por uma certa maneira de se situar diante do passado, na nova perspectiva de Nietzsche a proposta de um modo diferente de interpretar e conceber o significado da civilização clássica caminha paralelamente à tentativa de encontrar um modo não mais epigônico de se relacionar com o passado. Aliás, pode-se dizer que a própria elaboração de uma hipótese historiográfica diferente sobre a civilização grega constitui-se no interior desta segunda busca, que, ao contrário, geralmente visa esclarecer o significado que a tomada de consciência do próprio passado tem para uma civilização.

Vinculando a própria ideia do caráter "clássico" do classicismo com a mentalidade epigônica e decadente, Nietzsche, em *Geburt der Tragödie*, liquida definitivamente o mito classicista, e no fundo ainda romântico, da civilização grega. Mas essa liquidação não ocorre tanto ou principalmente no nível dos conteúdos, o que poderia levar a dizer que a hipótese nietzschiana sobre o significado e o "espírito" da antiguidade clássica é suscetível de discussão e de eventual correção no plano filológico; a visão classicista da antiguidade é impossibilitada desde os seus fundamentos, na medida em que a própria atitude espiritual da qual ela não passava de uma manifestação é transformada em objeto de crítica.

Por esse motivo, obviamente não tem sentido considerar que Nietzsche, ainda que às vezes o texto sobre a tragédia leve a pensar o contrário, vise de algum modo uma restauração da civilização grega. Para ele, o que é constitutivo de nossa relação com o passado é, antes, precisamente o reconhecimento de sua *Einmaligkeit*. Mas ao mesmo tempo, paradoxalmente, justamente a renúncia a imitar e a reproduzir o passado, o reconhecimento de sua historicidade, é também a única maneira que temos de imitá-lo autenticamente. De fato, o que constitui a riqueza e a vitalidade do mundo grego, que o levaram a ser assumido como um ideal por tantos momentos da ulterior civilização europeia, é precisamente, também (ou fundamentalmente), uma certa maneira diferente da nossa, epigônica e decadente, de se relacionar com o *próprio* passado, e mais em geral com a verdade.

Se quisermos, poderemos resumir tudo isso dizendo que, para uma civilização, a maneira como ela pensa a própria relação com o passado é decisiva. A própria ideia de uma época clássica está ligada a uma maneira decadente de pensar essa relação. Nietzsche substitui definitivamente a ideia de classicismo pela de tragicidade: a civilização grega não é uma civilização clássica, mas sim uma civilização trágica. E, assim como a qualificação de clássica não a define tanto em sua essência quanto em seu significado para nós, assim também a tragicidade não será uma característica apenas daquela civilização, mas qualificará também fundamentalmente nossa maneira de nos relacionar com ela. Como a ideia de classicismo correspondia a uma certa maneira de se situar diante do passado, epigônica e decadente, é preciso encontrar que maneira nova e diferente de apresentar essa relação corresponde à nova concepção trágica da antiguidade grega. É em relação a essa problemática da busca de uma maneira que poderíamos dizer autêntica, ou ao menos não decadente, de se posicionar diante do passado, que amadurece e se desenvolve inicialmente em Nietzsche a reflexão sobre a verdade. De fato, a história também é historiografia: questionar a maneira correta de se relacionar com o passado significa questionar o significado da noção de verdade nas ciências históricas. Essa é a origem nietzschiana, autônoma, independente de Schopenhauer e ligada antes à experiência de seus estudos filológicos originários, da reflexão sobre a verdade e da crítica à noção tradicional da verdade como "objetividade", como conformidade verificável da proposição ao "dado". O que dissemos acima mostra, além disso, como essa fixação do problema da verdade na experiência filológica não o isola em um plano de especialidade, de metodologia de uma ciência determinada e muito particular; em virtude da maneira como Nietzsche pensa e exerce a filologia, coloca-o, ao contrário, no centro de toda sua filosofia da cultura.

Filologia e verdade: "infinitude" do fato histórico

A problematicidade da filologia e do conhecimento histórico, como se revela desde os escritos inaugurais de Nietzsche e amadurece especialmente nos apontamentos de *Wir Philologen*, além de na famosa segunda *Consideração extemporânea*, tem diversos aspectos, todos os quais convergem no questionamento da noção de verdade como conformidade da proposição ao dado, noção que dominara toda a tradição metafísica e que Nietzsche encontrava como ideal da ciência de sua época.

Há, antes de tudo, uma desproporção enorme, "ridícula", entre o objeto que a filologia quer conhecer, a antiguidade clássica, que se apresenta a nós sobretudo na forma da grande produção poética e artística, e o método com que se pretende abordá-la: "a relação do erudito com o grande poeta tem algo de ridículo"[1]. É preciso

---

1. In F. Nietzsche, *Gesammelte Werke*, Munique, Musarion Verlag, 1922, vol. II, p. 340. Cito a partir da edição Musarion porque se trata de apontamentos anteriores a 1867, ainda não publicados na edição crítica.

apenas aprofundar o significado dessa desproporção para encontrar as exigências que, segundo Nietzsche, devem ser atendidas por uma doutrina adequada da verdade nas ciências históricas. Há um primeiro sentido da desproporção, e é ele que depois Nietzsche terá continuamente presente e se tornará o *Leitmotiv* de seu pensamento no chamado primeiro período de sua especulação: enquanto a filologia clássica forma eruditos, os gregos nada tinham de *eruditos*, e não havia vestígio de erudição em seu ideal de educação. No período da grande filosofia grega (a filosofia pré-socrática), ou seja, naquela que Nietzsche chama de época trágica dos gregos, "o erudito é uma figura desconhecida"[2]. Os gregos são antes poetas, precisamente, diante de cuja obra o erudito se revela incapaz de qualquer compreensão adequada.

No entanto, não se trata de negar ao erudito a capacidade de uma fruição estética das obras da antiguidade. Ao contrário, a fruição estética, no sentido moderno dessa palavra, enquanto ela indica uma esfera de experiência que não tem nada a ver com verdadeiro e falso, bem e mal etc., é até um produto típico da mesma civilização que produz o erudito. A esteticidade que caracteriza a civilização grega e suas produções tem a ver, antes, com a própria maneira de se posicionar diante da verdade, uma maneira que não é racionalista e reflexiva, mas que tem de algum modo a imediação e a simplicidade características da obra de arte[3].

No entanto, além desses dois sentidos tão radicalmente opostos de esteticidade, existe um outro em que se pode dizer que o conhecimento histórico, para ser au-

---

2. *Werke*, vol. II, pp. 342 e 362.
3. Cf. *Werke*, vol. II, pp. 364-5.

têntico, deve ser um fato estético, em um sentido que não está distante de um dos significados modernos de esteticidade. De fato, Nietzsche diz que uma "civilização é antes de tudo a unidade de um estilo artístico em todas as manifestações de vida de um povo"[4]. A unidade do estilo artístico implica uma unidade mais profunda e mais ampla, que é precisamente a unidade "estética", ou seja, orgânica e definida, de uma certa civilização. Enquanto unitária, caracterizada por uma certa "forma" (que obviamente pode ser também um sistema de conceitos), uma civilização é um fato estético. Paralelamente, o filólogo, para abordar o próprio objeto de modo menos inadequado, deveria ser capaz de reconstruir intuitivamente grandes totalidades. O conhecimento filológico quase sempre tem um caráter analítico que o faz perder de vista os vínculos ou, caso se queira, a totalidade das épocas com que depara: o que está ligado ao fato de que o filólogo carece de um ponto de vista total sobre o mundo, também e antes de tudo sobre o mundo de seu tempo, e por conseguinte não pode compreender a história em suas grandes conexões, nem sequer a história do passado de que se ocupa. Ele se parece mais com um "operário da indústria a serviço da ciência" e perdeu todo gosto "de abraçar uma totalidade maior ou de instituir novos pontos de vista sobre o mundo"[5]. Essa capacidade pode, portanto, ser considerada estética no sentido em que a compreensão de um todo como organicamente estruturado tem algo de estético.

Mas o sentido em que Nietzsche vinculará essa "esteticidade" da compreensão histórica com a esteticidade,

---

4. *Considerações extemporâneas. I. David Strauss. Der Bekenner und der Schriftsteller*, 1.
5. *Werke*, vol. I, p. 296.

por assim dizer, existencial, que ele peculiarmente teoriza e que encontra na civilização trágica, é diferente e mais profundo. A passagem será realizada por meio da relação inseparável que não se pode deixar de reconhecer entre organicidade e vida em ato, ainda que essa ligação possa ser apontada no âmbito da interpretação e não emerja temática e explicitamente em seus textos.

É certo, contudo, que o filólogo-erudito não compreende o passado em suas formações abrangentes, o aspecto estrutural das épocas e das grandes unidades históricas, porque não possui um ponto de vista geral sobre o mundo. Ora, "a compreensão histórica não é senão a concepção de determinados fatos com base em pressupostos filosóficos"[6]. Um fato histórico é alguma coisa de "infinito jamais plenamente reprodutível"[7]. Mas essa infinitude (e nesse ponto Nietzsche se revela classicista, ou seja, apreciador da forma definida e acabada) é uma "má infinitude": ao menos se é compreendida como a impossibilidade de uma reprodução total do fato, já que de qualquer modo o conhecimento histórico não deve ter a pretensão de "reproduzir" o passado que deseja conhecer. Aliás, um dos perigos que ameaçam a historiografia é justamente o perigo de ela se propor simplesmente nos fazer reviver sentimentos e estados de espírito do passado; contra esse tipo de historiografia vale o lema evangélico: "deixem que os mortos sepultem os seus mortos"[8].

A infinitude do fato histórico, concebida dessa maneira, é justamente, quando muito, aquela que justificaria um trabalho filológico de tipo erudito e analítico. Na verdade, o fato histórico "infinito", jamais perfeitamente

---

6. *Werke*, vol. II, p. 339.
7. Ibid.
8. *Opere*, vol. IV, tomo I, p. 148.

reprodutível, não pode ser objeto de uma representação total e orgânica, como a que Nietzsche deseja. Esta só é possível se, reconhecida essa "má infinitude", se vai até o fim e se reconhece também que ela é apenas sinal de uma concepção equivocada da verdade como objetividade e reflexo fiel dos fatos. Não foram os eruditos e os coletores de fatos que fizeram a filologia progredir: "a força poética e o instinto criativo produziram o melhor na filologia. A maior influência foi exercida por alguns belos erros"[9]. O texto como tal oferece sempre infinitas possibilidades de leitura; uma leitura se concretiza na medida em que se escolhem alguns pressupostos, uma perspectiva definida[10]. De um lado, portanto, a filologia objetiva como erudição e verificação dos fatos não é apropriada para o conhecimento de seu objeto porque o deixa escapar em sua verdadeira e completa estrutura de fato total. A "má infinitude" do fato, sua reprodutibilidade nunca perfeita, nos põe em guarda, por assim dizer a partir de dentro, contra a concepção da verdade (historiográfica, por enquanto) como conformidade perfeita ao dado. Porém, mais profundamente, o problema se esclarece porque também nos coloca na presença de uma infinitude "boa" do fato histórico, aquela que, positivamente, exige um certo tipo de conhecimento e fornece indicações para uma doutrina mais aceitável da verdade.

A verdadeira razão pela qual o erudito não pode compreender adequadamente o fato histórico é que o fato é algo vivo, em sua atualidade, enquanto o erudito o mumifica e o esgota, entende-o como algo morto[11]. Para

---

9. *Werke*, vol. I, p. 296.
10. Cf. *Werke*, vol. II, p. 360.
11. Cf. *Considerações extemporâneas II. Da utilidade e desvantagem da história para a vida*, 6.

poder fazer enunciados definitivos, documentados e irrefutáveis, dos quais tanto gostam os filólogos objetivos, o fato histórico precisa estar completamente morto, distanciado de nós, definido em uma estrutura imutável. Quando é entendido dessa forma, é precisamente sua natureza de fato histórico que se deixa escapar completamente. Aqui, é inútil lembrar, é evidente quanto o historicismo contemporâneo deve a Nietzsche, especialmente Dilthey, para além das fórmulas mais vagas que falam de "vitalismo"; o que nos importa destacar, porém, é que, em relação a Nietzsche, o próprio Dilthey, com a permanente adesão a um ideal no fundo empirista do conhecimento, acaba permanecendo muito mais ancorado à noção tradicional da verdade como conformidade, ao passo que Nietzsche segue a linha de importantes desenvolvimentos ontológicos[12].

A historicidade da existência consiste no seu ser um "nie zu vollendes Imperfektum"[13], fórmula que lembra Dilthey. Para esse tipo de "fatos", para esses "imperfeitos" que nunca são pretérito perfeito, o conhecimento objetivo que constituía o ideal do positivismo científico não é absolutamente adequado. O questionamento da noção tradicional da verdade como objetividade, iniciado aqui no plano do conhecimento histórico, se estenderá a todo o âmbito do conhecimento, incluindo o das chamadas ciências da natureza, e veremos até que, para Nietzsche, a própria distinção entre ciências da natureza e ciências do espírito não terá nenhum sentido. Aqui,

---

12. Daí a limitação das interpretações de Nietzsche que tendem a destacar sua contribuição para a formação do historicismo alemão contemporâneo: veja-se, por exemplo, a obra de M. Schoeck, *Nietzsches Philosophie des "Menschlich – Allzumenschlichen"*, Tübingen, Mohr, 1948.

13. *Da utilidade e desvantagem*, 1.

por enquanto, importa ressaltar que a verdadeira infinitude do fato histórico não é sua reprodutibilidade nunca perfeita; ou melhor, essa má infinitude leva-nos a evidenciar outro sentido do caráter infinito do fato, ou seja, sua abertura constitutiva, que faz com que diante dele jamais seja possível um comportamento "objetivo". Ao contrário, quem quer realizar esse comportamento é o erudito, que depara com uma dupla derrota porque, de um lado, jamais conseguirá reproduzir o fato em sua inteireza; e, seja como for, o que conseguiria obter, eventualmente, com esses métodos de reconstrução e de reprodução não seria jamais o fato histórico em sua concreta atualidade.

Determinação e abertura do horizonte historiográfico

Diante disso, vemos como o verdadeiro problema da filologia e do conhecimento histórico é o de abordar um fato com um comportamento igualmente histórico; o de entrar vivendo em relação com outro evento enquanto evento vivo. Os pressupostos filosóficos com base nos quais os fatos históricos devem ser compreendidos revelam-se, assim, não tanto, ou não apenas, necessários metodologicamente para chegar ao fato; ao qual, como sabemos, nunca se chega "objetivamente", portanto nem sequer empregando aquelas perspectivas gerais como instrumentos a serviço de tal objetividade. Ao contrário, os pressupostos filosóficos e as perspectivas gerais são mais necessários para garantir que o conhecimento e a compreensão histórica sejam um fato de vida, e só enquanto tais podem ser considerados adequados para a compreensão da historicidade em sua abertura de "imperfeito jamais perfectível".

É em vista dessa compreensão historiográfica, e ela mesma histórica, entendida como ato de vida e não como (impossível) reflexo objetivo do fato, que "o filólogo deve compreender três coisas: a antiguidade, o presente e a si mesmo"[14]. Obviamente, o que se deve fazer é esclarecer essa noção de "vida", que por ora é apenas esboçada no conceito de imperfeito jamais perfectível e na noção de uma "unidade estilística" exemplificada sobretudo pela civilização grega. Já nesse conceito de vida aqui delineado, embrionariamente, para opor, à noção de verdade como conformidade ao dado e objetividade, uma noção mais adequada ao caráter vivente tanto do objeto como do sujeito do conhecimento histórico, anuncia-se aquele caráter "instituinte" que, no pensamento do Nietzsche maduro, será próprio da vontade de potência, da força, em geral de todas as noções que servirão para indicar e para ilustrar o caráter do ser. De fato, desde essas reflexões sobre o conhecimento histórico, o conceito de "força" mostra-se essencial: é importante fazer essa observação, porque a força de que falará Nietzsche no *Wille zur Macht* e nos outros escritos da maturidade deverá ser compreendida justamente com base nesse primeiro uso, para evitar os tão frequentes equívocos naturalistas.

Quem julga, interpreta, reconstrói o passado naquelas totalidades orgânicas compreendidas com base nos "pressupostos filosóficos" é a "maior força do presente"[15]. Até mesmo o conceito de justiça, paralelo ao de *Rang-*

---

14. *Opere*, vol. IV, caderno 3, fr. 62.
15. *Da utilidade e desvantagem*, 6.

ordnung, que terá tanta importância no *Wille zur Macht*, nasce e se evidencia pela primeira vez nessas reflexões sobre o conhecimento histórico. A verdade de tal conhecimento, diz Nietzsche, não pode ser concebida nos moldes das ciências naturais[16], mas como justiça, como ordem que uma força estabelece entre os fatos, dando a cada aspecto e elemento um lugar próprio, estabelecendo uma hierarquia[17]. Todos esses conceitos retornarão no *Wille zur Macht* e conservarão também ali um sentido ligado a essa sua origem hermenêutica.

Em suma, a forma adequada de abordar e de compreender os fatos históricos, e antes de tudo os textos escritos e as obras, que são as formações mais completas, as instituições mais definidas que o passado nos deixou, é ir ao encontro deles de maneira viva: o que para Nietzsche, nesta primeira fase de seu pensamento e sempre também em seguida, ainda que de forma e com conceitos mais elaborados, significa encontrá-los como abertos e como sujeitos a um ato de interpretação e sistematização de nossa parte. Esse ato não deve, antes de tudo, ser objetivo: o importante é que seja dirigido por uma visão geral sólida, profunda, orgânica. A hipótese historiográfica não verifica sua validade em comparação com o fato, quase como se o fato, contrapondo-se a ela como algo externo, pudesse confirmá-la ou desmenti-la. O que decide é aquilo que Nietzsche denomina "a altura dos pressupostos": "A compreensão histórica nada mais é que a concepção de determinados fatos com base em pressupostos filosóficos. A altura (*Höhe*) (ou nível) dos pressupostos determina o valor da compreensão histórica."[18]

---

16. *Da utilidade e desvantagem*, 4.
17. *Da utilidade e desvantagem*, 6.
18. *Werke*, vol. II, p. 339, e *Opere*, vol. III, tomo 3, parte 2, p. 247.

Se buscamos em outros escritos nietzschianos da mesma época, ou pouco posteriores, algo que possa esclarecer essa noção de "altura" ou de "nível" dos pressupostos filosóficos, não encontramos nada mais, por exemplo na segunda *Consideração extemporânea*, que a ideia de uma unidade estilística, de uma delimitação e solidez de estruturas, que decidem não tanto sobre a adequação da interpretação ao objeto quanto sobre a capacidade de tal interpretação de *viver*, de consistir como fato vivo. A única adequação possível na compreensão histórica é a força instituinte de uma interpretação que, vivendo, dá vida ao passado, compreendendo-o.

É inútil objetar que, nesse caso, o conhecimento histórico torna-se algo arbitrário, e que a história se reduz à historiografia. Tudo isso se insere ainda em um âmbito de pensamento que considera a conformidade ao dado como critério de verdade, ao passo que aqui Nietzsche está justamente verificando a impossibilidade, em qualquer circunstância, de que uma tal noção de verdade possa explicar e justificar o conhecimento histórico, ainda que por ora não apresente uma alternativa totalmente e nitidamente determinada. Por outro lado, o fato de ele estar bem distante de querer reduzir a filologia a puro arbítrio, a reconstrução fantasiosa do passado, é demonstrado, ao menos no âmbito metodológico, pela importância que, nesses escritos, ele atribui ao rigor da verificação crítica dos textos. O que lhe importa, porém, é deixar claro que essa verificação crítica não é suficiente, ainda não significa nada, é apenas um momento preliminar (mas também já "interno", nunca completamente autônomo) do autêntico conhecimento da história, que só pode ser um ato de vida, no sentido de interpretação, justiça – como vimos ilustrando até aqui.

Longe de ser algo caótico, irracional etc., a vida precisa de um "horizonte determinado"[19], ou seja, para usar uma expressão que Nietzsche emprega no mesmo escrito, precisa de um estilo: nunca se insistirá o bastante nesse conceito, já que com muita frequência a noção de vida em Nietzsche apareceu como equivalente à de um fluxo desordenado, de uma força irracional, isto é, sem lei nem limite. Ora, se é verdade que também ocorre tudo isso, por ora vamos extrair desses escritos sobre o conhecimento histórico e sobre a filologia, que estamos examinando, um elemento que Nietzsche jamais abandonará no decorrer de seu itinerário especulativo: o conceito de unidade estilística, ou, se quisermos dizê-lo em outros termos, de forma ou estrutura, do qual a vida é inseparável. A ponto, como se disse, de a possibilidade de abordar de maneira viva a vida do evento histórico, ou seja, sua atualidade de evento, sua constitutiva abertura de imperfeito, ser condicionada precisamente pelo fato de abordá-la com uma sólida estrutura de pressupostos, encerrando-a em um horizonte determinado. Mas, assim como existe uma "má infinitude" do fato histórico, existe também uma "má determinação": é a do *Historismus*, entendido como ideal do delineamento completo de uma situação em todos os seus componentes e conexões históricas[20].

Já se disse que essa determinação definitiva do fato histórico não é possível, justamente por causa de sua (má) infinitude. Mas quando o historiador pretende ter sucesso nesse empreendimento, e com o acúmulo de dados tem a ilusão de ter conseguido, então o fato históri-

---

19. *Da utilidade e desvantagem*, 1.
20. *Da utilidade e desvantagem*, 9.

co perde justamente sua potencial (boa) referência ao infinito. Nietzsche descreve esse fenômeno no que se refere à consciência histórica de um indivíduo ou de uma época: o *Historismus*, como descrição completa e circunstanciada da situação em todos os seus componentes, como explicitação total das referências próximas e remotas dessa situação, limita o homem porque lhe tolhe qualquer abertura para o infinito[21]. Essa referência ao infinito, como o próprio Nietzsche mostra compreendê-lo nas páginas da segunda *Extemporânea*, só pode ser a referência à vida em sua infinitude, em seu caráter de imperfeito: o que é outra maneira de dizer que o erudito mumifica a história, perde-a no seu concreto ser de evento aberto, em devir, sempre ainda na esfera da possibilidade (onde, a distância, se encontra um tema kierkegaardiano: o fato de algo ter ocorrido não significa que seja necessário; o conhecimento histórico é aquele que conhece o fato sempre ainda como contingente).

É por causa dessa referência ao infinito, dessa permanente infinitude da história enquanto sempre *in fieri*, que, invertendo uma fala historicista comum, Nietzsche escreve que "a pergunta: o que teria ocorrido se se tivesse verificado isso e aquilo, que é quase unanimemente rejeitada, é precisamente a pergunta fundamental"[22]: a história se faz justamente com os "se" e os "mas". "Quem não compreende quanto a história é brutal e sem sentido não compreenderá tampouco o impulso para dar-lhe um sentido."[23] Uma história que rejeita os "se" e os "mas" é aquela que foi predominantemente escrita até agora, ou seja, uma história "do ponto de vista do sucedido",

---

21. Ibid.
22. *Opere*, vol. IV, tomo 1, p. 124.
23. Ibid.

que supõe que o sucedido revele também um direito, uma razão[24].

O que impele Nietzsche a rejeitar esse tipo de historiografia justificadora, que para ele se reduz explicitamente à identificação hegeliana de real e racional, não é uma atitude pessimista genérica, e sim uma precisa exigência amadurecida na reflexão sobre o conhecimento histórico. A história do ponto de vista do sucedido desemboca, ainda que implicitamente, mas sempre inevitavelmente, na equação hegeliana de real e racional, o que significa que o fato histórico, mais uma vez, é perdido em sua autêntica estrutura de fato, ou seja, de possível, para se tornar algo rigidamente concluído que é preciso apenas justificar *a posteriori*. Nesse tipo de conhecimento justificador, que se julga objetivo porque diz a palavra definitiva sobre os eventos passados, não apenas se mumifica e se perde o passado em sua essência de evento caracterizado pela possibilidade, mas, paralelamente, o ato de conhecimento histórico não é mais, nem sequer ele, um ato histórico, no sentido de evento dotado de um futuro. Hegel, que é o grande expoente dessa consciência histórica justificadora, é um epígono[25], pode apenas fazer o inventário dos devaneios e da volta a si da razão, mas não cria nenhum fato novo. Nem poderia fazê-lo, porque a consciência totalmente desvinculada do devir das coisas fecha também definitivamente o devir, ao menos como história, ou seja, como iniciativa, porque faz perder toda capacidade de ação[26]. A única atitude ainda possível ao homem na era do historicismo absoluto é

---

24. Ibid.
25. *Da utilidade e desvantagem*, 8.
26. Cf. a passagem sobre o "discípulo de Heráclito" em *Da utilidade e desvantagem*, 1.

"o vaguear como um turista no jardim da história"[27]. O filisteu do século XIX baseia toda sua certeza de ser um homem desenvolvido, justo, objetivo, precisamente nesse conhecimento "turístico", indiferente, de toda a história; confunde sua absoluta falta de estilo, ou seja, de unidade e de ordem no sentido da "justiça" autêntica, com o único estilo possível.

A irracionalidade da história

À luz dessa exigência de compreender a história em sua verdadeira natureza de evento, portanto de possibilidade – exigência que pode ser satisfeita, segundo Nietzsche, só entendendo o próprio ato de conhecimento histórico como um fato histórico, por sua vez[28] –, se esclarece também outro aspecto que tem notável peso nos escritos de metodologia filológica de Nietzsche (especialmente *Nós, filólogos*) e que está destinado a deixar sua marca sobre todos os escritos do chamado segundo período (principalmente *Aurora, Humano, demasiado humano, A gaia ciência*) – período que nessa perspectiva se revela muito menos claramente separado do primeiro do que comumente se imagina.

De fato, precisamente nas anotações para a jamais redigida consideração extemporânea intitulada *Nós, filólogos*, ao lado da exaltação e da admiração da era clássica, há uma insistência no fato de que a tarefa do filólogo é evidenciar a irracionalidade que está na base da cultu-

---

27. *Da utilidade e desvantagem*, 10.
28. Esse é o sentido mais radical da afirmação de que "a consciência histórica é ela mesma um problema histórico": *Da utilidade e desvantagem*, 8.

ra e da civilização clássica. Esse tema, já dominante no *Nascimento da tragédia*, é muito mais ressaltado aqui, na medida em que é elevado a critério metodológico geral da filologia clássica.

"Trazer à luz a irracionalidade presente nas coisas humanas sem nenhum pudor: eis o objetivo dos nossos irmãos e companheiros."[29] Por esse motivo, o filólogo também é definido como grande cético[30]. Ele deve aprender a compreender "como as maiores produções do espírito têm um fundo terrível e mau; a visão cética: e como mais belo exemplo da vida se toma a civilização grega"[31]. Poderíamos multiplicar as citações desse tom, como prova de uma espécie de obstinação iconoclasta do filólogo Nietzsche contra o valor exemplar da civilização clássica.

A questão essencial, contudo, é: essa vontade de revelar o irracional que está na base das produções do espírito, portanto da civilização clássica, deve ser atribuída genericamente ao pessimismo schopenhaueriano de Nietzsche, ou também ela, ao contrário, está ligada antes de tudo à reflexão sobre a experiência filológica e sobre o problema do conhecimento histórico? E, neste caso, como se vincula mais precisamente a eles?

A hipótese mais correta parece ser a última, que assim permite explicar por que a vontade de desmitificar a civilização clássica, de evidenciar seus fundamentos irracionais, se manifesta precisamente em um escrito que, por outros aspectos, é ainda uma exaltação da filologia.

A demonstração da irracionalidade nada mais é que um desdobramento coerente do conhecimento histórico

---

29. *Opere*, vol. IV, tomo 1, p. 114.
30. *Opere*, vol. IV, tomo 1, p. 107.
31. *Opere*, vol. IV, tomo I, p. 91.

como ato de vida (no sentido que esboçamos aqui) que encontra outro evento em sua abertura e infinitude concreta. Quando Nietzsche escreve, em *Nós, filólogos*, que a improdutividade de nossa cultura se deve à nossa atitude diante da cultura antiga, na medida em que não distinguimos nela a fase realmente produtiva da fase decadente alexandrina[32], pode-se muito bem dar a essa afirmação um significado mais geral: ou seja, que nossa cultura é improdutiva precisamente porque e na medida em que não se reconhece com clareza suficiente o irracionalismo que está na base da própria época clássica. Alexandrina e decadente é nossa assunção da época clássica como um modelo unitário, como um bloco inteiramente positivo diante do qual temos de permanecer em uma atitude de admiração: o filisteu faz exatamente assim, não distingue e não julga, toma a época clássica como um todo que, eximindo-o de juízos, o exime também de qualquer ulterior esforço criativo e produtivo. Contra essa atitude, a tarefa do filólogo é gerar inimizade entre a cultura atual e a cultura da antiguidade[33]. Se consideramos, mesmo atendo-nos estritamente ao sentido um tanto literal dos textos, que ver "uma razão no sucedido" é peculiar da historiografia justificadora, ou seja, do historicismo; isto é, que a consideração fechada, erudita, da história implica sempre, no final, a identificação hegeliana do real com o racional, do fato com o valor, não será difícil perceber como, de maneira simetricamente oposta, a recusa de considerar a história como fechada deve fundamentar-se necessariamente na negação da identidade entre real e racional e, portanto, no

---

32. *Opere*, vol. IV, tomo 1, p. 121.
33. *Opere*, vol. IV, tomo 1, p. 105.

reconhecimento da irracionalidade dos eventos humanos. A insistência no fundo irracional da época clássica, mas em geral de toda produção histórica, se resume assim total e coerentemente àquela que é a preocupação dominante de Nietzsche em todo esse primeiro período de sua especulação, ou seja, a busca de uma forma de se relacionar com o verdadeiro, ou mais em geral de uma noção de verdade que não esteja sujeita às objeções a que, como se vê a partir da reflexão sobre o conhecimento histórico, está exposta a noção metafísica tradicional da verdade como objetividade, como conformidade da proposição ao dado. Aliás, essa ligação é demonstrada precisamente por uma das passagens já lembradas, em que Nietzsche fala do esclarecimento da irracionalidade que está na base das coisas humanas: uma vez evidenciada e reconhecida a irracionalidade, "será preciso distinguir entre o que é nela fundamental e irremediável e o que, ao contrário, ainda pode ser corrigido"[34].

O reconhecimento da irracionalidade (mas, poderíamos também dizer, sem trair o espírito do pensamento de Nietzsche, da não racionalidade em sentido hegeliano) da história é a condição para assumirmos diante dela uma posição viva, que implica uma escolha e uma decisão. É só em decorrência do caráter vivo dessa tomada de posição que o passado se deixa apreender como fato de vida, como imperfeito jamais perfectível.

Se, portanto, como escreve Nietzsche nas primeiras linhas de *Homer und die klassische Philologie* (1869), a filologia é, em sua inteireza, síntese de história, ciência natural e estética, é esta última, a estética, ou a esteticidade, que lhe confere o caráter de ato vital a partir do qual

---

34. *Opere*, vol. IV, tomo 1, p. 114.

se pode apreender o passado em sua verdadeira natureza de evento histórico. De fato, como história, a filologia quer compreender "a lei que governa a sucessão dos fenômenos"; como ciência natural, "esforça-se por penetrar no mais profundo instinto do homem, o instinto da linguagem"; mas é só como estética que ela, "do conjunto das antiguidades, escolhe a chamada antiguidade clássica"[35], ou seja, erige em modelo qualquer produto do passado precisamente por meio de uma escolha que é um ato de vida. A não racionalidade da história é, assim, o pano de fundo necessário desse conhecimento filológico que assume uma relação viva com a vida do passado.

O problema da verdade no escrito sobre "Verdade e mentira em sentido extramoral"

Essa relação entre produções espirituais (da linguagem às grandes obras de arte) e fundamento irracional, que nos escritos filológicos aparece estreitamente vinculada com a reflexão metódica sobre o conhecimento histórico, parece antes tomar uma posição de afirmação teórica autônoma em um escrito de 1873 dedicado explicitamente ao problema da verdade (*Über Wahrheit und Lüge im aussermoralischen Sinn*). Em que medida a posição e os resultados desse escrito, um dos mais significativos do jovem Nietzsche no que diz respeito à crítica ao conceito metafísico tradicional da verdade como evidência, também estão ligados à temática que vimos se desenvolver, em parte antes de 1873 e em maior parte depois dessa data, nos escritos filológicos?

---

35. Veja-se a tradução italiana em *Opere*, vol. II, tomo 1.

A impressão de que o ponto de vista desse escrito é, por assim dizer, "naturalista", ou seja, que o enfoque nele assumido não pode ser aproximado da temática que encontramos nos escritos sobre a filologia, é, mais que outra coisa, precisamente uma impressão, explicável provavelmente com a força sugestiva do encaminhamento "leopardiano"* do ensaio.

Observado com mais profundidade, esse escrito revela-se mais fácil de vincular à temática dos escritos filológicos: antes de tudo, porque no centro dele está a linguagem. A rigor, aliás, ele poderia ser assumido como uma preparação de *Wir Philologen*, precisamente na medida em que considera o problema da presença da verdade na linguagem em seu sentido mais radical. Em essência, para *Wir Philologen* a questão da verdade já chegou a um certo nível de elaboração; não há mais dúvida, por exemplo, de que a verdade não pode ser considerada objetividade, reflexo etc. E essa conclusão fundamenta-se na experiência do conhecimento histórico. O escrito sobre a verdade e a mentira também diz respeito à história, ou seja, às produções espirituais do homem. Tais produções não passam de metáforas, algumas das quais são consideradas "a realidade" porque um certo grupo social as escolheu como bases da própria vida comum.

Ora, não é difícil perceber que justamente desse caráter metafórico das produções espirituais também deriva a impossibilidade do conhecimento histórico como conhecimento objetivo. E o *irracional* subjacente a essas formas espirituais, que aqui Nietzsche chama explicitamente de "cupidez, crueldade, ferocidade", na verdade

---

* Do poeta Giacomo Leopardi (1798-1837) ou relacionado a sua arte e a suas obras. [N. da T.]

nada mais é que o limite obscuro do conhecimento, o resíduo infinitamente fugidio e nunca redutível, exprimível, em metáforas linguísticas, que caracteriza também o fato histórico em sua indefinida irreprodutibilidade. Também no escrito *Über Wahrheit und Lüge*, em suma, a evocação do irracional serve simplesmente para criticar a visão metafísica da verdade como conformidade da proposição ao dado, como objetividade e evidência, para fundar a relação com a verdade como uma relação interpretativa[36].

Essa relação interpretativa, que em *Über Wahrheit und Lüge* permanece indefinida, se esclarece em *Wir Philologen* como relação vital, como ato de vida que responde a outro ato de vida e só assim o apreende, o respeita, o deixa ser como tal. Nessa perspectiva, não existe nem sequer diferença entre a irracionalidade de que fala *Über Wahrheit und Lüge*, o imperfeito jamais perfectível da segunda *Extemporânea*, e a irracionalidade de *Wir Philologen*: nos três casos, esses termos indicam simplesmente o caráter "aberto" da existência, caráter que põe em crise toda a concepção da verdade como objetividade e como evidência.

Além disso, há outro sentido em que *Über Wahrheit und Lüge* pode ser considerado logicamente uma preparação de *Wir Philologen* e das reflexões metodológicas sobre a história: de fato, ele permite ver como as reflexões de Nietzsche sobre o problema do conhecimento histórico devem necessariamente ser ampliadas até pôr em

---

36. Naturalmente, a relação interpretativa não pode ser entendida apenas como uma chegada, através de uma evocação e de uma decodificação de signos, ainda e sempre ao dado. É assim que a hermenêutica nietzschiana é vista, por exemplo, por J. Granier, *Le problème de la vérité dans la philosophie de Nietzsche*, Paris, 1966.

discussão toda a teoria metafísica da verdade como objetividade. Considerando apenas os escritos sobre a filologia, ainda podia haver a dúvida de que todo o discurso de Nietzsche sobre a impossibilidade de uma concepção da verdade como reflexo objetivo era válido para o conhecimento histórico, para as *Geisteswissenschaften*, mas não para as *Naturwissenschaften*. Contudo, o escrito *Sobre verdade e mentira*, entre outras coisas (mas pode-se também considerá-lo seu principal resultado, ao menos do ponto de vista que apresentamos aqui), destrói desde os próprios fundamentos qualquer possibilidade de uma distinção desse tipo: não há nenhum dar-se imediato da realidade ao homem, que depois construiria seus esquemas históricos. Até mesmo aquilo que julgamos ser a realidade e que distinguimos das interpretações já é o produto de uma atividade metafórica, "livremente criativa e poetante"; só que essas metáforas não são mais reconhecidas como tais porque se tornaram as bases de toda uma sociedade, época ou unidade histórica. A rigor, portanto, não existem *Naturwissenschaften*; todas as ciências são ciências históricas, na medida em que nunca lidam com *coisas*, mas sempre com metáforas, ou seja, com produções espirituais, e antes de tudo com a linguagem. Tudo isso, que será explicitamente teorizado por Nietzsche nas obras sucessivas, já está contido, porém, ainda que em esboço, no ensaio sobre a verdade e a mentira. O conhecimento histórico não apenas põe em crise a concepção da verdade como objetividade, mas aquilo que nós chamamos evidência, aquilo que nos parece ser um encontro com o real em sua imediação é na verdade ele mesmo um evento histórico. Fecha-se assim uma espécie de círculo, em que seria inútil buscar estabelecer rígidas prioridades cronológicas: seja qual for a parte da qual se queira começar a percorrê-lo, porém é certo que na crítica de Nietzsche à noção metafísica da verdade como conformidade ao dado se evidencia como central a reflexão sobre a historicidade: de um lado, sobre o problema do conhecimento histórico; de outro, sobre a historicidade do conhecimento.

Na relação do homem com a natureza, aquela relação que em *Über Wahrheit und Lüge* se chama de "liberdade poetante", se reproduz a situação da relação entre o historiador e o passado que ele quer conhecer: a única maneira verdadeira de conhecer é, também aqui, interpretar, ou seja, organizar livremente, com uma escolha mais ou menos consciente e explícita, em suma com um ato de vida.

Esse discurso, levado até o fim, deveria nos induzir a perguntar se, desse modo, não se chega a estabelecer uma analogia entre o objeto do conhecimento histórico, que é a "vida", e o objeto do conhecimento científico, que é a "natureza".

Aqui podemos fornecer provisoriamente duas respostas: tanto em um caso como no outro, jamais se está diante da "vida" ou da "natureza", mas apenas diante de metáforas, de produções espirituais; por isso o conhecimento, em ambos os casos, é sempre interpretação. Por outro lado, porém, também é verdade que semelhante gnosiologia da interpretação deve acabar comportando determinadas consequências ontológicas que, por ora, são indicadas de maneira apenas alusiva pela analogia que, inevitavelmente, se encontra entre objeto do conhecimento histórico e objeto do conhecimento científico. Negativamente, pode-se dizer que também o objeto das ciências naturais (ou que assim se presumem) deve ser concebido de algum modo como vivente, justamente porque do contrário o conhecimento interpretativo não teria sentido para ele.

Não há, em suma, um conhecimento dos fatos humanos como conhecimento do devir e do mundo dos "signos" (linguagem, produções espirituais em geral), do qual se diferencie um conhecimento da natureza como conhecimento de "coisas": também as coisas são "signos", eventos culturais. Se por ora pode parecer, ao menos a partir de *Über Wahrheit und Lüge*, que o caráter de conhecimento interpretativo se estende também às *Naturwissenschaften* só porque o homem é um "animal metafórico", no desenvolvimento de seu pensamento (especialmente na concepção do *Wille zur Macht*) Nietzsche extrairá dessa sua primeira intuição consequências bem mais amplas e complexas no plano ontológico e não mais apenas gnosiológico.

Verdade, criticidade, genealogia

O ensaio *Sobre verdade e mentira* e os vários escritos sobre o problema da filologia, lidos juntos na perspectiva que ilustramos, mostram não apenas como a raiz da problemática nietzschiana da verdade deve ser buscada em sua experiência de filólogo e em sua reflexão sobre a consciência histórica e sobre a historicidade; eles revelam também a ligação que, ainda que polemicamente, essa apresentação do problema da verdade como problema do conhecimento histórico tem com o restante da filosofia moderna. Também aqui, convém observar, o que faremos será apenas indicar, como presentes embrionariamente no pensamento do jovem Nietzsche, temas e problemas que constituirão termos centrais de seus escritos mais maduros.

A conexão entre o problema da verdade e o problema do conhecimento histórico não diz respeito apenas ao itinerário especulativo de Nietzsche; é um tema comum da filosofia do século XIX. Em relação a esse problema, Nietzsche aparece não apenas como um pensador que compartilha em medida mais ou menos original e pessoal o espírito de sua época, mas como momento, ainda que provisório, autenticamente resolutivo.

Se se reconhece o caráter distintivo da filosofia moderna em sua criticidade, a questão do conhecimento histórico como ponto decisivo para qualquer teoria da verdade se mostra com extrema evidência. De fato, foi na esteira de um desenvolvimento da exigência crítica apresentada por Kant que as grandes filosofias idealistas acabaram reduzindo (reconduzindo) a realidade à articulação interna do espírito, à sua história. Com isso, não se afirma que o único caminho para realizar o trabalho crítico kantiano devia ser o idealismo, e em particular o hegelianismo; sem dúvida, de fato foi o que ocorreu. Só na filosofia do último Schelling, precisamente aquela exigência crítica que levara Hegel a construir toda a realidade como articulação dialética interna do espírito se fazia valer, problematizando o próprio fato dessa estrutura dialética. Com bons motivos indica-se na filosofia do último Schelling a verdadeira origem da filosofia contemporânea surgida do hegelianismo[37].

Essa própria evocação do *fato* em que tanto insistia a filosofia positiva de Schelling repercute na segunda

---

37. Sobre as relações entre dissolução do hegelianismo e filosofia contemporânea, cf. L. Pareyson, *Esistenza e persona*, Gênova, Il Melangolo, 1985. Cf. a 3.ª ed., Turim, Taylor, 1966 (cf. também a 2.ª ed., ibid., 1960). Para o significado da filosofia do último Schelling, limito-me a lembrar W. Schulz, *Die Vollendung des deutschen Idealismus in der spätphilosophie Schellings*, Stuttgart, 1955.

Consideração extemporânea, de acordo com a qual "a consciência histórica é ela mesma um problema histórico". Se quisermos, a criticidade, tornando-se um problema para si mesma, recusa-se a se tornar solução e sistema, aceitando-se como aberta. A própria ideia positivista de que o *a priori* kantiano já era o produto de uma cristalização histórica, em sua literal insustentatibilidade, tem contudo o mérito, como muitas vezes acontece, de representar de forma banalizada uma tendência realmente presente na filosofia do século.

Pode-se dizer que Nietzsche resume essa maneira de apresentar a "crítica" levando em conta a historicidade no subtítulo, deliberadamente um tanto enigmático, de sua autobiografia: *Ecce homo. Como alguém se torna o que é*. É por essa razão que, definitivamente, a problemática do conhecimento histórico como Nietzsche a desenvolve nos escritos que examinamos pode valer em geral para o problema da verdade pura e simplesmente. Não valeria se fosse possível uma situação em que o conhecimento se encontra diante de um *dado*: mas o que era o dado da experiência para o empirismo (como instância última da verdade) tornou-se, na crítica kantiana, o *a priori*; portanto a estrutura internamente dialética do espírito. Desse modo, o *dado* já se transformara em *fato*. Mas só com o último Schelling, e depois com Nietzsche, esse fato é realmente reconhecido como *evento*, com todo o caráter de abertura que o evento comporta e que Hegel, ao contrário, não lhe reconhecera. O dado é totalmente transformado em evento, e em decorrência disso a verdadeira crítica torna-se a problematização do conhecimento do fato, ou seja, do conhecimento histórico. Conhecer autenticamente *aquilo que aconteceu* significa também saber realmente *aquilo que é*; é aqui que a noção nietzschiana de genealogia manifesta sua conexão com a linha central de desenvolvimento da filosofia moderna[38].

Convém observar, contra algumas interpretações recentes, que a noção de genealogia não representa a resposta definitiva de Nietzsche para o problema da crítica. Para ele, a crítica não é a redução do fato às suas ascendências: essa maneira de apresentar as coisas ainda seria uma redução do fato ao dado; o fato seria criticamente conhecido simplesmente enquanto relacionado a um dado mais remoto, porém concebido sempre, precisamente, como dado. Na verdade, é justamente isso que Nietzsche põe em discussão. A solução do problema será obtida precisamente por meio da crítica genealógica dos escritos do segundo período de sua produção. O que se mostra claro a partir da elaboração que o problema da verdade recebe nos primeiros escritos é que o que se questiona é precisamente a maneira de se reportar ao fato como fato histórico. Em outros termos, não está claro desde o início que, como o dado se resume em fato, a maneira correta de se aproximar dele seja a crítica genealógica. Aliás, é a própria genealogia que, nos escritos do segundo período, será questionada como método e considerada insuficiente. As raízes dessa insuficiência já estão implicitamente indicadas nos escritos sobre a filologia. Aqui se exclui qualquer possibilidade de conhecer o fato histórico com base no critério da verdade como objetividade e como evidência; e a redução genealógica, ao contrário, no fim queria ser exatamente isso. É por isso que o método genealógico, posto à prova por Nietz-

---

38. O conceito de genealogia como central em Nietzsche é muito enfatizado por J. Granier, no volume já citado, e por G. Deleuze, *Nietzsche et la philosophie*, Paris, 1962, trad. it. de S. Tassinari, Florença, Colportage, 1978.

sche nos escritos do segundo período, se revelará insatisfatório e insuficiente.

O que importava evidenciar aqui era, de um lado, a centralidade do problema do conhecimento histórico para a formação da crítica nietzschiana à noção metafísica tradicional da verdade como conformidade ao dado; e, de outro lado, a ligação dessa problemática com a linha diretriz, ou com uma das linhas diretrizes, do desenvolvimento da filosofia moderna a partir de Kant.

As conclusões, provisórias, a que temos a impressão de ter chegado são substancialmente três. Antes de tudo, o conhecimento do fato histórico como fato não pode ser dirigido pelo ideal e pelo critério da objetividade, da conformidade ao dado, da evidência, porque nesse caso o fato é perdido precisamente naquilo que tem de mais característico, em sua abertura constitutiva e infinitude. Ao contrário, o conhecimento do fato (e qualquer conhecimento, visto que também aquilo que aparece como dado se converte totalmente em fato) é um ato de vida; portanto, sempre uma resposta, uma escolha, uma forma de "justiça".

Em segundo lugar, essa estrutura do conhecimento é aquela que Nietzsche cada vez mais explicitamente chamará de interpretação. A interpretação assim entendida é a única maneira autêntica de chegar à verdade. Ela, ao menos por enquanto, se justifica como válida não por algum tipo de adequação mensurável ao dado, mas por sua força de coesão, por sua capacidade de viver, precisamente. É essa força e nitidez que Nietzsche chama de estilo.

Por fim, se não é uma maneira de adequar perfeitamente um dado, mas uma resposta viva a um fato de vida, a interpretação jamais poderá ser entendida como o ato de ascender de um "signo" ao "significado", de um fenômeno à coisa em si; ou seja, como uma maneira de esclarecer aquilo que era obscuro e se escondia sob os "sintomas". Semelhante visão da hermenêutica nietzschiana, que aliás é a que absolutiza o conceito de genealogia, perde de vista o caráter genuinamente inovador de sua noção de verdade. No entanto, deveríamos esperar que, coerentemente com essas premissas, Nietzsche viesse a elaborar, no nível gnosiológico e sobretudo no nível ontológico, uma visão completamente nova das relações entre ser, verdade e interpretação.

A FILOSOFIA COMO EXERCÍCIO ONTOLÓGICO

A desmitificação radical

Entre os muitos aspectos do pensamento de Nietzsche que hoje merecem ser retomados e desenvolvidos, há um de particular atualidade, aquele que diz respeito à concepção nietzschiana da filosofia. De fato, Nietzsche parece ter passado à história como um dos pais daquela atitude do pensamento que pode ser genericamente indicada como "desmitificação", e que caracteriza a filosofia e a civilização contemporânea muito mais amplamente do que às vezes se admite. Entendo aqui por "desmitificação", em um sentido muito amplo e também, inevitavelmente, vago, qualquer atitude de pensamento que visa trazer à luz o significado oculto de um fenômeno, sua estrutura autêntica, para além das mistificações voluntárias ou involuntárias que ele sofreu ou sofre. Como exemplos mais evidentes dessa atitude será suficiente lembrar duas linhas de pensamento de nossa época, que são bem mais que uma filosofia, da história ou da política, e uma teoria-terapia da psique: o marxismo e a psicanálise. O que aproxima esses fenômenos, para além das muitas diferenças, é a vontade desmitificante que os domina. Mesmo fora dessas precisas tendências de pensamento, a desmitificação é uma constante do costume e da mentalidade contemporânea; basta pensar em toda a literatura que põe e discute o problema da comunicação e da autenticidade que, subentende-se, só pode ser atingida com uma revelação completa dos segredos mais recônditos, de maneira que não permaneça nada de não dito que eventualmente condicione e modifique sub-repticiamente, e portanto mistifique, aquilo que se diz.

Pode-se ver nessa atitude desmitificante uma saudável e espontânea reação do pensamento ao grande poder que o mito adquiriu em decorrência dos meios de comunicação de massa: imprensa, rádio, cinema, televisão e indústria cultural em geral são outros canais de difusão e ambientes de constituição de novos mitos, contra os quais se reage, ao menos no âmbito do pensamento e da filosofia, precisamente com uma desconfiança maior. Outros, como Heidegger – e sou muito propenso a aceitar esta "explicação" radical, se assim se pode chamá-la –, sugerem que até essa vontade de clareza e de explicitação do oculto não é senão o último ato de uma história muito mais remota, que se estende bem mais além do nascimento da indústria cultural: a própria história da metafísica ocidental. Parece-me que nenhum outro livro analisa mais profundamente o significado metafísico da civilização contemporânea que *Satz vom Grund*[1], em que Heidegger aparentemente se limita a indagar o sentido do princípio de razão suficiente na enunciação leibniziana. Do *Satz vom Grund* se extrai uma visão da ci-

---

1. Pfullingen, 1957.

vilização moderna, aquela em que a metafísica (no sentido heideggeriano, como esquecimento do ser e protagonismo do ente) chega a seu termo, como uma civilização da explicitação ou da expressão. O princípio de razão suficiente não é o puro e simples princípio de causalidade (por exemplo: *omne quod movetur ab alio movetur*). Em Leibniz, ele é *principium reddendae rationis*: princípio mais da fundação que do fundamento. O fundamento só serve para explicar e justificar a realidade de algo na medida em que é "devolvido" ao sujeito, na medida em que é enunciado. Sabe-se qual é a atitude de Heidegger a esse respeito: a redução de toda a realidade no esquema do fundante-fundado faz com que se perca o verdadeiro *Boden*, o verdadeiro solo em que a realidade só pode crescer. Enquanto o fundamento é enunciado, ele está em poder do sujeito que o enuncia e o aceita como válido: toda a realidade é reduzida ao sujeito, não existe nela mais nada do ser como tal.

Mencionei essa posição heideggeriana apenas para esclarecer o âmbito em que se move esta investigação sobre Nietzsche. Sabe-se que, para Heidegger, Nietzsche também pertence a essa civilização da expressão e, de algum modo, chega a ser seu ponto culminante e profeta. Parece-me que, ao menos no que se refere à concepção do filosofar, Nietzsche se subtrai sob muitos aspectos àquele âmbito, e até oferece numerosos motivos que podem servir para sair dele, exatamente na direção indicada ou pelo menos sugerida por Heidegger.

A imagem de Nietzsche como filósofo "desmitificador" corresponde, sem dúvida, a um aspecto fundamental de sua obra. É preciso ver se essa "desmitificação" é concebida como a tarefa da filosofia, ou se ao contrário, como eu considero, não é compreendida em um quadro mais amplo que lhe dá um significado novo e diferente. Quando falamos de um Nietzsche desmitificador, pensamos antes de tudo em certas obras de sua autoria que, desde o título, anunciam a intenção de desvelar o que está por detrás de nossos mais arraigados modos de pensar: *Humano, demasiado humano, O crepúsculo dos ídolos, Genealogia da moral* etc. A tarefa que Nietzsche se atribui nessas e em outras obras, em certo sentido em todas as suas obras, é a de pôr a descoberto as raízes, como ele diz, "instintivas" da moral, da religião, da filosofia. Assim, em um dos primeiros aforismos de *Além do bem e do mal* (n. 3), anuncia seu propósito de "incluir a maior parte do pensamento consciente entre as atividades instintivas, mesmo quando se tratar do pensamento filosófico"; nos fragmentos de *A vontade de potência* encontra-se frequentemente a definição da moral como um caso particular da imoralidade. Além disso, se nos perguntamos a qual fundo de verdade é preciso reportar o mito, a resposta parece fácil: aos instintos, precisamente, ou em geral à vontade de viver; veja-se, por exemplo, a conclusão do aforismo 24 de *Além do bem e do mal*: a ciência simplifica e falsifica o mundo, e o faz em parte voluntariamente, em parte involuntariamente, "porque, viva, ama a vida". Poderíamos ir além e tentar esclarecer ulteriormente o conceito desse fundo instintivo dos erros e dos mitos da ciência, da moral, da religião, da filosofia. O que importa aqui, porém, é ressaltar que, concebida dessa maneira, a atitude desmitificadora implica e supõe sempre uma atitude que se pode denominar, em sentido amplo, "dogmática": desmitificar, ou seja, reportar o mito ao seu fundo de verdade, mostrar sua "verdadeira" face, implica sempre supor conhecida ou cognoscível essa verdadeira face da realidade; querer avaliar as fábulas com base em uma evidência. Assim, se dizemos que a raiz das mentiras da filosofia e da moral é o instinto de conservação e aumento da vida, entendemos esse instinto como um âmbito que se subtrai à mistificação (e, consequentemente, à desmitificação); na diversificação e na sucessão das metafísicas, das religiões, dos ideais morais, há algo de certo e de não falso, a vontade de viver, que é concebida como uma espécie de força natural sempre igual a si mesma, sobre a qual se move, como um jogo de sombras chinesas, a história variável das mitologias humanas.

Independentemente da maneira como se concebe esse "âmbito", em todo o caso, na desmitificação, ele se opõe ao mito como o verdadeiro ao falso, é o critério de verdade com base no qual a fábula se revela fábula. Ora, um dos mitos, ou melhor, o mito que Nietzsche mais intensamente se dedicou a destruir, é precisamente a crença na verdade. "Antes de tudo, sacudir a crença na verdade."[2] Não em alguma verdade determinada, mas na verdade como tal. Parece-me que aqui devemos discordar da afirmação de Heidegger de que Nietzsche permanece ancorado ao conceito metafísico da verdade como conformidade da proposição ao dado[3]. Ou melhor, quando diz verdade, Nietzsche sem dúvida entende a conformidade de uma proposição ao estado das coisas; mas justamente por isso a verdade, em seu "sistema", não tem mais lugar. Isso significa que, segundo Nietzsche, essa verdade não se dá e não pode ser dada. Mesmo aquilo que ele enuncia como próprio pensamento não pode, sem contradição, ser considerado "verdadeiro" nesse sentido. É por isso que, justamente do ponto de vista dos resulta-

---

2. *Opere*, vol. VII, tomo 3, p. 118.
3. Cf. M. Heidegger, *Nietzsche*, cit.

dos da especulação de Heidegger e de seu esforço de sair da concepção metafísica da verdade, parece-me extremamente importante estudar o conceito nietzschiano do pensamento e da filosofia; os quais, tanto em Nietzsche como em Heidegger, não "dizem a verdade" no sentido de que informam sobre como estão as coisas antes e fora dessa informação.

Sob esse ponto de vista, parece-me que o resultado do pensamento de Nietzsche pode muito bem ser definido usando uma expressão que ele emprega na *Götzen-Dämmerung* para indicar o ponto de chegada da filosofia ocidental: *Wie die wahre Welt endlich zur Fabel wurde*, como o mundo verdadeiro acabou se transformando em fábula. Depois de ter pensado de várias maneiras a relação do mundo aparente (dado pela experiência sensível) com o mundo verdadeiro (cognoscível ou postulável com o pensamento, ou só prometido como prêmio supraterreno para a virtude), por fim a filosofia se convenceu de que não há mais sentido em falar de um mundo verdadeiro (ou de uma "coisa em si") contraposto ao mundo das aparências; este mundo é reconhecido em sua natureza de mito e de fábula. Mas o que importa para Nietzsche é ressaltar que, juntamente com o mundo verdadeiro, desaparece também o mundo aparente; ou seja, desaparece a contraposição entre verdadeiro e falso, e é nesse ponto que *incipit Zarathustra*. Não é apenas o mundo verdadeiro da metafísica tradicional que se tornou fábula; o mundo enquanto tal, em que não se pode mais fazer uma distinção entre verdadeiro e falso, é que, em sua estrutura mais profunda, é fábula. Esse mundo de Zaratustra é aquele que o *Wille zur Macht* (1796) chamará um "sich selbst gebärendes Kunstwerke", uma obra de arte que se faz por si só. Nele, não existem diversas perspectivas sobre uma única verdade ou realidade que se possa reconhecer e possa servir de medida; tudo é perspectiva. "Não existe um evento em si. O que acontece é um grupo de fenômenos, interpretados e organizados por um ser interpretante."[4] "Um único texto permite inúmeras interpretações: não existe nenhuma interpretação 'certa'."[5]

Evidência e preconceito moral

Como dizíamos, Nietzsche chegou a essa visão do mundo como fábula por meio de uma desmitificação radical que pôs em discussão o próprio conceito da verdade como ele sempre havia sido pensado na tradição metafísica. A verdade, nessa tradição, é sempre reconhecível pela evidência com que se apresenta. Nietzsche fala deliberadamente de uma crença (*Glaube*) na verdade: aceitar a evidência como sinal da presença da verdade significa "acreditar" na evidência, dar fé àquele fato psicológico que acontece em nós, e por isso nós nos sentimos espontaneamente "obrigados" (se é possível unir os dois termos) a concordar com uma certa "verdade". Descartes não faz senão resumir toda a tradição da metafísica ocidental com sua doutrina da ideia clara e distinta. Mas, em sua dúvida, ele não foi radical o bastante: não se perguntou por que se deve preferir a evidência à não evidência, o não ser enganado ao ser enganado[6]. O fato de não podermos deixar de concordar com

---

4. *Opere*, vol. VIII, tomo 1, p. 34.
5. *Opere*, vol. VIII, tomo I, p. 35.
6. *Opere*, vol. VII, tomo 3, p. 318.

certas "verdades" não prova nada sobre o alcance "metafísico" ou "objetivo" dessas proposições. "Afirmar que a clareza deve ser um documento da verdade é uma grande ingenuidade."[7] Quando muito, dadas as características múltiplas e caóticas da realidade (também este termo só pode ser empregado enquanto Nietzsche, polemizando contra a metafísica, adota sua terminologia), seria preciso pensar exatamente o contrário: ou seja, que aquilo que é simples e claro é falso e imaginário[8]. Nesse ponto, encontramo-nos no outro extremo da história iniciada por Parmênides: enquanto para ele só se pensa aquilo que, para nós, está do lado oposto, precisamente aquilo que se deixa pensar (ou seja, ordenar em esquemas, reduzir a ideias claras e distintas) é, sem dúvida, ficção[9].

É essa desconfiança radical na evidência, reduzida a fato psicológico, que leva Nietzsche à negação da coisa em si e do mundo verdadeiro. Aquilo que Descartes e com ele a metafísica ocidental não se perguntaram, por que preferimos a evidência à não evidência, o não ser enganados ao ser enganados, o verdadeiro (isto é, o claro e distinto, que julgamos espontaneamente conforme ao "real") ao falso, é esse precisamente o problema que Nietzsche se põe, e que resolve com a teoria do "preconceito moral"[10]. É com base em um "preconceito moral", ou também em uma razão de utilidade, que se prefere a certeza à aparência e à incerteza. Essa é a verdadeira solução do problema kantiano: o qual devia ser não

---

7. *A vontade de potência*, n. 538.
8. *A vontade de potência*, n. 536.
9. *A vontade de potência*, n. 539.
10. *Opere*, vol. VII, tomo 2, p. 204.

"como são possíveis os juízos sintéticos *a priori*", mas "por que a crença em tais juízos é necessária?"[11]

A doutrina do preconceito moral como explicação (e "desmitificação") da crença na verdade seria, porém, refutada e banalizada se fosse compreendida, segundo o esquema antes mencionado, como uma redução da própria evidência ao instinto de conservação, às leis da natureza etc. Se se deve levar a sério essa crítica da evidência, que é inseparável da crítica à coisa em si e à verdade como estabilidade, não se pode entender a "natureza", o instinto ou a vontade de potência como uma verdade última a que o resto possa ser reduzido. Por isso, embora em Nietzsche a terminologia oscile, parece-nos mais fiel ao seu pensamento usar o termo "preconceito". Mas poderíamos usar igualmente "instinto". O que importa esclarecer é que nem o instinto nem a vontade de viver nem, com argumentos ainda mais válidos, o preconceito podem ser entendidos como a "coisa em si", a verdade última a que o mito (moral, religião, filosofia) deva ser reconduzido para ser posto a descoberto em sua raiz.

Instinto e preconceito, em que se fundamenta a crença na verdade como evidência, não passam, por sua vez, de produções históricas. Atribuir a filosofia ao instinto não significa de modo algum, para Nietzsche, atribuí-la à "natureza": também aquilo que chamamos de natureza é uma construção (da ciência), uma interpretação que não pode ostentar mais do que outras construções a pretensão à objetividade. A certeza subjetiva pela qual falamos de evidência e portanto de verdade, isso é o importante, também faz parte do mundo da ficção. O modelo do raciocínio pode ser o que Nietzsche faz acerca da re-

---

11. *Além do bem e do mal*, 11.

lação causa-efeito. Pode-se dizer: se tudo é ficção, então é preciso haver um autor dessa ficção.

Mas e se a atribuição da ficção a um autor da ficção já fizesse parte da ficção? Ora, a crença na evidência como sinal da verdade, a ideia de que aquilo que não podemos deixar de aceitar é verdadeiro, ou seja, corresponde ao estado das coisas, a ideia de que existe de algum modo um "estado das coisas", tudo isso faz parte precisamente da ficção, não é uma maneira de sair da perspectiva para ascender às coisas como são em si, justamente porque constitui a essência da nossa perspectiva (de um indivíduo ou mesmo de toda uma época). Nós nos iludimos quando falamos de certezas imediatas[12]; ao contrário, toda certeza exige sempre uma série de mediações, de outras certezas pressupostas. Todas essas certezas pressupostas nunca são "naturais", precisamente porque também elas jamais são imediatas. Em vez disso, elas são sempre o resultado de um processo histórico.

No aforismo 3 de *Além do bem e do mal*, já mencionado, em que Nietzsche anuncia sua intenção de considerar também o pensamento filosófico uma atividade instintiva, ele indica em que sentido se deve pensar o instinto: por trás daquilo que nos parece a lógica natural da mente humana, na qual se fundamentam os raciocínios dos filósofos, estão sempre valorações: estas são as "exigências (*Forderungen*) fisiológicas para a conservação de um determinado gênero de vida". Não existe um instinto da conservação em sentido geral e abstrato: existem as exigências de conservação de determinados gêneros de vida, de tipos específicos de humanidade. O próprio

---

12. *Além do bem e do mal*, 16.

instinto de conservação pode desaparecer, modificando-se as condições da vida[13].

A historicidade dos instintos, seu caráter de preconceitos, é enunciada explicitamente em um apontamento do *Wille zur Macht*: os filósofos "são guiados por valorações instintivas, em que se refletem condições anteriores de civilização (mais perigosas?)". Se, portanto, julgamos evidentes certas "verdades"; não só isso: se não podemos deixar de considerar verdade aquilo que nos parece evidente, isso não depende da natureza, ou do instinto entendido em sentido naturalista. Ao contrário, depende do fato de que pertencemos a certo mundo e a certa época, a uma humanidade que se deu uma estrutura que está arraigada em nós por hereditariedade e age em nós como "natureza", que nos faz apreciar ou desprezar certas coisas em vez de outras etc. Por isso as filosofias que se movem no âmbito da metafísica tradicional encontram argumentos convincentes, podem parecer-nos verdadeiras: elas encontram em nós uma predisposição instintiva aos seus raciocínios, nada mais fazem senão enunciar explicitamente os pressupostos sobre os quais se sustenta o mundo em que vivemos, pressupostos de que não podemos nos abster, sob pena de renunciar à nossa humanidade determinada. A verdade constitui-se, assim, historicamente com a consolidação de certas valorações, que se tornam essenciais para sustentar uma certa forma de pensar e um certo tipo de vida. A verdade não indica, portanto, o oposto do erro: "nos casos fundamentais, é apenas uma determinada relação de diversos erros: pode-se dizer que há um mais antigo, mais profundo que o outro, que não pode ser erradicado sem que

---

13. *Opere*, vol. VII, tomo 2, p. 204.

um ser orgânico da nossa espécie seja privado também da possibilidade de viver; em contrapartida, outros erros não nos tiranizam na mesma medida como condições indispensáveis de vida, e até, confrontados com aqueles 'tiranos', podem ser postos de lado e 'rejeitados'"[14].

O sentido desse raciocínio é que os instintos, a que em um primeiro momento a desmitificação parecia ter de chegar como ao fundo último de toda atividade do espírito, não estão na raiz da história, mas já constituem um produto dela. A instituição de uma certa humanidade histórica, a fundação de uma época, nunca é obra dos instintos; estes são apenas os modos, consolidados com o tempo, que uma certa humanidade cria para se conservar e desenvolver.

Por ter desejado ser radical, a desmitificação encontra-se agora em uma condição paradoxal, já que aparentemente não dispõe de um ponto estável para se apoiar; até a evidência, a que o desmitificador deveria se referir para mostrar a falsidade do mito, é reconhecida como pertencente ao mito. No entanto, até mesmo esse reconhecimento exige algum tipo de "razão"; ou, ao menos, exige que o destimificador tenha criado uma posição fora do mito que deseja criticar.

O filósofo como criador de valores

Aqui encontramos uma segunda possibilidade de conceber a filosofia do ponto de vista de Nietzsche, possibilidade mais autêntica e fundamental que a primeira, que caracterizamos com o termo "desmitificação", em-

---

14. *A vontade de potência*, n. 535.

bora também aquela esteja presente nos textos e na própria prática de Nietzsche filósofo. Depois de empreender a crítica da maneira radical que vimos, o filósofo encontra-se na condição de não ter mais nada em que se basear: qualquer tipo de evidência que ele queira evocar o faz recair no mundo da ficção que deseja criticar, faz dele um porta-voz daqueles mesmos instintos de que nasce a metafísica que é preciso refutar. A única possibilidade é que, com um ato de certo modo violento, ele se coloque fora do mundo da ficção consolidada. É o que Nietzsche indica com a expressão "criação de valores".

A tarefa do filósofo, como Nietzsche o compreende por si só, ou seja, do filósofo que não queira ser o simples codificador das valorações correntes e "instintivas" de um certo mundo, é "criar valores"[15]. O termo "valor" não indica apenas a moral, evidentemente: como qualquer evidência é evidência na medida em que é aceita com base em uma valoração, criar valores significa *tout court* criar critérios de verdade. Só criando novos valores, ou seja, colocando-se com um ato violento fora do mundo das valorações consolidadas e dos instintos, o filósofo pode exercer também a desmitificação. Portanto, esta não é a primeira atividade fundamental, mas apenas um aspecto do filosofar como estabelecer novos valores.

A ligação desses dois aspectos é indicada por Nietzsche em um fragmento inédito composto para o *Zaratustra*, intitulado "As sete solidões"[16]. A solidão do filósofo, seu não sentir-se em casa, nasce do fato de que todo "fazer encantamentos" (*Zaubern*), como afeto por aquilo que virá, implica um "desencantamento" (*Entzauberung*) com

---

15. Cf., por exemplo, *Além do bem e do mal*, 211.
16. *Opere*, vol. VII, tomo 1, parte 2, pp. 161-2.

tudo o que existe atualmente. O desencantamento com o que existe não precede e condiciona e torna necessária a criação de novos valores. Desse modo, permanecer-se-ia no interior do círculo, os novos valores seriam criados apenas para responder a exigências nascidas no âmbito dos velhos e, sobretudo, continuariam a ser avaliados por critérios preestabelecidos. Ao contrário, é o *Zaubern*, ou seja, a criação de tábuas de valores radicalmente novos, que traz consigo, como um aspecto próprio quase acidental, o desencantamento com o que existia antes.

O novo valor está radicalmente fora do âmbito do velho mundo. O filósofo que não aceita essa responsabilidade de estar só, que prefere a companhia de seus contemporâneos, que deseja pertencer a seu tempo (ou mesmo atuar em seu tempo), não cria nada, limita-se a ser expressão de sua época ou de uma certa sociedade, codifica os preconceitos e os instintos dominantes[17]. Foi o que fizeram os próprios filósofos clássicos alemães, Kant, Hegel[18], e mesmo nisso se pode reconhecer uma certa grandeza. Mas a filosofia, como a pensa e a exerce Nietzsche, ao contrário, é uma atividade radicalmente supra-histórica. Não é expressão, justificação, organização de um certo mundo (mesmo que seja o mundo interior do filósofo, entendido como sua constituição psicológica, na qual também dominam os instintos). Nietzsche insiste repetidamente na distinção radical entre o filósofo e os "trabalhadores intelectuais": homens de ciência, historiadores, moralistas, os próprios poetas e os espíritos livres entendidos como críticos da ordem constituída[19]. Todos estes pertencem a um certo mundo, movem-se no

---

17. *Opere*, vol. VII, tomo 1, pp. 45-6.
18. *Além do bem e do mal*, 211.
19. Cf. *Além do bem e do mal*, 211.

âmbito de uma tradição, guiados por seus instintos que exprimem simplesmente *ehemalige Wertsetzungen*. O filósofo, ao contrário, é um *Gesetzgeber*: é aquele que diz não como as coisas são, mas como *devem* (*sollen*) ser, que determina o *wohin* e o *wozu* do homem. A essa criação de valores faltará quase necessariamente a sistematicidade: as *summae* e as enciclopédias são trabalho de epígonos, tornam-se possíveis quando a nova tábua de valores se consolidou, tornou-se instintiva, também ela deu origem a uma "evidência".

Desse modo, parece que a verdadeira tarefa do filósofo é colocar-se fora das velhas valorações, apresentando novos valores com um ato que não se remete a nenhuma evidência mas é um puro arbítrio, o qual se faz valer apenas pela força com que a nova mensagem é anunciada e imposta. Esse é um aspecto muito arraigado do mito de Nietzsche: o titanismo da vontade, o super-homem etc. Contra essa exaltação do puro arbítrio e da força, que pode chegar até as funestas exaltações do líder, do *Führer*, não se pode opor uma interpretação pragmatista e um pouco domesticada, para a qual as novas tábuas de valores não passariam de hipóteses, formas possíveis de ordenar a vida, que seriam submetidas à prova dos fatos. Essa maneira de pensar as coisas trai radicalmente e entende mal o espírito do pensamento nietzschiano. As hipóteses ainda continuariam a ser avaliadas sob a perspectiva de uma vida dotada de certas estruturas e exigências estabelecidas fora e antes das próprias hipóteses (uma vida ainda concebida como coisa em si). A interpretação titânica, que também é insuficiente, mesmo deixando o estabelecimento dos novos valores ao arbítrio individual, mantém ao menos o caráter originário dessa fundação, a novidade em relação ao que é dado.

No entanto, até mesmo o ato de atribuir a fundação dos novos valores à pura vontade titânica do indivíduo recai em uma das superstições, em um dos mitos criticados por Nietzsche. De fato, em Nietzsche a destruição da evidência subjetiva como base da afirmação da verdade caminha paralelamente à negação do sujeito em geral, como foi concebido na tradição[20]. Atribuir a realidade e a verdade ao sujeito como vontade e não ao sujeito como consciência cognoscente seria apenas substituir o mito da evidência subjetiva por um mito diferente, mas do mesmo tipo. Não apenas o sujeito como cognoscente, mas também o sujeito como vontade faz parte daquela tradição metafísica a que Nietzsche quer subtrair-se e que deseja destruir. Aliás, isso é confirmado por toda uma temática presente em Nietzsche, e que permaneceria sem explicação caso se quisesse dar uma interpretação puramente voluntarista à fundação de novos valores em que consiste a filosofia. Refiro-me à insistência nietzschiana no conceito de *destino*. Um anúncio dessa temática, ou seja, um enfoque radical do problema, pode ser encontrado, por exemplo, em um fragmento da época de *A vontade de potência*[21]: "para estimar o valor das coisas não basta conhecê-las, ainda que isso seja necessário. É preciso que se *possa* (*dürfen*) atribuir-lhes valor, concedê-lo ou retirá-lo – basta, é preciso *ser* alguém que tem o *direito* de *atribuir valores*" (os itálicos são de Nietzsche). Esse direito não pode ser assumido como um ato de arbítrio; ou melhor, talvez o próprio desejo de assumi-lo seja possível apenas ao homem predestinado. Há algo de misterioso, porque originário e radical, no fato de

---

20. Cf. *Além do bem e do mal*, 1 e 12.
21. *Opere*, vol. VII, tomo 2, p. 248.

ser filósofo, ou seja, espírito criador no sentido em que Nietzsche o entende: "Há no fundo do espírito alguma coisa que não se pode transmitir: uma massa granítica de fatalidade, de decisão já tomada sobre todos os problemas em seu adequar-se e referir-se a nós, e ao mesmo tempo um direito (*Anrecht*) a determinados problemas, uma inscrição deles a fogo com nosso nome."[22]

Não apenas o direito a se ocupar de certos problemas e a atribuir valores, ou seja, a filosofar em sentido autêntico, não é algo que podemos assumir por nós mesmos e que depende do arbítrio. Também o desenvolvimento do discurso filosófico, sua lógica – que, como vimos, não depende de nenhuma evidência no sentido comum do termo, na medida em que esta é sempre tributária de uma tradição consolidada, ligada a certos instintos – no caso do filosofar autêntico, está ligado a um fundamento originário. O discurso do filósofo fundador de valores nada tem de arbitrário ou casual. É verdade que o pensamento filosófico autêntico não tem nada dessa necessidade que o modo de pensar comum entende como coerção e severidade: ele é, ao contrário, uma "dança divina". Mas, quanto à sua organização e necessidade interna, os artistas podem muito bem nos dizer algo sobre isso, "eles, que sabem muito bem que justamente quando nada mais realizaram de 'arbitrário', e sim tudo de necessário, precisamente então atinge o apogeu sua sensação de liberdade, de poder, de um pôr, dispor e formar criativamente; em suma, eles que sabem que necessidade e 'liberdade da vontade' são neles uma coisa só"[23]. É com esse aforismo que se encerra a sexta

---

22. *Opere*, vol. VIII, tomo 1, caderno 1, fr. 202.
23. *Além do bem e do mal*, 213.

seção de *Jenseits von Gut und Böse*, aquela intitulada "Wir Gelehrten", em que Nietzsche se dedica justamente a diferenciar o filósofo do simples "trabalhador científico" e a filosofia de qualquer atividade puramente histórica. E tem realmente um valor conclusivo, no sentido de que a "supra-historicidade" do trabalho do filósofo, se permanecesse fundamentada apenas no arbítrio do indivíduo, na vontade entendida como faculdade do sujeito individual, seria extremamente instável. Podemos imaginar algo mais historicamente condicionado e determinado, mais encerrado no mundo como ele é – o mundo dos valores estabelecidos, dos instintos – que uma ação arbitrária? Precisamente a crítica aos instintos, aos valores estabelecidos, portanto também ao arbítrio subjetivo como condicionado por tudo isso, leva Nietzsche a reconhecer na liberdade do pensamento uma necessidade superior.

O fundamento ontológico como possibilidade do filosofar

Em suma, o que é preciso criar e garantir é, para Nietzsche, a real possibilidade de uma instituição de novas tábuas de valores, ou seja, da autêntica fundação da história como novidade. É essa possibilidade que Nietzsche procura esclarecer evidenciando o caráter supra-histórico do filosofar. Essa supra-historicidade não é garantida, ou melhor, é extremamente ameaçada, se o ato da fundação dos valores é o puro ato arbitrário de um indivíduo, entendido em sua individualidade empírica: vimos que um dos sentidos mais importantes do pensamento nietzschiano é precisamente a destruição radical do conceito de sujeito, quer como autoconsciência, quer como vontade. A única possibilidade de fundar realmente a história está em conceber o homem superior como fundamentado mais profundamente, além da própria história. É esse fundamento que dá ao filósofo o direito de anunciar novos valores, sobre cujos trilhos a história futura se desenvolverá. Era nessa relação com algo diferente da história que só é capaz de fundar a própria história que Nietzsche pensava desde a época da segunda *Consideração extemporânea*, quando falava de um *Überhistorisches*, e em que pensa nas obras da maturidade nas quais insiste no conceito de inversão do tempo. Se tudo isso é verdade, deve-se dizer que "desmitificação" e "criação de valores", as duas maneiras em que tradicionalmente aparece afinado o filosofar de Nietzsche e de acordo com Nietzsche, valem apenas como momentos particulares, que não devem ser isolados, de uma maneira mais ampla de entender a filosofia que eu gostaria de definir como "exercício ontológico", possibilitado por um fundamento originário que põe o filósofo em relação com algo diferente e mais fundamental que a história. Digo exercício ontológico empregando o adjetivo precisamente no sentido em que o usa Heidegger: na medida em que não se funda em referência aos entes, mas antes institui um âmbito, uma *Rangordnung* – poderíamos dizer, ainda com Heidegger, uma "abertura" em que os entes se dão e se tornam visíveis (como verdadeiros ou falsos) –, e só pode fazer isso por ter como fundamento um substrato originário – que podemos também chamar, sem trair o pensamento de Nietzsche, o ser (ainda que concebido como *Wille zur Macht*: também este conceito deve ser interpretado nessa perspectiva, como força eventualizante dos mundos históricos e do próprio eu individual) –, a filosofia é realmente exercício ontológico. Não diz respeito antes de tudo aos entes, mas antes de tudo à possibilidade de estes se tornarem visíveis, ou de vir ao ser. Entendido desse modo, o filosofar de Nietzsche aparece cada vez mais claramente subtraído daquela civilização da expressão ou da explicitação que constitui o extremo ponto de chegada do esquecimento do ser e da metafísica. Se Nietzsche concebe a filosofia como exercício ontológico ou exercício de um fundamento no sentido que dissemos, não admira constatar que seu modo de filosofar está em nítido contraste com o pensamento como explicitação, desmitificação, atribuição do *Grund*. O que leva o filósofo a ser filósofo e a apresentar suas novas tábuas de valores não é sua relação com algo dado e recomendável (o pertencimento a um mundo que se revela na evidência com que se apresenta uma determinada proposição), mas um fundamento mais remoto e secreto; esse fundamento nunca se deixa explicitar totalmente. O dizer da filosofia será, portanto, apenas um aspecto dela, e nunca o único e o definitivo. A explicitação é sempre um momento interno a um determinado mundo: na forma da pura organização e esclarecimento desse mundo, no caso do filósofo no sentido tradicional, como simples trabalhador histórico-filosófico; na forma da desmitificação, no filósofo que, em nome de uma nova tábua de valores (mas portanto já no interior desses novos critérios), põe em discussão os valores velhos e revela sua insustentabilidade. Mesmo quando é desmitificação, a filosofia só o é em sentido secundário, e em função de uma nova fundação que já é criação de um novo mito. Se é pura desmitificação sem esse fundo criativo, ela permanece no interior do velho mito e limita-se a reexprimi-lo e reorganizá-lo, em suma a consolidá-lo.

Há um aforismo extremamente sugestivo e de enorme alcance em *Jenseits von Gut und Böse*, que é apenas um dos textos que podem ser citados para indicar de que maneira Nietzsche desenvolve essa temática do fundamento como condição da filosofia em uma temática do silêncio e do distanciamento, um distanciamento que nada tem a ver com a longa preparação temporal, com a consolidação dos instintos na história da qual nasce a atividade do simples trabalhador filosófico. Este é apenas uma caricatura daquele distanciamento no sentido do originário, daquele fundamento remoto que dá ao filósofo o direito de filosofar. É esse o sentido em que deve ser entendido aquilo que diz o n. 289 de *Além do bem e do mal*, uma das páginas mais belas que Nietzsche jamais escreveu. O fundamento da filosofia, de uma determinada filosofia, está sempre além de toda possível fundamentação explícita (observe-se ainda a afinidade, bem mais que terminológica, com Heidegger): "O eremita não acredita que um filósofo ... algum dia tenha expressado em um livro suas opiniões autênticas e fundamentais: não se escrevem livros para esconder precisamente o que se traz dentro de si? Ele duvidará até mesmo que um filósofo *possa* em geral ter opiniões 'autênticas e fundamentais', e tenderá antes a acreditar que nele há, que *deve* (*müsse*) haver, uma caverna ainda mais profunda por trás de cada caverna – um mundo mais amplo, mais distante, mais rico, um abismo (*Abgrund*) além de cada fundamento (*Grund*), além de toda 'fundamentação' (*Begründung*)." Toda filosofia, assim concebida, é sempre também máscara de outra coisa, sem que jamais se possa dizer que se chegou ao fundo, à "verdade". Parece que aqui se encontra de algum modo o conceito da desmitificação, nessa visão da filosofia como permanente mascaramento. Mas o movimento que se torna dominante, aqui, não é mais o do remontar e do descobrir; o desencantamento é apenas um aspecto lateral de um movimento mais fundamental, que é o de fazer encantamentos. A história, e a filosofia como autêntico ato de fundação da história, não é um vir a descoberto e à luz da autoconsciência dos fundamentos ocultos das coisas; é antes um movimento em que o originário, no filósofo, mas no pensamento humano em geral na sua função criativa, eventualiza sempre novos mundos, institui sempre novas aberturas. Desse modo, Nietzsche se coloca autenticamente fora da tradição "metafísica", em sentido heideggeriano, aquela que tem como sua essência determinante o iluminismo e que culmina na filosofia hegeliana da autoconsciência; e leva a pensar se precisamente uma vertente da filosofia ocidental que não se resume em Hegel e na sua conclusão da metafísica, aquela que concebe o ser como vontade e a que Nietzsche se remete, não pode oferecer os instrumentos para uma autêntica renovação da reflexão filosófica e da própria concepção da filosofia.

NIETZSCHE E A HERMENÊUTICA CONTEMPORÂNEA

1. Existem boas razões para defender não apenas a tese de que Nietzsche contribuiu decisivamente para o surgimento e o desenvolvimento da ontologia hermenêutica contemporânea, mas também, mais radicalmente, a de que o sentido autêntico da Nietzsche-Renaissance que se consolidou nas últimas décadas marca a completa inclusão de Nietzsche no interior dessa tendência filosófica. Tenho plena consciência de que o sentido exato da expressão "hermenêutica ontológica" exigiria explicações mais claras e mais precisas; efetivamente não é fácil encontrar um conjunto de conceitos básicos que unifique essa escola de pensamento. Proponho que se deixe o problema aberto, pela excelente *razão hermenêutica* de que sabemos mais ou menos o que entendemos quando falamos de hermenêutica e de hermenêutica ontológica – este último termo é mais adequado para indicar não apenas uma disciplina técnica relativa à exegese e à interpretação de textos, mas uma orientação filosófica específica. Nesse sentido amplo, a hermenêutica inclui Heidegger e Gadamer, Paul Ricoeur e Luigi Parey-

son, ou, voltando para trás, Schleiermacher e Dilthey; e também, em tempos mais recentes, Hans Robert Jauss, Apel, Habermas e Richard Rorty; em um sentido ainda mais amplo, podemos incluir nela também Foucault e Derrida[1].

Se essa é nossa *Vor-verständnis*, ou seja, nossa pré-compreensão sobre o que significa a hermenêutica, o esforço de mostrar como e por que Nietzsche deve ser incluído nela nos ajudará a identificar com precisão e a qualificar de maneira mais articulada os conteúdos dessa pré-compreensão; e também ajudará a esclarecer o próprio significado do pensamento de Nietzsche, como procurarei mostrar. Podemos começar estabelecendo que o que chamamos de hermenêutica ontológica na filosofia contemporânea é a tendência filosófica que assume como tema central o fenômeno da interpretação, considerado o traço essencial da existência humana e a base apropriada para a crítica e a "destruição" da metafísica tradicional (no sentido em que Heidegger, em *Sein und Zeit*, fala de destruição da história da ontologia). Essa definição provisória é suficientemente ampla para incluir, com todas as suas distinções, os filósofos que mencionei acima, e adapta-se também a Nietzsche. É óbvio que muitas das teses mais características de Nietzsche, sobretudo a afirmação "não existem fatos, apenas interpretações", podem ser citadas como um exemplo evidente de uma filosofia hermenêutica. O mesmo vale para outras teses e temas da obra do jovem Nietzsche, e para aquelas do período entre *Humano, demasiado humano* e

---

1. Sobre esse tema, cf. meu ensaio "Ermeneutica nuova *koinè*", no volume *Etica dell'interpretazione*, Turim, Rosenberg & Sellier, 1989, pp. 38-48.

A gaia ciência. Isso não significa apenas que temos condição de mostrar diversos temas hermenêuticos na obra de Nietzsche; minha opinião é mais radical e, pelo que sei, ainda não foi proposta dessa forma – ainda que se possa afirmar que ela é implicitamente aceita por muitos intérpretes nietzschianos. Em minha opinião, a única maneira possível de colocar Nietzsche na história da filosofia moderna é considerá-lo pertencente à "escola" da hermenêutica ontológica.

Poder-se-ia objetar que os problemas de colocação historiográfica não são essenciais para a compreensão de um filósofo, sendo úteis apenas para os objetivos do ensino da filosofia. Eu responderia que precisamente o desenvolvimento de uma autoconsciência hermenêutica em filosofia mostrou que o trabalho historiográfico aplicado aos materiais do passado é uma atividade cognitiva de grande relevância. É o que se pode ver também no caso de Nietzsche. A atual popularidade da filosofia de Nietzsche está repleta de ambiguidades. Sem dúvida, ela mostra que seu pensamento é extremamente vital e aberto a "usos" múltiplos, que se adaptam bem ao tempo presente. Mas essas ambiguidades – que tornam possível citar Nietzsche a favor ou contra praticamente qualquer tese filosófica – denunciam também a necessidade de um esclarecimento. Portanto, a dificuldade de colocar Nietzsche em uma posição não ambígua no interior de um manual de filosofia contemporânea não apenas afeta a prática dos historiadores da filosofia, mas reflete a atual situação da *Nietzsche-Forschung* e também seus desdobramentos iniciais. Em sua primeira fase, a aceitação do pensamento de Nietzsche não constituiu um fenômeno especificamente filosófico, e sim literário, a maioria das vezes, ou geralmente "cultural". Em seu ensaio sobre *A essência da filosofia* (1907), Dilthey coloca Nietzsche em uma lista ao lado de Carlyle, Emerson, Ruskin, Tolstói e Maeterlinck, considerando-os "escritores filosóficos" ou uma espécie de híbrido entre filósofos e poetas. Essa aceitação literária do pensamento de Nietzsche era difusa nas primeiras décadas do século XX (D'Annunzio e Papini na Itália, o círculo de George na Alemanha...). Essa fase foi seguida pela interpretação nazista de Nietzsche – orientada por Alfred Baeumler –, que conquistou grande popularidade. Até Georg Lukács pode ser considerado, paradoxalmente, um de seus defensores, pelo menos no sentido em que, embora avaliasse Nietzsche de forma diferente, via o Nietzsche de Baeumler como o verdadeiro Nietzsche. Grande parte da *Nietzsche-Forschung* do pós-guerra é dominada pelo problema de livrar sua imagem das máscaras do nazismo, também com base em uma nova abordagem dos textos originais das obras póstumas. O atual debate sobre Nietzsche refere-se a essa redescoberta (amplamente influenciada por algumas interpretações antinazistas dos anos 1930 e 1940, como as de Jaspers, Löwith, Heidegger, Bataille) e mostra que Nietzsche ainda não foi enquadrado em um esquema historiográfico preciso. A tese que proponho aqui é a de que o problema da colocação historiográfica de Nietzsche pode ser resolvido considerando-o pertencente ao desenvolvimento da hermenêutica ontológica. Essa tese deve ser confrontada com as formas atuais de interpretar Nietzsche, as quais, com exceção da ideia de um Nietzsche "hermenêutico", são essencialmente duas: uma interpretação (que poderíamos indicar como o "Nietzsche francês", representada sobretudo por Deleuze, mas que inclui também Foucault, Blossowski e é influenciada por Bergson e Bataille) que tende a colocar Nietzsche no interior do quadro de uma ontologia "energética" ou "vitalista" (a esse ponto de vista estão ligados também intérpretes como Pautrat, Rey, S. Kofman)[2]; e uma interpretação que aceita e desenvolve a leitura heideggeriana de Nietzsche, apresentando-o como o filósofo da técnica, da vontade de potência considerada como a vontade de organizar e dominar o mundo inteiro, de modo totalmente arbitrário. Nos termos de Heidegger, Nietzsche leva a termo a metafísica ocidental porque vê a técnica moderna como a incondicionada vontade de potência.

Essa divisão parece deixar de lado algumas interpretações muito importantes do pensamento de Nietzsche, como as de Löwith e de Jaspers, ou todas aquelas que veem Nietzsche segundo os termos psicológicos de um "mestre da suspeita" (entre elas se inclui, penso eu, a interpretação de Kaufmann). A meu ver, mesmo os principais conteúdos dessas interpretações podem ser incluídos naquilo que eu chamo "o Nietzsche hermenêutico": portanto, não apenas psicologia e suspeita (que representam o aspecto revelador da hermenêutica de Nietz-

---

2. Uma expressão exaustiva das interpretações francesas de Nietzsche mais ou menos a partir dos anos 1960 pode ser encontrada em dois volumes da coletânea *Nietzsche aujourd'hui?*, que reúne as atas do congresso realizado em Cérisy-La-Salle em 1972, Paris, 1973. Foucault e Derrida falaram de Nietzsche em inúmeras obras. De G. Deleuze veja-se sobretudo *Nietzsche e la filosofia* (1962), trad. it., Milão, Feltrinelli, 1992; de P. Klossowski veja-se: *Un si funeste désir*, Paris, Gallimard, 1963; e *Nietzsche et le cercle vicieux*, Paris, Mercure de F., 1969. Cf. também B. Pautrat, *Versions du soleil*, Paris, Seuil, 1971; S. Kofman, *Nietzsche et la métaphore*, Paris, Payot, 1972; J. M. Rey, *L'enjeu des signes*, Paris, Seuil, 1971. Discuti mais amplamente essas interpretações em uma resenha, "Nietzsche aujourd'hui?", publicada na *Philosophische Rundschau*, 1977, pp. 62-91.

sche), mas também muitos dos aspectos ainda válidos da leitura de Löwith estão claramente vinculados ao problema da superação da metafísica, que é central na perspectiva hermêutica sobre a filosofia de Nietzsche.

No entanto, mesmo se aceitamos que as interpretações atuais de Nietzsche podem ser resumidas de acordo com o esquema que propõem (vitalista-tecnológico--hermenêutico), ainda resta uma questão: por que deveríamos preferir o Nietzsche hermenêutico? Em termos muito gerais, parece-me que a interpretação centrada na hermenêutica compreende (no duplo sentido de incluir e entender) mais aspectos da filosofia de Nietzsche que qualquer outra, e evita contradições e ambiguidades que invalidam as outras. A interpretação vitalista desenvolvida pelos autores franceses tem a desvantagem de levar muito a sério o aspecto mais "metafísico" da filosofia de Nietzsche, a ideia do eterno retorno; não é inteiramente óbvio que Nietzsche entendesse essa doutrina como uma "descrição" da verdadeira realidade do ser. A própria tese de que não existem fatos, mas apenas interpretações, é provavelmente apenas uma interpretação, "e por isso a melhor"[3]. Podemos realmente pensar que a polêmica de Nietzsche contra todos os diferentes tipos de metafísica (qualquer tipo de crença em uma "verdadeira" essência da realidade) se resuma em uma teoria que afirma que o *fluxus* e a vontade de potência são a verdadeira realidade de todo ser? Quanto ao Nietzsche "tecnológico", sua limitação é que isso implica uma noção de vontade ainda fortemente subjetivista: o sujeito da vontade de potência, que deseja tomar posse do mundo inteiro por meio da técnica, ainda é "humano, demasiado humano", é o ho-

---

3. *Além do bem e do mal*, 22.

mem como se manteve até agora e que Nietzsche pretendia ultrapassar. Se lemos as anotações que Nietzsche escreveu, no último período, sobre a "vontade de potência como arte", percebemos que a vontade de potência, se interpretada como arte, deve ser entendida como uma experiência em que o próprio sujeito sofre um processo de desconstrução (e, talvez, de libertação) que não tem nada, ou muito pouco, a ver com a decidida vontade de planejar e organizar o mundo por meio da técnica.

Há, contudo, algumas outras objeções que podem ser levantadas contra o Nietzsche "hermenêutico": a mais forte é constituída pelo fato de que nem Gadamer em *Wahrheit und Methode*[4] (onde ele retoma os precursores da ontologia hermenêutica contemporânea, como Dilthey ou Husserl), nem o próprio Heidegger em seus cursos sobre Nietzsche parecem considerar Nietzsche um pensador "hermenêutico". Esse fato, que ao menos no caso de Heidegger deveria ser discutido mais detalhadamente (a posição de Heidegger em relação a Nietzsche como o último pensador da metafísica está repleta de ambiguidades), no fundo está ligado a outro aspecto importante da questão daquilo que Nietzsche significa para a hermenêutica do presente: ou seja, o fato de que nem Gadamer nem, de forma mais sutil, Heidegger parecem ter consciência das implicações niilistas da hermenêutica ontológica. Quando, por exemplo, Heidegger fala da necessidade de "das Sein als den Grund des Seienden fahren zu lassen" – "abandonar o Ser como Fundamento"[5] –, ele claramente beira o niilismo: se não

---

4. Hans Georg Gadamer, *Verità e metodo* (1960), trad. it. de Gianni Vattimo, Milão, Bompiani, 1983.
5. M. Heidegger, *Zur Sache des Denkens*, Tübingen, Niemeyer, 1969, p. 6.

queremos correr o risco de permanecer no interior da metafísica que identifica o Ser com os entes, o Ser deve ser pensado apenas em termos de recordação: o Ser é algo que sempre (já) passou, e por isso, de fato, não está (mais conosco). Isso não é niilismo? A conexão de hermenêutica e niilismo deveria ser discutida com mais detalhes; mas eu queria evidenciar que o problema se Nietzsche é ou não um pensador hermenêutico implica esta pergunta: será que existe uma profunda conexão entre niilismo e hermenêutica, uma conexão que não foi reconhecida pelos próprios Heidegger e Gadamer e que, em caso positivo, pode dizer respeito ao sentido filosófico da hermenêutica?

Em poucas palavras, o título "Nietzsche e a hermenêutica contemporânea" alude a um duplo desdobramento possível: antes de tudo, sugere uma maneira de atribuir a Nietzsche uma colocação mais precisa no interior da história do pensamento contemporâneo, provocando ao mesmo tempo uma reorganização das atuais interpretações da filosofia de Nietzsche; em segundo lugar, a inclusão de Nietzsche na ontologia hermenêutica dá origem a um grande número de consequências no interior desse âmbito; mais precisamente, pode determinar o desenvolvimento da hermenêutica na direção de resultados niilistas que são implícitos em sua essência, mas ainda não são explicitamente reconhecidos.

2. Obviamente, não tentarei desenvolver aqui todos os temas esboçados acima. De maneira muito menos pretensiosa, procurarei aduzir alguns argumentos com o objetivo de mostrar, em primeiro lugar, os conteúdos daquilo que pode ser definido como a filosofia hermenêutica de Nietzsche e, em segundo lugar, os motivos de sua atualidade em relação às atuais problemáticas hermenêuticas.

Tendo em vista a concisão, proponho definir a hermenêutica de Nietzsche por meio de algumas "contradições" principais que a caracterizam. O termo "contradições" talvez seja excessivo: podem ser consideradas à maneira de tensões polares, como eram, que expressam exigências contrastantes, que Nietzsche reconheceu e manteve a despeito da necessidade lógica de unidade e coerência. Procurarei mostrar que essas "contradições" são cruciais também para a ontologia hermenêutica contemporânea, ainda que em sentido diferente.

(a) A primeira "contradição" opõe o ideal do conhecimento histórico delineado na segunda *Consideração extemporânea* àquilo que poderia ser denominado "a filosofia das máscaras", que Nietzsche desenvolve a partir de *Sobre verdade e mentira em sentido extramoral*. Na segunda *Consideração extemporânea*, a contribuição de Nietzsche para o amadurecimento da filosofia hermenêutica consiste na descoberta da essência histórica (Nietzsche diria: essência *vital*) da historiografia. Conhecer a história é um ato histórico, que não reflete simplesmente os eventos do passado, mas cria também uma inovação histórica. Essa "descoberta" tem, em seus termos, muitas implicações. Uma delas é que, quando a historiografia esquece seu caráter vital e, mais em geral, a cultura e a educação tornam-se meras reconstruções do passado, a sociedade e os indivíduos vão ao encontro da decadência. O excesso de conhecimento histórico sem uma adequada capacidade de criação original é como o excesso de alimento não digerido no estômago; nos termos hegelianos poderíamos dizer que o conteúdo e a forma, ou os aspectos interiores e os aspectos exteriores da personalidade, não são levados a uma congruência. A conclusão do ensaio afirma que o passado deve ser interpretado de um ponto de vista capaz de esquecer, com a finalidade de criar. O ideal do conhecimento histórico, como se depreende da segunda *Consideração extemporânea*, pode ser definido nos termos de *forte unidade estilística*: "Só do ponto de vista da mais elevada força do presente podeis interpretar o passado" ("Nur aus der höchsten Kraft der Gegenwart dürft ihs das Vergangene deuten")[6]. O extremo oposto dessa perspectiva pode ser encontrado em uma das cartas que Nietzsche escreveu de Turim a Jakob Burckhardt quando a loucura já dominara sua mente, nos dias em que costumava assinar suas cartas com nomes como Dioniso, o Crucificado, César. Naquela carta, Nietzsche diz explicitamente que é "todos os nomes da história"[7]. Sem dúvida, como o restante da carta mostra claros sintomas de loucura, seria um risco excessivo considerá-la um documento do autêntico pensamento de Nietzsche. Apesar disso, penso que deveríamos fazê-lo porque, durante o período que separa a segunda *Consideração extemporânea* da carta de 1889, Nietzsche desenvolvera uma filosofia que lhe permitia afirmar que era "todos os nomes da história". É o que proponho chamar de filosofia da máscara, cujas premissas devem ser buscadas antes de tudo na reavaliação do historicismo, de acordo com um dos significados de *Humano, demasiado humano*.

Na segunda *Consideração extemporânea*, Nietzsche descreveu o caráter decadente da personalidade moderna por meio da metáfora do homem que vê a história como uma loja de fantasias teatrais que se podem vestir ou despir de modo arbitrário, porque são consideradas

---

6. *Da utilidade e desvantagem*, 6.
7. Cf. o *Carteggio Nietzsche-Burckhardt*, cit.

meras máscaras, sem uma profunda relação com os conteúdos interiores da pessoa. Em *Humano, demasiado humano* e nos trabalhos seguintes, parece-me que Nietzsche descobre a legitimidade dessa atitude de livre identificação com as formas do passado histórico, uma identificação que subverte o ideal de uma forte unidade estilística que ele adotara na segunda *Consideração extemporânea*. É verdade que, em *Humano, demasiado humano* (um dos principais textos a que devemos nos referir para nos dar conta do "historicismo" de Nietzsche), ele fala da construção da personalidade nos termos de "ver-se como uma cadeia necessária de anéis"[8], o que parece lembrar a mais elevada força do presente", citada antes. Mas, na mesma página de *Humano, demasiado humano*, a atitude de Nietzsche é sobretudo de tolerância genealógica por *todo* o passado da humanidade. Essa impressão é confirmada pelo aforismo[9] que se refere, com um sentido diametralmente oposto, à mesma imagem do rio de Heráclito evocada por Nietzsche na segunda *Consideração extemporânea*; enquanto lá Nietzsche usava a imagem do rio – onde *panta rei* – com o objetivo de mostrar o efeito paralisante do excesso do conhecimento histórico sobre a criatividade humana, aqui ele diz que, por causa da constituição essencialmente histórica de nosso ser, se queremos mergulhar em sua essência mais peculiar e pessoal temos de aceitar que não podemos mergulhar duas vezes no mesmo rio. Conhecer a nós mesmos não significa captar nossa interioridade em um ato de introspecção, mas tornar-nos conscientes do passado potencialmente infinito que constitui nossa individualidade.

---

8. *Humano, demasiado humano*, I, 292.
9. *Humano, demasiado humano*, II, 223.

Tanto a doutrina da origem metafórica da verdade (no ensaio *Sobre verdade e mentira em sentido extramoral*) como a ideia de arte elaborada em obras como *Humano, demasiado humano* e *A gaia ciência* não apenas confirmam a impressão de que Nietzsche tenha corrigido sua visão do historicismo expressa na segunda *Consideração extemporânea*, mas também sugerem que ele se incline a ver a relação com o passado pelo menos nos mesmos termos que criticara violentamente em suas primeiras obras. A "boa vontade da aparência", de que fala *A gaia ciência* no aforismo 107, exprime essa mesma atitude: a história é a loja de máscaras e aparências que, longe de violar a "autêntica" essência da individualidade, a constitui e é sua única riqueza. Continua evidente o substancial anti-historicismo de Nietzsche: ele se recusa a aceitar que a história seja uma providencial e necessária série de eventos, cujo resultado e ponto alto seria nossa civilização. Nós não somos o *télos* da história, mas sua produção casual, o que significa que para conhecer a nós mesmos temos de imergir no passado, mas sem *fortes* critérios de ordem ou de escolha. Esse fato fortalece a impressão de que um dos traços constitutivos do *Freigeist* (que é uma primeira formulação do sucessivo *Übermensch*) é precisamente a capacidade de jogar com as formas históricas assumidas como máscaras, ao menos no sentido em que não têm nenhuma ordem intrínseca nem necessidade alguma.

Ao lado dessa redescoberta do historicismo (no sentido limitado que apontei) Nietzsche desenvolve, a partir de *Humano, demasiado humano*, sua crítica à pretensa unidade e ultimidade do sujeito e da autoconsciência. A extrema radicalização dessa crítica deve ser buscada nas notas póstumas de *A vontade de potência*, em que Nietzsche descreve o sujeito nos termos do jogo dinâmico de forças conflitantes[10]. Lá ele afirma que é até mesmo problemático apenas falar de um sujeito: talvez possamos prescindir dessa *fórmula abreviativa* que é a pequena palavra *eu*[11]. Para o último Nietzsche, o sujeito não é nada mais que um "efeito de superfície", cuja real necessidade para os objetivos da existência é duvidosa. Além disso, não existem fatos, apenas interpretações, mas a interpretação não deve ser pensada como uma ação de um sujeito; o próprio sujeito é algo de *Hinzu-erdichtetes*, acrescentado poeticamente pela interpretação ou pela criatividade[12]. Assim, Nietzsche chega a uma posição que é diametralmente oposta à segunda *Consideração extemporânea*: a relação com o passado já não é concebida nos termos da sólida constituição de um horizonte fechado, mas como o ato de jogar com formas históricas, consideradas, mais ou menos explicitamente, como máscaras.

No entanto, Nietzsche ainda sente uma profunda necessidade de um "centro" de interpretação. O mundo da interação de forças, das perspectivas continuamente reajustadas, pode também ser descrito como a *machinerie* do mundo industrial, dominado por "uma crescente exploração econômica do homem e da humanidade"[13]. Para Nietzsche, este mundo tem necessidade de um contramovimento, constituído pelo ideal do *Übermensch*. A principal característica do *Übermensch* evoca muito claramente o ideal do horizonte definido e forte descrito na segunda *Consideração extemporânea*. Isso significa que, juntamente com o desenvolvimento de sua crítica radical

---

10. *Opere*, vol. VIII, tomo 2, pp. 48-9.
11. *Opere*, vol. VIII, tomo 1, p. 148.
12. *Opere*, vol. VIII, tomo 1, pp. 299-300.
13. *Opere*, vol. VIII, tomo 2, pp. 113-4.

da subjetividade, Nietzsche ainda defende a exigência oposta, ou seja, a necessidade de um forte centro da atividade da interpretação com o objetivo de dar sentido ao mundo da vontade de potência, considerado como a interação de perspectivas em conflito.

(b) A segunda "contradição" da hermenêutica de Nietzsche contrapõe a chamada *escola da suspeita* ao desmascaramento da própria noção de verdade. A escola da suspeita é resumida no título do primeiro aforismo de *Humano, demasiado humano*: "química das ideias e dos sentimentos", mas também de valores, tabus, estruturas metafísicas e assim por diante. Todos esses sistemas de valores e essas estruturas são, aos olhos de Nietzsche, efeitos do processo de sublimação que é possível desmascarar, agora que Deus está morto. A contradição surge pelo fato de que até o valor da verdade é submetido a um processo de desmascaramento, de modo que a conclusão do processo não pode ser pensada nem nos termos da crítica da ideologia nem nos termos do freudiano *"wo es war, soll ich werden"* (pelo menos em sua interpretação pré-lacaniana). A ação desmascaradora do pensamento não pode levar-nos a nenhum fundamento estável, a nenhuma verdade que esteja além das ideologias e sublimações psicológicas, porque a própria ideia de verdade está entre os valores que desmascaramos como "humanos, demasiado humanos". Até mesmo a ideia de que, ao final do processo de desmascaramento, podemos encontrar a "vida", ou o impulso de autoconservação, ou algo semelhante, deve ser abandonada: não existe um "sujeito" que possa ter uma vontade de autoconservação; tampouco existe alguma coisa como a "vida", mas apenas formas de vida historicamente determinadas, elas mesmas "produzidas", não "originárias".

Também neste caso, como na primeira "contradição", poderíamos ter a impressão de que não estamos diante de duas teses contrastantes, mas apenas de uma evolução do pensamento de Nietzsche da ideia de química, em *Humano, demasiado humano*, à perda da própria ideia de *fundação*, nas últimas obras. (Isso poderia ser confirmado pela referência ao *Crepúsculo dos ídolos*, em que Nietzsche explicitamente diz que o mundo verdadeiro no fim se tornou fábula.) Mas no final a atitude desmascadora (ou desmitificadora) de Nietzsche continua a ser um traço essencial de seu pensamento, que justifica a imagem mais difundida entre seus leitores, a de Nietzsche como *Kulturkritiker*. Por isso, estaríamos inclinados a aceitar a tese – que poderia ser corroborada por uma citação mais ampla dos textos – de que Nietzsche defendeu, até o fim, que não existe uma verdade fundamental e, ao mesmo tempo, que a tarefa do pensamento é desmascaradora e desmitificadora.

(c) A última "contradição" ou tensão polar que eu gostaria de destacar está ligada da maneira mais profunda ao próprio núcleo do pensamento de Nietzsche; é a contradição entre a tese de que não existem fatos, apenas interpretações, e a metafísica da vontade de potência e do eterno retorno. Essa contradição repete, em uma forma ligeiramente diferente, as outras duas, mas também as leva a suas extremas consequências. De fato, tanto a ideia de subjetividade que Nietzsche parece afirmar não obstante a crítica que lhe dirige quanto a necessidade de um pensamento desmascarador apesar de sua recusa de qualquer verdade fundamental podem ser atribuídas a sua tendência substancial a conceber o caráter interpretativo de toda realidade em um sentido metafísico. A vontade de potência e o eterno retorno aparecem como uma descrição metafísica da verdadeira realidade de um mundo no qual não existem fatos, apenas interpretações; mas, se são entendidas em sentido metafísico, não são apenas interpretações. Esse talvez seja um dos motivos por que Heidegger considerou Nietzsche um pensador que ainda pertence à história da metafísica. Até o equívoco nazista da filosofia de Nietzsche poderia ser atribuído a essa contradição: se se assume a universalidade da interpretação como uma descrição metafísica de uma estrutura ontológica, o resultado só pode ser uma visão da realidade como um permanente conflito de forças, no qual só a mais violenta é justa.

3. Se concordamos, ao menos hipoteticamente, sobre o fato de que a hermenêutica de Nietzsche se caracteriza por essas contradições essenciais, o último ponto que temos de discutir é: essas contradições – e com elas toda a hermenêutica de Nietzsche – dizem respeito também à hermenêutica ontológica atual? Desenvolverei esse ponto de maneira extremamente sintética, indicando alguns problemas que, ao menos em minha opinião, são decisivos para a hermenêutica contemporânea. Quanto à primeira contradição, que pode ser resumida como a oposição entre *Übermensch* e ocaso (ou declínio) da subjetividade, proponho que se reconheça sua atualidade no fato de que a hermenêutica contemporânea, por exemplo a teoria de Hans Georg Gadamer, corre o risco de considerar qualquer experiência possível de verdade como a simples articulação e o desenvolvimento da pré-compreensão (dos preconceitos) que cada indivíduo recebe como herança juntamente com a linguagem que fala, uma vez que essa linguagem é a única realidade possível daquilo que a tradição chamou de *lógos*. A noção de *lógos* identificada com a vida efetiva da linguagem

histórica de uma comunidade foi desenvolvida por Gadamer nos ensaios escritos depois de *Verdade e método*[14]; o *lógos* concebido nesse sentido encerra em si as características quer do *Geschick* de Heidegger, quer do espírito objetivo hegeliano, quer ainda da linguagem cotidiana da filosofia analítica. Mas essa tese de Gadamer parece esquecer (como Habermas assinalou) que tal concepção de *lógos* não apresenta a unidade ideal que deveria ter para poder servir de horizonte normativo. Isso significa que os indivíduos no interior de uma comunidade linguística são sempre confrontados novamente com o problema (mostrado com muita clareza por Heidegger em *Ser e tempo*) de "decidir" sobre a verdade. Por isso, a hermenêutica não pode simplesmente identificar o *lógos* com a linguagem histórica de uma comunidade; a verdade e o *lógos* também precisam referir-se à evidência interior da consciência. Essa polaridade tem muitas analogias com a que mostrei no pensamento de Nietzsche, entre a universalização da pura interação de forças (ou seja, as regras sociais do verdadeiro e do falso) e o poder "transcendente" do *Übermensch*. Quanto à segunda "contradição" (o desmascaramento contra a eliminação da própria noção de verdade), suas analogias na hermenêutica contemporânea parecem ser reconhecíveis nas recorrentes tendências a associar a hermenêutica com a crítica da ideologia, por exemplo na obra de Karl-Otto Apel[15]. Na

---

14. H. G. Gadamer, *Verità e metodo* (1960), cit. Vejam-se, por exemplo, os ensaios incluídos em *La ragione nell'età della scienza* (1976), trad. it. de A. Fabris, Gênova, Il Melangolo, 1984.

15. Refiro-me particularmente aos ensaios incluídos em *Transformation der Philosophie* (Frankfurt, Surhkamp, 1973). Para uma discussão mais ampla das teses de Apel, cf. G. Vattimo, *Al di là del soggetto*, cit., cap. IV.

medida em que a crítica da ideologia implica o ideal da completa autotransparência do sujeito, ela é totalmente oposta à hermenêutica. No entanto, como no caso da análoga "contradição" em Nietzsche, é difícil decidir se estamos aqui diante de um mero equívoco da hermenêutica ou de um problema mais geral implícito em toda teoria da interpretação.

Por fim, a terceira "contradição" que destaquei – entre a universalidade da interpretação e o sentido metafísico de noções como eterno retorno e vontade de potência – apresenta possíveis analogias na hermenêutica contemporânea quando estão em jogo as implicações niilistas de uma hermenêutica ontológica. Parece-me que a própria resistência em incluir Nietzsche entre os precursores de uma ontologia hermenêutica revela a persistente tendência a interpretar essa ontologia (e suas bases no pensamento de Heidegger) em um sentido metafísico, que recusa qualquer possível implicação niilista. A ontologia hermenêutica parece estar exposta aos mesmos riscos que Nietzsche corria quando, embora tivesse teorizado que não existem fatos, apenas interpretações, se esforçava para demonstrar, até mesmo com base nas ciências físicas, a "realidade" do eterno retorno.

Talvez o fato de acompanhar essas analogias em Nietzsche não nos ajude a resolver os problemas da hermenêutica de hoje, mas pode ajudar-nos a adquirir uma consciência mais clara desses problemas e a nos dar conta de uma forma mais radical das possíveis implicações daquilo que pode ser chamado a "virada hermenêutica" na filosofia moderna.

NIETZSCHE, O SUPER-HOMEM E O ESPÍRITO DE VANGUARDA

É correto dizer que o problema do significado do conceito nietzschiano de *Übermensch* encontra-se inteiramente na maneira de entender e traduzir o prefixo *über*; aliás, precisamente aqui se decide, de modo mais geral, toda a interpretação da filosofia de Nietzsche e a possibilidade de entrar, hoje, em um diálogo produtivo com ela. Por outro lado, o fato de justamente hoje se chegar a pôr com clareza o problema do *über-*, levando em conta a insuficiência da tradição interpretativa que nos precedeu, não é um fato casual, mas está ligado ao amadurecimento de uma nova situação hermenêutica, que justamente hoje nos torna sensíveis a esse problema. Essa nova situação hermenêutica é apenas em parte um fenômeno interno às vicissitudes da *Nietzsche-Forschung* (essencialmente, a nova edição crítica de seus escritos e o desmascaramento das falsificações que esses escritos haviam sofrido até agora); ao contrário, na maioria das vezes ela coincide com um amplo processo de amadurecimento da cultura e também da consciência política, que parece nos dar condições de finalmente apreender uma conexão entre fim da metafísica, revolução das estruturas sociopolíticas e construção de uma humanidade qualitativamente nova, ou seja, entre os motivos principais que a filosofia, a psicologia e o pensamento político elaboraram e desenvolveram separadamente nos últimos cem anos, e dos quais precisamente o ideal do super-homem nietzschiano parece representar uma síntese.

No entanto, se de um lado amadureceram objetivamente as condições de uma nova compreensão do pensamento de Nietzsche, por outro muitos obstáculos ainda se interpõem à plena explicação desses novos pressupostos hermenêuticos e um radical emprego deles no trabalho historiográfico. Toda tentativa de superar as aporias em que, ao menos me parece, se desenvolveu até agora muita literatura nietzschiana deve antes de tudo acertar as contas com essas condições objetivas da interpretação, ou seja, deve garantir o quadro hermenêutico em que pode trabalhar; e para tanto é preciso procurar esclarecer o que significa o fato de haver hoje, na cultura, na consciência filosófica, no "espírito objetivo", as condições de uma retomada do problema do *über-* e quais são as dificuldades que ainda impedem um pleno desenvolvimento dessas possibilidades interpretativas.

As aporias que a nosso ver devem ser reconhecidas na literatura nietzschiana, e que também só aparecem em todo seu alcance se comparadas ao problema do verdadeiro sentido do termo *Übermensch*, podem ser totalmente resumidas na incapacidade, que nelas se encontra, de apreender esse conceito, e em geral todos os conteúdos "ultrapassantes" do pensamento de Nietzsche, em sua característica heterogeneidade positiva em relação aos conteúdos correspondentes da tradição. Ou seja, com muita frequência, quando não na grande maioria dos casos, o super-homem nietzschiano foi interpretado como um puro e simples fortalecimento, explicitação, manifestação extrema, e por isso mais essencial, da natureza do homem como ele é e como sempre foi concebido na tradição. Isso explica o fato de que, mesmo quando se supera a imagem retórica de um Nietzsche desesperado, representante da crise da ciência europeia, que com o próprio evento – totalmente médico e físico – de sua loucura atesta a insuperabilidade dessa crise, mesmo nesse caso, seu pensamento é assumido como essencialmente crítico e negativo, sempre a meio caminho entre a denúncia consciente, mas sem resultados, da crise e o puro e simples sintoma de seu resultado mais agudo.

O caráter profundamente arraigado desse "preconceito" (que, como é próprio da natureza dos preconceitos, não é decorrente de um erro banal de leitura e de avaliação, mas manifesta uma condição hermenêutica objetiva, que não pode ser superada com uma simples operação teórica) parece-me atestado pela lúcida apostila escrita por Jürgen Habermas para uma antologia de *Erkenntnistheoretische Schriften* de Nietzsche publicada em 1968[1], que juntamente com o terceiro capítulo de *Erkenntnis und Interesse*[2] contém as linhas gerais de uma interpretação habermasiana do pensamento de Nietzsche. Essa interpretação tem uma relevância especial porque provém do último expoente daquela "escola de Frankfurt" que, mesmo nas não poucas diferenças entre cada autor ligado a ela, desenvolvera uma série de conceitos que podiam fornecer a premissa para uma leitura

---

1. Frankfurt, Suhrkamp, 1968.
2. J. Habermas, *Erkenntnis und Interesse*, Frankfurt, Suhrkamp, 1968, trad. it. *Conoscenza e interesse*, Bari, Laterza, 1970.

diferente e mais adequada da obra nietzschiana. A escolha de apresentar Nietzsche como autor de escritos de gnosiologia e crítica do conhecimento não é casual (e torna-se ainda mais significativa quando se pensa que o livro é de 1968, o ano da contestação estudantil e da retomada de um discurso sobre surrealismo e revolução, ao qual Nietzsche não era alheio); na apostila, Habermas mostra claramente que para ele é unicamente nesse terreno que hoje se pode voltar a propor com proveito a leitura de Nietzsche, o qual não apresenta, como ele mesmo entendia e considerava, um projeto alternativo de cultura e de humanidade, mas vale apenas como um dos principais expoentes daquele movimento pelo qual o pensamento europeu toma consciência do vínculo entre conhecimento e interesse que é importante para Habermas como pressuposto da *Ideologiekritik* da escola de Frankfurt. Os escritos mais significativos de Nietzsche, sob esse ponto de vista, são os da juventude, sobretudo a segunda *Extemporânea* sobre a história e o ensaio *Sobre verdade e mentira em sentido extramoral*, e aqueles do período "crítico", de *Humano, demasiado humano* a *Aurora* e à *Gaia ciência*. Nessas obras, segundo Habermas, o conceito de verdade como ficção que responde a exigências vitais não se nivela ao de uma falsificação arbitrária do sujeito; ele remete antes a um quadro social, no qual a ficção está destinada a favorecer a consolidação do domínio técnico-científico de uma certa sociedade sobre a natureza circunstante. Nas obras da maturidade, ao contrário, com o perspectivismo que Habermas chama simplesmente de subjetivismo, Nietzsche esqueceria totalmente a diferença que existe "entre um projeto da espécie, que deve lidar com condições contingentes, e as projeções oníricas, nas quais nossas fantasias e nossos desejos assumem formas indeterminadas e provisórias"[3].

Embora Habermas não fale explicitamente do *Übermensch*, é claro que para ele essa doutrina está encerrada nos mesmos limites que caracterizam a filosofia do *Wille zur Macht*, ou seja, o desaparecimento de toda distinção entre perspectivismo "social" e puro e simples subjetivismo. A doutrina do Nietzsche maduro, como já afirmara Lukács, é para Habermas parte daquela *Kulturkritik* burguesa do final do século XIX que não deve ser levada tão a sério como crítica da ideologia, mas ao contrário é ela própria objeto dessa crítica; é mais um sintoma a ser interpretado que uma proposta com a qual dialogar[4].

Não é o caso de se perguntar até que ponto, nessa incapacidade de acolher positivamente a proposta nietzschiana, se revela também uma dificuldade da própria "teoria crítica" frankfurtiana de formular modelos ético--sociais positivos, permanecendo, ao contrário, interna à situação como pura e simples má consciência dela. O que importa ressaltar é que mesmo essa interpretação, que por muitos aspectos nos parece uma das mais estimulantes na medida em que insere Nietzsche em uma das linhas mais vivas da discussão filosófica atual, não dá o passo decisivo para ir além de uma visão de Nietzsche como ponto de chegada ainda interno da tradição filosófica ocidental: de fato, é esse o sentido do resultado subjetivista que Habermas vê em sua filosofia. Essa imagem, mesmo só do ponto de vista de uma correta metodologia hermenêutica, peca por reducionismo, ou seja, acolhe apenas uma parte do pensamento do autor, ao pas-

---

3. *Erkenntnistheoretische Schriften*, cit., p. 260.
4. *Erkenntnistheoretische Schriften*, cit., p. 241.

so que aquilo que ele nos diz de mais problemático e "chocante", e portanto provavelmente também de mais peculiar, é degradado ao nível de sintoma. Na consideração de Nietzsche como coerente conclusão do desenvolvimento (falimentar) do pensamento ocidental convergem, de fato, quase todas as posições interpretativas típicas da literatura nietzschiana, até mesmo quando partem de enfoques muito diferentes entre si. Assim, a utilização fascista e nazista da filosofia de Nietzsche não é um acidente histórico de que nos podemos desembaraçar facilmente, mostrando, como já se fez, as grosseiras falsificações em que se apoiava: se para Habermas a vontade de potência é a expressão de um ponto de vista de extremo subjetivismo (ou seja, leva até o fim uma linha de desenvolvimento bem presente em toda a tradição europeia), para Beumler essa doutrina tem o sentido de revelar a verdadeira essência do devir histórico e da existência humana no mundo, que é a explosão de forças em conflito, a vontade de domínio, a constituição de supremacia[5]. Em ambos os casos, estamos diante de um ponto de chegada que põe a nu uma essência, que nessa medida não representa um fato qualitativamente novo. O super-homem é apenas o homem de sempre, revelado em sua natureza profunda. O caráter ilusório, também no plano político, da "superação" nazista está justamente no fato de que ela consiste simplesmente em descobrir-se como "realmente" se é, reconhecer a violência constitutiva de nossa história e assumir isso como ponto de partida explícito para uma espécie de retorno à

---

5. A. Baeumler, *Nietzsche, der Philosoph und Politiker*, Leipzig, 1931. De Baeumler, ver também o prefácio à coletânea de fragmentos inéditos *Die Unschuld des Werdens*, na Kroner Taschenausgabe, 1931, e o Nachwort ao *Wille zur Macht* na mesma edição.

barbárie, para além das falsificações ideológicas em que se fundamentam os regimes democráticos e a tradição humanista europeia.

A "legitimidade", ao menos com base em certas premissas, dessa interpretação nazista, que é apenas a consequência macroscópica da incapacidade de ler corretamente o *über* do *Übermensch*, é confirmada até mesmo, como se dizia, por intérpretes que se situam em perspectivas radicalmente diferentes. Os cursos sobre o pensamento de Nietzsche ministrados por Heidegger entre 1936 e 1940 certamente representam uma contestação da utilização nazista desse pensador; e contudo, exatamente na medida em que não levam a sério seu esforço de ultrapassar a tradição ocidental, permanecem objetivamente no quadro que justifica essa utilização. Para Heidegger, como se sabe, Nietzsche é o pensador em que a metafísica chega a seu termo e ao seu fim. Mas o caráter constitutivo da metafísica levada a termo é seu fazer-se mundo, dando lugar a estruturas sociais e políticas que, nos termos da sociologia crítica, poderíamos chamar de "organização total"; entre essas estruturas situa-se também, como se pode ver na *Einführung in die Metaphysik*, o nazismo alemão[6]. O fim da metafísica, o pensamento de Nietzsche, o nazismo (e em geral as estruturas sociais totalitárias, do capitalismo monopolista ao comunismo burocratizado da Rússia stalinista) são todos aspectos do "destino" do Ocidente como terra do ocaso do ser. Só um equívoco – explicável com o mal-entendido interior em que cai o próprio Heidegger em 1933, na época de sua breve adesão pública ao nazismo

---

6. M. Heidegger, *Introduzione alla metafisica* (1935), trad. it. de G. Masi, Milão, Mursia, 1979.

– levou a considerar que esse reconhecimento do destino do Ocidente também significava uma deliberada apologia dele, como ocorria por exemplo no texto que, por determinados aspectos, certamente está na base da noção heideggeriana do vínculo entre fim da metafísica e organização total da sociedade, ou seja, o *Ocaso do Ocidente* de Oswald Spengler[7]. Em todo caso, permanece válido também para Heidegger aquele que, como nos parece claro, é o pressuposto da leitura nazista de Nietzsche, ou seja, que seu pensamento representa a revelação da verdadeira essência do homem e da existência histórica assim como ela se apresentou até agora; a teoria e sobretudo a prática do nazismo e do fascismo consistem em uma pura e simples assunção explícita dessa essência e da violência que ela comporta; Heidegger, por sua vez, visa preparar uma superação da metafísica, que ainda assim permanece bastante problemática em seu pensamento. A "legitimidade" da interpretação nazista de Nietzsche, ligada, como vimos, ao desconhecimento do caráter de "ultrapassagem" de sua filosofia, constitui também o núcleo do papel que lhe atribui Lukács no quadro da *Destruição da razão*[8]. A interpretação de Lukács, como e ainda mais radicalmente que a nazista e a de Heidegger, não pode ser ignorada se se deseja realmente estabelecer um diálogo com Nietzsche. Essa interpretação lukacsiana apresenta-se pouco confiável à primeira vis-

---

7. *Der Unterrgang des Abendlandes*, Munique, 1918-22; trad. it., Milão, 1957, 1970². Em particular, no parágrafo 14 da introdução é explícita a teorização do capitalismo imperialista como forma peculiar de realização da fase atual da civilização europeia – conceito que não parece muito diferente daquele da "metafísica realizada" de Heidegger, ainda que com uma avaliação de fundo distinta.

8. G. Lukács, *Die Zerstörung der Vernunft*, cit.

ta, quer por tomar como ponto de partida a mesma imagem filologicamente falsa em que se baseava Baeumler, quer por ser fortemente condicionada pela tese historiográfica geral a que deve servir, segundo a qual a filosofia burguesa, desde a morte de Hegel até hoje, é uma progressiva afirmação do irracionalismo, que é apenas a face ideológica do fascismo, forma política típica do capitalismo na época imperialista. Não obstante esses limites, ou talvez precisamente em virtude deles, a imagem que Lukács dá de Nietzsche é aquela que é mais necessário avaliar se é a mais adequada do conceito de *Übermensch* e de todo o pensamento nietzschiano.

De fato, há nessa interpretação três elementos decisivos: antes de tudo, enquadrando-se em uma visão geral do fascismo como manifestação da verdadeira essência violenta das relações sociais no mundo burguês-capitalista, ela manifesta com especial clareza o pano de fundo comum em que se move a literatura nietzschiana, ou seja, o fato de que, mesmo com avaliações e desenvolvimentos diferentes, todos ou quase todos os intérpretes mais autorizados de Nietzsche o consideram o pensador que revela a essência oculta do homem como até agora existiu. Precisamente com base na radicalidade da condenação lukacsiana e graças a ela, podemos tomar consciência da não acidentalidade ou marginalidade da utilização fascista de Nietzsche e descobrir também qual é sua base, que é preciso eliminar se realmente se deseja recuperar seu pensamento para o diálogo filosófico. Por outro lado, diferentemente dos outros intérpretes que parecem mover-se em um plano mais nitidamente filosófico e teórico, Lukács leva a sério a pretensão de Nietzsche, nem um pouco "literária", de valer como profeta de uma humanidade que deseja ser historicamente real, e portanto forjar também novas relações sociais e novas estruturas políticas – o que significa colocar-se ao menos em uma disposição de possível escuta do conteúdo autêntico da ideia do *Übermensch*. No entanto, em terceiro e último lugar, essa disposição de escuta não produz resultados apreciáveis, visto que mais uma vez o super-homem nietzschiano não é outra coisa, para Lukács, que o ideal desesperado da consciência pequeno--burguesa, a qual, frustrada, com o triunfo da organização total capitalista, em seu esforço de permanecer fiel a modelos tradicionais de tipo humanista, busca compensações em uma visão trágica da vida, em uma perspectiva de ilusória autoafirmação, na qual justamente aqueles valores acabam por ser engolfados pela manifestação da violência que está na base de todo apelo à restauração da ordem e da "hierarquia". A contraditoriedade, o caráter "excessivo", a própria loucura de Nietzsche filósofo e homem são expressões de tudo isso.

Esses elementos que constituem a relevância da visão lukacsiana de Nietzsche implicam, antes de tudo, o abandono de todas as perspectivas de interpretação que procuram recuperar o diálogo com Nietzsche remontando além da aventura nazista, ou seja, voltando a uma situação que não ignora a dramaticidade da questão do *über-*. Não por acaso, uma das obras que Lukács discute na *Destruição da razão* é a de Walter A. Kaufmann, publicada nos Estados Unidos em 1950[9], na qual ele vê, com razão, uma operação historiográfica paralela ao trabalho de superficial e mistificadora desnazificação que as potências ocidentais estavam realizando na sociedade ale-

---

9. W. A. Kaufmann, *Nietzsche. Filosofo, psicologo, anticristo* (1956), trad. it. de R. Vigevani, Florença, Sansoni, 1974.

mã do pós-guerra. Kaufmann ignora simplesmente o problema da relação entre o super-homem e o homem da tradição ocidental; para ele, não importa que Nietzsche diga explicitamente que o super-homem é algo que até agora nunca existiu[10]. Na verdade, o modelo do super-homem são os homens superiores que Nietzsche identifica na tradição europeia: César, Goethe, Napoleão etc. Ele é o homem "que dominou sua natureza animal, organizou o caos das paixões, sublimou seus impulsos e deu estilo ao próprio caráter..."[11]. Aqui estamos simplesmente "antes" da leitura nazista, da heideggeriana e da de Lukács: o super-homem é apenas aquele que finalmente consegue realizar o ideal de humanidade (coerência formal da personalidade, autoconsciência, estilo) que toda a tradição humanista cultivou, sem que nem sequer apareça o problema de uma relação crítica dele com essa tradição. A importância da proposta interpretativa de Lukács, contudo, está sobretudo em dar destaque especial ao problema – a que se aludia no início – do quadro hermenêutico dentro do qual se torna possível uma aceitação dos significados positivos e superadores ligados à noção de *Übermensch*. De fato, em Lukács mostra-se particularmente evidente a ligação entre essa leitura de Nietzsche e uma hipótese geral sobre a cultura do século XX, hipótese que coloca explicitamente no centro da própria atenção a possibilidade de que, de algum modo, a partir do próprio interior do mundo burguês venha uma contribuição positiva para a renovação dos modelos de existência individual e social do homem. A ideia nietzschiana do *Übermensch*, nos propósitos de seu au-

---

10. Ibid., p. 330.
11. Ibid., p. 336.

tor, apresenta-se antes de tudo e explicitamente como uma proposta de renovação dessas dimensões individuais e sociais da vida, como um ideal de homem novo, radicalmente novo. Ora, o discurso que Lukács desenvolve na *Destruição da razão* refere-se precisamente à possibilidade de que, dos intelectuais não organicamente ligados ao movimento operário, como certamente era Nietzsche, venha alguma contribuição para a instauração desses novos modelos de existência; essa possibilidade, como se sabe, é negada. Aliás, a revolta dos intelectuais burgueses contra os valores tradicionais da burguesia, portanto antes de tudo um discurso como o de Nietzsche, acaba por se transformar, paradoxalmente, na desesperada exaltação daquilo que está no fundo último daqueles valores, ou seja, a violência, a luta pelo domínio, a afirmação metafísica do caos.

Se *A destruição da razão* refere-se sobretudo à filosofia dos séculos XIX e XX e ao seu desenvolvimento para um irracionalismo cada vez mais explícito, a mesma hipótese é a que guia essencialmente Lukács também na leitura e na avaliação da história literária e artística do século XX, e em especial no juízo sobre o significado das vanguardas históricas (expressionismo, surrealismo, futurismo etc.). Também aqui, embora com uma postura frequentemente mais matizada, o que Lukács chama de irracionalismo se manifesta como único resultado possível da cultura burguesa em seu esforço de se libertar das próprias limitações; esse esforço não dá lugar a uma verdadeira proposta de superação, mas apenas à exasperação das características negativas que estão na base daquela cultura, como por exemplo o individualismo (daí o anarquismo da vanguarda, por exemplo, mesmo no plano da linguagem etc.). Mais uma vez estamos diante de *sintomas* de uma crise, que cabe a outros interpretar e eventualmente superar, mais do que diante da abertura de verdadeiras visões alternativas.

Creio que não é necessário continuar a ilustrar a interpretação lukacsiana da vanguarda, e também sua noção de irracionalismo como essência da filosofia burguesa, porque elas são bastante conhecidas na Itália. O ponto que nos interessa estabelecer, no que se refere a Nietzsche, é que, se de um lado Lukács parece assumir uma posição mais correta que a de outros intérpretes, na medida em que também leva em conta o significado "político" de sua filosofia, ou seja, o fato de Nietzsche se apresentar como profeta de uma nova humanidade e não apenas como inventor de um mito literário, de outro lado o resultado desse esforço de renovação se considera fracassado precisamente por parecer estabelecido que, em geral, a filosofia e a arte burguesa que, nos últimos cem anos, se apresentaram como renovadoras e revolucionárias eram apenas sintomas neuróticos da crise de uma cultura e não verdadeiras aberturas para o novo. Garantir, como se dizia, as condições hermenêuticas de uma leitura "positiva" da filosofia nietzschiana e de sua noção central de *Übermensch* (no *über* desse conceito se resume toda a carga e a pretensão superadora de seu pensamento) significa reconsiderar criticamente essa hipótese geral e possivelmente mostrar sua insustentabilidade. Como dizíamos no início, não se trata de demonstrar essa insustentabilidade no âmbito puramente teórico, mas antes, como é inevitável do ponto de vista de uma consciência metódica da interpretação, de constatar e explicitar os elementos que, de fato, hoje fazem essa hipótese parecer remota e infecunda. Dito em termos extremamente gerais, o quadro lukacsiano da destruição da razão e do significado apenas sintomático e substancialmente negativo das vanguardas artísticas (e também filosóficas, se entendemos com esse termo movimentos como o existencialismo e a fenomenologia) é uma posição historiográfica e teórica radicalmente ligada ao stalinismo e à época da consolidação burocrática da revolução soviética na Rússia. Essa posição corresponde à progressiva marginalização dos conteúdos libertários, e em geral realmente inovadores, no plano da moral individual e do costume social, que acompanha a construção do "socialismo em um só país", e que, pelos aspectos autoritários que assume, provoca o afastamento de muitos intelectuais europeus do movimento comunista.

Se se tem presente tudo isso, compreende-se também em que sentido se pode dizer que hoje amadureceram novas condições hermenêuticas, a ponto de tornar possível uma nova compreensão do significado positivo e superador da filosofia nietzschiana. O super-homem adquire uma posição totalmente central na medida em que o pensamento de Nietzsche não é visto como puro sintoma de crise e de decadência, mas como possível proposta de superação. A incapacidade de apreendê-lo nesses seus conteúdos, como a meu ver revela o exame das posições interpretativas de Lukács, mas também das nazistas e da heideggeriana, está ligada à ruptura entre conteúdos éticos, individuais e sociais, desenvolvidos pela crítica burguesa em suas expressões de vanguarda, e real movimento revolucionário do proletariado. Essa ruptura, que pode ser considerada um dos aspectos constitutivos da história, e também dos fracassos, do movimento revolucionário do século XX encaminha-se hoje para uma recomposição: não apenas a contestação estudantil de

1968, mas também e sobretudo as novas formas que assume o movimento operário e as discussões teóricas que acompanham esses fatos mostram que o pensamento e a práxis revolucionária estão maduros para recuperar integralmente os conteúdos éticos inovadores elaborados pela consciência vanguardista da burguesia. Só a reconstrução dessa unidade, provavelmente, pode salvar a vanguarda burguesa do veleitarismo abstrato e, no limite, do fascismo; e, por outro lado, salvar o socialismo de assumir como modelos éticos as ruínas da moral burguesa (ética do trabalho, da família, até mesmo "etiqueta": só nos salões de baile da Europa oriental é obrigatório o uso de camisa branca e gravata).

De resto, o fato de o problema do significado do pensamento nietzschiano estar ligado ao problema do sentido que se atribui à vanguarda artística e, em geral, cultural do século XX não se evidencia apenas pela maneira como as duas questões se ligam em Lukács, mas é confirmado por outro fato: o de que, talvez, a única leitura "positiva" da mensagem nietzschiana e de seu alcance superador foi dada precisamente pela vanguarda literária, em particular pelos surrealistas. Um dos livros que podem ser tomados como guia para uma interpretação positiva do conceito de super-homem é o terceiro volume da *Somme athéologique* de Georges Bataille, que traz como subtítulo *Sur Nietzsche, volonté de chance*[12], e em que confluem um pouco os motivos mais válidos da interpretação surrealista da filosofia nietzschiana[13]. Fora de

---

12. Paris, 1945; trad. it. de A. Zanzotto, *Nietzsche. Il culmine e il possibile*, Milão, 1970 (com introdução de M. Blanchot).

13. Para a qual continua fundamental o trabalho de P. Klossowski, *Nietzsche et le cercle vicieux*, Paris, 1969. De Klossowski, cf. também, primeiramente, os ensaios de 1963 (sobre *A gaia ciência*) e de 1957 (sobre

qualquer esforço de reconstrução historiográfica "rigorosa", essa obra de Bataille revela uma peculiaridade essencial que capta diretamente, em todo o seu alcance, o significado experimental do projeto nietzschiano. Se não nos deixamos enganar pela *pars destruens* que, como em todas as obras surrealistas, é muito relevante também no livro de Bataille (escrito nos anos obscuros da Segunda Guerra Mundial), surge claramente nele a tese de que o super-homem de Nietzsche deve ser entendido como o anúncio de uma humanidade essencialmente diferente daquela que conhecemos e vivemos até agora; o super-homem é o homem capaz de não experimentar mais o valor como objeto separado, encarnando-o, ao contrário, totalmente na própria existência. À luz dessa vontade positiva de superação da oposição sujeito-valor devem ser lidos, para Bataille, todos os conteúdos "destrutivos" e negativos da filosofia de Nietzsche: o imoralismo, a exaltação do mal contra o bem, a qual não é outra coisa que a rejeição de qualquer relação de dependência do eu diante do valor-objeto. A esse enfoque se ligam outros temas interpretativos, como o da recuperação do homem total contra a fragmentação (e a divisão do trabalho), que mais diretamente sublinham a proximidade do super-homem nietzschiano com o projeto revolucionário marxista.

Se há um limite no livro de Bataille, e em geral na interpretação surrealista de Nietzsche, ele consiste no fato de essa proximidade não ser explicitada até o fim, o que se liga ao problema geral da superação da ruptura entre surrealismo como vanguarda histórica e movimento comunista. Bataille ainda vive no clima do qual tam-

---

o politeísmo e a paródia em Nietzsche) reunidos no volume *Un si funeste désir*, Paris, 1963.

bém Lukács é expressão, e por isso sua obra permanece mais uma indicação a ser desenvolvida que uma interpretação completamente realizada. O desenvolvimento dessa indicação talvez seja possível hoje, em que parecem amadurecidas as condições para um reconhecimento dos vínculos profundos que unem a vanguarda artística e filosófica burguesa ao movimento revolucionário do proletariado. Esse reconhecimento apresenta-se mais exatamente como uma recuperação: a ruptura, de fato, se ampliou e aprofundou precisamente na época do stalinismo, enquanto havia uma forma de unidade entre essas duas tendências por volta da época da Primeira Guerra Mundial. Por isso, poderíamos dizer que *as condições hermenêuticas para uma releitura do significado positivo do conceito nietzschiano de super-homem estão ligadas à recuperação da unidade do espírito de vanguarda*; essa recuperação, como dissemos, em parte já está em andamento, em parte deve ser ajudada a se reconhecer e se desenvolver em todas as suas potencialidades.

Ainda que a definição mais precisa desse "espírito de vanguarda" seja uma tarefa que ainda é preciso realizar, podem-se pelo menos indicar alguns elementos de referência: o espírito de vanguarda é aquele que, por volta da Primeira Guerra Mundial, se expressa nas mais significativas poéticas da literatura e das artes: expressionismo, dadaísmo, futurismo, surrealismo; que vive em posições filosóficas como a do Lukács de *História e consciência de classe*, em *Sein und Zeit*, na meditação fenomenológica que culminou na *Krisis* husserliana; e que se anuncia pela primeira vez, no plano filosófico, em todo o seu alcance, no *Geist der Utopie* de Ernst Bloch. Sobretudo nesta última obra, publicada em 1918, é clara a unidade entre a temática que Lukács depois chamará de irracionalista e uma atitude política revolucionária. Na obra de Bloch, as poéticas da vanguarda, especialmente o expressionismo, e os temas que depois constituirão a base do existencialismo são vistos como substancialmente adequados ao projeto revolucionário de Marx, e até mesmo como a própria "substância" deste; também e sobretudo às exigências defendidas pela vanguarda aplica-se o princípio de que o fim do proletariado como classe só é obtido com a realização da filosofia, ou seja, precisamente com a realização daquela ética nova que tem com a ética tradicional a mesma relação de superação do super-homem nietzschiano.

Aliás, o *Geist der Utopie* fornece um modelo explícito para o esclarecimento dessa relação, sobretudo no que diz respeito ao seu conteúdo irônico essencial, nas esplêndidas páginas da primeira edição em que discute a teoria lukacsiana da tragédia[14]. Como se sabe, a *Metafísica da tragédia* de Lukács, publicada em 1910[15], fundamenta-se inteiramente na noção de um "momento privilegiado" no qual o herói trágico experimenta uma unidade perfeita de existência e significado. Mas, como Bloch demonstra corretamente, esse momento privilegiado é essencialmente um fato estético e literário: o trágico não se dá na existência concreta, ninguém de fato vive na vida essa unidade perfeita de evento e sentido. Isso implica um radical estetismo da teoria lukacsiana, estetismo que se revela com evidência no sentido que a morte e, em geral, o naufrágio do herói trágico assumem nessa

---

14. E. Bloch, *Geist der Utopie*, Erste Fassung (1918), reimpr., Frankfurt, Suhrkamp, 1971, pp. 67 ss.
15. Incluída no volume *Die Seele und die Formen* (1911), trad. it. *L'anima e le forme*, agora editada em um volume com a *Teoria del romanzo*, Milão, 1972.

teoria. Bloch, assim como Lukács, também considera essencial a morte do herói trágico, mas não porque precisamente por meio dela, como quer Lukács, se realize plenamente aquele distanciamento da existência empírica que é condição para a constituição da completude e definitividade do significado, do "destino". Para Bloch, de acordo com uma forma de pensar que parece antecipar a ênfase heideggeriana no ser-para-a-morte, a morte não pode ser tão elegantemente exorcizada e transformada em um elemento "positivo" para a constituição da esfera do puro significado. Ao contrário, ela é exatamente o momento em que a opacidade e a caoticidade do mundo se apresentam em toda a sua força, levando o herói a naufragar. O espectador, brechtianamente, não encontra na tragédia a completude de um destino que só lhe cabe reconhecer, mas experimenta agudamente o demoníaco como obstáculo a ser vencido. Justamente por isso, porém, para além da tristeza pelo naufrágio do herói, nasce um sentimento mais fundamental, que é o da ironia, o qual se fundamenta em uma espécie de postulado kantiano da razão prática. Se tenho de expressar o caos do mundo não como destino inelutável mas como obstáculo a ser vencido, preciso pensar que, algum dia, seja possível uma vitória do espírito sobre esta realidade: a verdade existencial da morte – em virtude da qual a tragédia não é o mundo do significado completo, mas o campo de uma verdadeira luta e de uma verdadeira derrota – é reconhecida no mesmo momento em que se reconhece também a transcendência utópica do espírito sobre as condições externas que parecem sobrepujá-lo. Esse mundo, porém, em que kantianamente virtude e felicidade são finalmente unidas, e no qual, para Bloch, a matéria é finalmente dócil instrumento de expressão do espírito, pode ser apenas um mundo em que espírito e natureza já não são opostos como o sujeito e o objeto o são na tradição filosófica ocidental.

É a fé na possibilidade final desse mundo a verdadeira raiz da ironia que ataca também a tragédia e nos leva a considerar a morte do herói trágico não mais apenas como o despedaçar-se do espírito contra a inércia da matéria, mas também como a promessa de um possível novo-sujeito. O herói trágico que morre não é mais levado a sério, nem no sentido estético de Lukács, nem tampouco no sentido, já crítico em relação a este, teorizado em um primeiro momento por Bloch. Para além do herói trágico está o bufão, o palhaço que apanha no circo ou, no outro extremo dessa mesma cadeia, o Cristo que morre na cruz não como um herói trágico que luta, mas como quem sabe que só do ocaso da subjetividade, mesmo da subjetividade utópica do herói trágico, pode nascer uma nova relação de amizade e de familiaridade entre o homem e o mundo: aqui, o eu deixou penetrar em si o mundo, e só assim se coloca nas condições em que eu e mundo poderão encontrar uma nova harmonia.

Essas páginas do *Geist der Utopie*, repletas de uma infinidade de elementos que ainda é preciso desenvolver (e apenas em parte retomados, como se sabe, por Adorno), fornecem duas indicações específicas que podem ser transferidas sem nenhuma modificação para o plano da interpretação do conceito de super-homem: a relação irônica do super-homem com o homem superior da tradição ocidental; a fundação dessa relação em uma (utópica, não metafísico-essencial) nova unidade do homem com a natureza, que supere o esquema da contraposição tradicional sujeito-objeto (e portanto, provavelmente, também indivíduo-coletividade). O homem superior da tradição ocidental, aquele que vimos ser definido em Kaufmann por meio das noções de estilo, de caráter, de domínio sobre o caos dos impulsos etc., é o herói trágico lukacsiano que experimenta, no momento privilegiado, a plena unidade de existência e significado, que se reconhece como um destino. Mas esse homem superior é justamente aquele que, no livro IV do *Zaratustra*, representa a última tentação para o anunciador do super--homem, tentação vencida com a ironia da dança e do canto do asno. O asno não diz sim como o herói trágico aceita, com toda a seriedade, o próprio destino, mas precisamente como o palhaço aceita as pancadas no circo. E tudo isso se fundamenta naquela nova relação entre eu e mundo que Bloch elabora, no *Prinzip Hoffnung*, por meio da noção de um "sujeito natural"[16], e que não se diferencia muito da visão dionisíaca nietzschiana do *Wille zur Macht* e da *ewige Wiederkehr des Gleichen*.

Como a crítica de Bloch à noção lukacsiana de trágico inspira-se em uma polêmica anticstética, na recusa de pôr o mundo do significado completo como outro mundo, a "esfera estética", ao lado daquele, inevitavelmente caótico, da vida cotidiana, assim a figura nietzschiana do super-homem e a visão do mundo que ela pressupõe não se deixam interpretar como meros mitos literários. Referir-se à leitura surrealista de Nietzsche e em geral ao espírito da vanguarda não deve significar encerrar o discurso do super-homem naquela "esfera estética" de que, antes das próprias vanguardas, Nietzsche foi um crítico radical. O super-homem nietzschiano, como o palhaço de Bloch, não apenas ri de todos os ti-

---

16. E. Bloch, *Il principio speranza* (1959), trad. it. de E. De Angelis e T. Cavallo, Milão, Garzanti, 1994.

pos superiores inventados pela tradição da moral ocidental, mas ri também e sobretudo daquele tipo de experiência superior que é, nessa tradição, a experiência estética como forma de atingir ilusoriamente, e por substituição, um domínio do puro significado desvinculado do da vida real. A experiência estética assim entendida é justamente um dos aspectos constitutivos do niilismo europeu. Relegar o super-homem nietzschiano ao mundo dos mitos literários é outra maneira de não aceitar sua novidade essencial em relação ao homem da tradição: ela permanece um fato estético, no sentido em que esse termo se consolidou na tradição, um momento interno à experiência do homem velho; pode, no máximo, testemunhar uma crise ou uma insatisfação desse homem, amenizar substitutivamente seus aspectos mais intoleráveis, mas não pode representar verdadeiras alternativas de existência.

A carga irônica que Zarastustra desfere contra os "homens superiores" da tradição não permite considerar o super-homem como realização e desenvolvimento extremo dessa tradição, e também não permite exorcizar sua carga subversiva reduzindo-o à proporção de um mito literário. Sua pretensão de realidade, sua vontade explícita de valer como projeto da experiência histórica de uma nova humanidade, impede qualquer solução conciliatória; por isso, não obstante a inaceitabilidade de seus resultados, o ponto de partida e o interesse decisivamente político da interpretação lukacsiana representam uma referência imprescindível. Ou o sonho do super-homem é apenas o produto de uma imaginação mórbida nascida da consciência pequeno-burguesa em decorrência da derrubada de seus ideais humanistas agora transformados em ruínas e fragmentos, e de qualquer modo não mais passíveis de ser propostos na sociedade capitalista avançada; ou, então, precisamente da condição de "exclusão" vivida por Nietzsche – nesse aspecto emblema de uma ampla categoria de intelectuais e artistas burgueses – pode nascer um projeto humano alternativo que, por ser mais atento às dimensões individuais, psicológicas e pulsionais da existência, pode oferecer ao movimento revolucionário do proletariado indicações válidas para a busca dos conteúdos morais alternativos que ele, por razões históricas e pelas próprias condições de exploração e de opressão, não foi capaz de elaborar. Uma síntese entre essas duas dimensões da consciência revolucionária, a econômico-política e a que chamaremos ético-existencial, foi vivida, mais ou menos explícita e conscientemente, nas vanguardas artístico-filosóficas dos anos 1920, e nos expoentes mais radicais e libertários do movimento político revolucionário daquele período. Essa unidade se rompeu, de fato, pelas vicissitudes atravessadas pelo movimento socialista após os desdobramentos da revolução na Rússia. Hoje, contudo, precisamente no interior do pensamento e do movimento político revolucionário, a exigência dessa síntese se faz sentir novamente. Isso, a meu ver, constitui também a premissa hermenêutica de uma recuperação do verdadeiro alcance renovador da doutrina nietzschiana do super-homem.

ARTE E IDENTIDADE.
SOBRE A ATUALIDADE
DA ESTÉTICA DE NIETZSCHE

1. Grande parte da discussão que se desenvolve hoje sobre o pensamento de Nietzsche[1] e sobre sua eventual atualidade tem como pano de fundo o problema do alcance de sua inversão do platonismo, ou seja, da metafísica ocidental na forma arquetípica que – de acordo com Nietzsche e de acordo com seus maiores intérpretes (sobretudo Heidegger) – determinou todos os seus desdobramentos sucessivos. Também o discurso sobre a possível atualidade de uma estética nietzschiana deve partir desse problema; aliás, no caso da estética, a referência a Platão mostra-se particularmente esclarecedora e significativa. Precisamente acerca da questão da arte parece claro – ao menos para nós – que a inversão nietzschiana do platonismo não é, como no fundo quer Heidegger[2],

---

1. Para um enquadramento mais amplo dos problemas interpretativos a que nos referimos aqui, permito-me remeter a meu livro *Il soggetto e la maschera*, cit. Neste ensaio, procuro apenas desenvolver algumas implicações estéticas dos resultados daquele trabalho geral.
2. Essa é a tese de todos os numerosos escritos heideggerianos sobre Nietzsche, e antes de tudo do *Nietzsche*, cit. Para a noção de "inver-

uma inversão interna, que deixa inalteradas as dicotomias e as oposições (sensível-inteligível, aparência-realidade etc.) estabelecidas por Platão, mas as retoma em sua própria base e as contesta radicalmente.

No limiar da estética ocidental está a famosa condenação platônica da arte imitativa formulada na *República*. A própria maneira como essa "condenação" foi transmitida na tradição ocidental, até para ser negada, como ocorre a partir de Aristóteles, é um exemplo do fato de que essa tradição quase sempre se moveu no interior das alternativas instituídas por Platão, sem questioná-las, mas até encobrindo-as e ocultando-as, em sua origem. De fato, da tese formulada por Platão nos livros III e X da *República* geralmente se considerou e se discutiu sobretudo o tema metafísico da distância que separa a imagem produzida pelo artista da ideia criada por Deus (*Rep.*, X, 597 b) e que degrada a obra de arte à cópia da cópia. Mesmo quando a esse tema se acrescenta seu corolário pedagógico (conhecer e apreciar a cópia da cópia só pode afastá-la do mundo das ideias), o centro do discurso platônico é sempre colocado na oposição entre o ser verdadeiro das ideias e o caráter de aparência da imagem, com a relativa subordinação hierárquica do conhecimento sensível e das emoções ao conhecimento intelectual. Outra importante vertente da estética platônica, também explicitamente ligada àquela desenvolvida na *República*, ou seja, o discurso realizado no *Íon* (o rapsodo e o poeta não são "técnicos", não falam com conhecimento de causa; a única fonte possível de sua fala

---

são" (*Umkehrung*) do platonismo, veja-se por exemplo a seção IX do ensaio "Oltrepassamento della metafisica", in M. Heidegger, *Saggi e discorsi* (1954), trad. it. de G. Vattimo, Milão, Mursia, 1976, pp. 50-1.

é uma misteriosa força que os inspira, uma loucura divina), costuma ser lida como simplesmente paralela à outra: a imitação não condenada com base no argumento da cópia da cópia, mas enquanto atividade que não se deixa enquadrar em uma moldura racional; ou então porque – como imitação dramática – implica a identificação de quem imita com pessoas ou atitudes baixas e indignas (*Rep.* III, 395 d ss.). Mas, para além dessa argumentação "moral", retomada no décimo livro em conexão com o argumento da cópia da cópia, há outra mais radical e geral, que liga mais coerentemente o discurso da *República* ao do *Íon*. A impossibilidade de definir a poesia como uma *téchne*, que é a conclusão do *Íon* e pode ser considerada um prelúdio à "condenação" da *República*, tem um peso negativo sobre a arte sobretudo porque não respeita a divisão dos papéis sociais. "No entanto, poderíeis afirmar ... que ele [o tipo imitativo, ou seja, dramático, de poesia] não se adapta à nossa constituição, porque não existe homem duplo de nós, nem múltiplo, uma vez que cada qual faz uma só coisa (...). Ao que parece, portanto, se a nosso estado chegasse um homem capaz por sua sabedoria de assumir qualquer forma e de fazer qualquer imitação, e quisesse apresentar-se em público com seus poemas, nós o reverenciaríamos como um ser sagrado, maravilhoso, encantador; mas lhe diríamos que em nosso estado não existe e não é lícito que exista semelhante homem; e o mandaríamos para outro estado com a cabeça espargida de perfumes e coroada de lã" (*Rep.*, III, 397 d-398 a). É verdade que imediatamente depois Platão parece limitar de novo a condenação às imitações que comportam identificação com aquilo que é mais baixo e mais vil (e veja-se também um pouco mais acima, 395 d ss.); mas essas linhas indicam um motivo mais geral e fundamental para condenar a arte imitativa, motivo já mencionado um pouco mais acima em termos extremamente explícitos: "E além disso, Adimanto, a natureza humana parece-me fracionada em pedaços ainda menores que esses [pouco acima admitiu-se que os próprios poetas não são sequer capazes de fazer boas imitações, nem trágicas nem cômicas], de modo que não é capaz de imitar bem inúmeras coisas, e de fazer aquelas mesmas coisas que se produzem com as imitações" (195 b). Na visão platônica do estado, e da natureza humana, "não existe e não é lícito que exista" alguém que se subtraia à lógica da divisão do trabalho; a divisão do trabalho corresponde a uma característica essencial da natureza humana. Um homem capaz de sair de si e de mergulhar em outros papéis, em outras individualidades, não existe; se parece existir, isso ocorre apenas no reino da imitação e da ficção poética. Desse modo, porém, a condenação da imitação como ficção e cópia de cópia se une à argumentação "técnica" do *Íon* através do nexo entre realidade verdadeira da natureza humana e divisão do trabalho. Aliás, no próprio *Íon* essa conexão é claramente anunciada; o motivo pelo qual não é possível definir tecnicamente a poesia é o fato de que a aparência que ela produz faz sair de si, antes do ouvinte, o próprio poeta e o rapsodo, e por isso não são estes que dispõem, segundo as regras, das palavras e das imagens, mas são estas que dispõem deles. A poesia apresenta-se assim, na experiência que fazemos dela, como uma espécie de potência autônoma da aparência, ou – poder-se-ia dizer – do significante, potência que se manifesta precisamente em nos fazer sair dos limites de nossa condição "real" (cf. 535 d); *por isso* ela não se deixa teorizar e reduzir a regras como uma *tékhne*.

A irredutibilidade da poesia ao modelo da divisão do trabalho[3] neste último sentido já se origina, portanto, do fato de a poesia, assim como esperamos que ela seja, ser por si só, constitutivamente, uma negação da divisão dos papéis, uma violação da fragmentariedade essencial da natureza humana. Mesmo quando limita a condenação da imitação poética, salvando o gênero narrativo e o gênero misto (ao qual coloca, porém, limites morais sobre os tipos de pessoa e de estados de espírito que pode representar), Platão tem sempre presente como modelo essencial da poesia a representação dramática, ou seja, aquela que faz sair de si; apenas porque a poesia narrativa e a mista implicam, no fundo, uma saída de si (aliás, o rapsodo de que fala o *Íon* canta e narra, não faz teatro trágico ou cômico), é necessário pôr limites morais ao tipo de histórias e de personagens que podem representar (cf. *Rep.* III, 398 a-b). Até mesmo a "propensão natural" do poeta para a esfera das emoções e não para o caráter inteligente e tranquilo (*Rep.* X, 605 a), antes que a seu desejo de agradar às massas, está ligada à essência que poderíamos chamar extática ou desidentificadora da poesia: o caráter inteligente e tranquilo, "sempre similar a si mesmo", não é fácil de imitar e não é simples de compreender. A poesia, que é antes de tudo experiência de desidentificação, do poeta e dos ouvintes, busca de preferência os objetos da própria imitação não no mundo do sempre igual, mas no âmbito do mutável e do diversificado: não no elemento do inteligível, mas na esfera do sensível.

Não é possível desenvolver aqui uma reconstrução completa da estética de Platão referente a esse conceito

---

3. A importância do modelo da divisão do trabalho no pensamento platônico foi corretamente sublinhada por G. Cambiano, *Platone e le tecniche*, Turim, Einaudi, 1971, pp. 170 ss.

"teatral" de imitação como desidentificação, nem discutir, como também seria necessário, a relação problemática que existe entre a loucura e o sair de si produzido pela poesia e pela aparência da arte e as formas de êxtase e de mania que Platão insere em função positiva em sua descrição do itinerário da alma às ideias (como na famosa passagem do *Fedro*, 265 b, em que a inspiração poética das Musas é uma das quatro formas do delírio divino, juntamente com a inspiração profética, a mística e o delírio do amor). O importante era apenas esclarecer que um componente decisivo da demasiado famosa condenação platônica da poesia e da arte é a conexão, que Platão pela primeira vez teorizou claramente, entre aparência poética e artística e desidentificação, saída de si, ruptura da divisão organizada dos papéis sociais. A tradição sucessiva – mas esta também é uma afirmação que deveria ser documentada à parte – quase sempre ocultou essa conexão: isolada de sua potência desidentificadora, a aparência produzida pela imitação poética ou artística se abriu para ser justificada como instrumento auxiliar de conhecimento ou de educação moral (é o que começou desde Aristóteles); enquanto o êxtase, isolado da aparência ou colocado apenas em relação com uma aparência já enfraquecida e submetida à verdade, foi desenvolvido apenas em sua função "positiva", como forma de acesso às estruturas profundas daquela ordem metafísica que sanciona e garante também, antes de tudo, a divisão dos papéis sociais, a identidade e a continuidade consigo mesmos. Antes de Nietzsche, talvez apenas Kierkegaard, em sua teorização da esteticidade como fase da descontinuidade existencial, encontrou o espírito da argumentação platônica, compartilhando porém até o fim seu significado de condenação.

2. A ocultação do vínculo entre aparência estética e desidentificação, ocultação que chegou a seu ponto alto em Hegel, pode ser considerada com razão um aspecto daquele esquecimento (do ser?) que, segundo Heidegger, constitui a metafísica. É natural que qualificar a metafísica, como faz Nietzsche, também e sobretudo em relação à ocultação da ligação arte-desidentificação significa colocar-se profundamente fora do espírito das teses heideggerianas, e talvez também revelar, ao colocar o "ser" entre parênteses e acompanhá-lo de um ponto de interrogação, as permanentes nostalgias metafísicas. A recordação do esquecido vínculo platônico entre aparência estética e negação da identidade e do sistema dos papéis é o sentido fundamental da estética nietzschiana. Estamos bem distantes de considerar que se possa falar de uma "estética de Nietzsche" como um conjunto coerente, unitário e claramente reconhecível; mas até mesmo os problemas que essa expressão imediatamente evoca fazem parte, como qualificadores de seu conteúdo, da problemática "estética nietzschiana". Antes de tudo porque a progressiva confusão dos limites do problema estético no desenvolvimento do pensamento de Nietzsche – do *Nascimento da tragédia*, que é ainda um livro "de estética", às reflexões sobre a arte e os artistas de *Humano, demasiado humano* e depois às notas do *Nachlass* e à "vontade de potência como arte" – só pode ser interpretada de maneira satisfatória à luz da hipótese de que a experiência estética é para Nietzsche um modelo que, definindo-se inicialmente com referência ao problema da tragédia e da relação palavra-música, vai se generalizando à medida que se radicaliza a crítica de Nietzsche à metafísica platônico-cristã e à civilização que com base nela se fundou. Nessa crítica, "a arte das obras de

arte"[4], em que o Nietzsche jovem ainda parecia acreditar com sua confiança em um renascimento da tragédia por meio da revolução musical de Wagner, passa a se ver cada vez mais envolvida com o destino da metafísica, da moral e da religião; é também ela um aspecto do niilismo, um daqueles fenômenos de que agora nos distanciamos. No entanto, se a partir de *Humano, demasiado humano* fica claro que a arte das obras de arte não pode ser o modelo e nem sequer o ponto de partida para uma nova civilização trágica, também se evidencia que a arte, assim como se determinou na tradição europeia, tem um caráter ambíguo: nem tudo dela está destinado a perecer com a desvaloração dos valores supremos; só por isso a arte ainda tem um peso tão determinante nas obras da maturidade de Nietzsche, do *Zaratustra* às notas póstumas de *A vontade de potência*. O fato é que na arte – mesmo através de todas as mistificações e distorções moralistas que Nietzsche revela em suas análises – manteve-se vivo um resquício daquele elemento dionisíaco de cujo renascimento depende o renascer de uma civilização trágica (*Incipit tragoedia* é o título do último aforismo do quarto livro da *Gaia ciência* em que se anuncia pela primeira vez o *Zaratustra*).

Tudo isso, porém, diz respeito ao problema "filológico" da definição de uma estética nietzschiana, ou seja, o problema de identificar no pensamento de Nietzsche um núcleo de proposições sobre a arte e de estabelecer um vínculo entre elas e suas outras doutrinas e com seu desenvolvimento. Do ponto de vista que nos interessa aqui, essa reconstrução é menos importante que focalizar essa conexão característica, já explicitamente teorizada no *Nascimento da tragédia*, entre aparência estética e negação da identidade.

---

4. Cf. *A gaia ciência*, 89.

O fenômeno do trágico, como é definido no *Nascimento da tragédia*, é, quanto à descrição, profundamente análogo à poesia como Platão a caracterizava no *Íon* e na *República*. Como em Platão a imitação poética é interpretada antes de tudo em referência ao fato de ela produzir aparências (imitações, cópias de cópias) e depois, mais profundamente, em relação ao fato de ela produzir uma saída da identidade (tendo entre esses dois polos a decisiva etapa intermediária da irredutibilidade do ofício do poeta ao modelo da divisão do trabalho), assim na obra de Nietzsche sobre a tragédia a produção da aparência estética (o mundo das belas formas apolíneas) é atribuída ao impulso dionisíaco, que só pode ser definido como impulso à negação da identidade. O dionisíaco vive inteiramente do horror e do extático arrebatamento produzido pela violação do *principium individuationis*. Para os dominados por Dioniso, "não apenas se estreita o vínculo entre homem e homem, mas também a natureza alheada, hostil e subjugada celebra novamente sua festa de reconciliação com seu filho perdido, o homem... Agora o escravo é homem livre, agora desmoronam todas as rígidas e hostis delimitações que a necessidade, o arbítrio ou a 'moda despudorada' estabeleceram entre os homens. Agora, no evangelho da harmonia universal, cada um se sente não apenas reunido, reconciliado, fundido com seu próximo, mas até mesmo um deles, como se o véu de Maia fosse rasgado e agora oscilasse ao vento em farrapos diante da misteriosa unidade originária"[5]. O núcleo das festas dionisíacas consistia quase em todos

---

5. *La nascita della tragedia*, in *Opere*, vol. III, tomo I, cap. 1. De agora em diante, apenas para este capítulo, as citações a essa obra serão indicadas entre parênteses no texto, com a sigla GdT seguida do número do capítulo.

os lugares "em uma desenfreada licença sexual, cujas ondas varriam qualquer sentido da família e seus venerandos cânones" (GdT, 21): embora este último elemento diga respeito, no texto, apenas ao dionisíaco bárbaro, precisamente poucas linhas depois Nietzsche adverte que também na cultura grega, em sua raiz mais profunda, a certa altura surgem instintos semelhantes. O dionisíaco só pode realizar-se como reconciliação do homem com sua natureza e com os outros na unidade originária apresentando-se antes de tudo como ruptura violenta de todos os "venerandos cânones" em que se sustenta a sociedade, ou seja, antes de tudo do *principium individuationis* em todos os seus significados.

Tudo o que se diz do dionisíaco vale para o trágico porque o trágico não é, como parece a partir de muitos enunciados explícitos de Nietzsche, uma síntese equilibrada de dionisíaco e apolíneo. O elemento dionisíaco, no *Nascimento da tragédia*, é privilegiado em relação ao apolíneo, e a tragédia é o triunfo final do espírito dionisíaco. Isso poderia ser atestado por numerosos documentos, tanto internos à obra sobre a tragédia como vinculados a todo o desenvolvimento de Nietzsche. Estes últimos podem ser inteiramente resumidos na função essencial que a tragédia e Dioniso continuam a ter até os últimos escritos, ao passo que Apolo é uma figura que desaparece. Mas no interior do próprio escrito sobre a tragédia, até mesmo contra as próprias intenções explícitas de se manter fiel ao esquema da síntese (Apolo e Dioniso geram a tragédia como a dualidade dos sexos preside à reprodução: GdT, 1) e, por meio dele, a Schopenhauer, Nietzsche confere claramente a preeminência e uma originariedade mais radical ao dionisíaco. Assim, na conclusão do capítulo 21, no qual analisou *Tristão*,

Nietzsche dissipa qualquer dúvida sobre como se deve entender o efeito abrangente da tragédia: "Se a partir de nossa análise tivéssemos de concluir que, com seu engano, o elemento apolíneo da tragédia obteve plena vitória sobre o elemento dionisíaco originário da música, e que utilizou esta última para suas finalidades, quer dizer, para um maior esclarecimento do drama, ainda assim seria preciso acrescentar uma restrição muito importante: no ponto mais essencial, aquele engano apolíneo é quebrado e anulado. O drama, que com a ajuda da música se estende diante de nós com uma clareza interiormente luminosa de todos os movimentos e figuras, como se víssemos nascer o tecido no tear através dos movimentos para cima e para baixo, atinge, em seu todo, um efeito que está *além de qualquer efeito artístico apolíneo*. No efeito abrangente da tragédia, o dionisíaco toma novamente a dianteira; ela se encerra com um tom que jamais poderia ecoar no reino da arte apolínea. E com isso o engano apolíneo se mostra como o que é, como o véu que, por toda a duração da tragédia, encobre constantemente o efeito dionisíaco propriamente dito: o qual é, contudo, tão forte que, ao final, lança o próprio drama apolíneo em uma esfera em que ele começa a falar com sabedoria dionisíaca, e em que nega a si mesmo e à sua visibilidade apolínea. Desse modo, a difícil relação entre o apolíneo e o dionisíaco poderia realmente ser simbolizada na tragédia com uma ligação de irmandade entre as duas divindades: Dioniso fala a língua de Apolo, mas no final Apolo fala a língua de Dioniso. Com isso se alcança o objetivo supremo da tragédia e da arte em geral" (GdT, 21; cf. também o cap. 22).

Os dois princípios, que no primeiro capítulo eram comparados ao elemento masculino e feminino da geração, aqui tornaram-se irmãos; mas sua irmandade não é de fato igualitária: sem dúvida, Dioniso fala a língua de Apolo, mas *no final* Apolo fala a língua de Dioniso e *com isso* se alcança o objetivo supremo de todas as artes.

A imagem dos dois princípios da geração e agora a da irmandade, contudo, correm o risco de produzir nos intérpretes um equívoco do qual o próprio Nietzsche só se libertou nas obras subsequentes ao *Nascimento da tragédia*, e que ele, embora em termos diferentes, assinala na "Tentativa de autocrítica" colocada no início da terceira edição da obra em 1886. Nesse novo prefácio, Nietzsche reconhece que nessa obra tentara expressar penosamente, "com fórmulas schopenhauerianas e kantianas, estranhas e novas valorações, que contrastavam radicalmente com o espírito de Kant e de Schopenhauer, assim como com o gosto deles" (§ 6); as linhas imediatamente seguintes mostram que aquilo em que as valorações de Nietzsche se distanciam das de Schopenhauer é a recusa da resignação como substância e resultado da experiência do trágico: "Quão diversamente falava Dioniso comigo!, quão longe de mim se achava justamente então todo esse resignacionismo!" Mas o "resignacionismo" de Schopenhauer baseia-se em uma precisa concepção metafísica da relação entre coisa em si e aparência, relação reconhecida e aceita como fundamentalmente imodificável. Agora, porém, se Dioniso e Apolo são como o pai e a mãe na geração, e como dois irmãos, será que isso não significará que também para Nietzsche, no fundo, o mundo das aparências é produzido por uma "dialética" substancialmente imutável dos dois princípios, e que a arte, como de fato ocorre em Schopenhauer, não tem outro valor a não ser o de ser número, representação, encenação dessa dialética originária, tão imodificável quanto os esquemas familiares a que aludem as duas metáforas usadas por Nietzsche? Neste caso, porém, não se fugiria da resignação metafísica pregada por Schopenhauer, enquanto é precisamente contra ela que Nietzsche põe em guarda. Esse é um equívoco bem presente em algumas interpretações recentes de Nietzsche, que precisamente a partir da metáfora familiar e sexual se deixam levar para uma leitura nitidamente metafísica e schopenhaueriana da relação Dioniso-Apolo, da tragédia e da arte[6].

Caso se deseje levar a sério a advertência formulada por Nietzsche no prefácio de 1886, é preciso referir-se de preferência a uma outra série metafórica igualmente relevante na descrição das relações Dioniso-Apolo: a que os vê como potências em guerra uma contra a outra, as quais chegam a um acordo e a um tratado de paz, mas, como se vê a partir da conclusão do discurso sobre *Tristão* que mencionamos anteriormente, nem por isso deixam de tentar prevalecer e de estabelecer cada uma o seu predomínio. O conteúdo antisschopenhaueriano do escrito sobre a tragédia tem sua base aqui; não existe resignação, para Nietzsche, porque não existe uma estrutura fixa da relação entre Dioniso e Apolo, entre coisa em si e aparência; aliás, como Nietzsche cada vez mais perceberá nos escritos sucessivos (a partir do importante inédito *Sobre verdade e mentira em sentido extramoral* de 1873[7]),

---

6. Aludimos principalmente às obras de B. Pautrat, *Versions du soleil. Figures et système de Nietzsche*, Paris, Seuil, 1971; J. M. Rey, *L'enjeu dês signes. Lecture de Nietzsche*, cit., 1971; S. Kofman, *Nietzsche et la métaphore*, cit., Payot, 1972. Pelo relevo exemplar que eles assumem no quadro de uma leitura de Nietzsche inspirada em Derrida, voltaremos a esses trabalhos mais adiante.

7. *Opere*, vol. III, tomo 2.

a própria dicotomia entre mundo verdadeiro e mundo aparente já é interna a uma determinada configuração histórica do equilíbrio de forças entre Dioniso e Apolo. De um ponto de vista rigorosamente schopenhaueriano não se poderia falar de nascimento, morte e renascimento do trágico, ao menos no sentido radical que Nietzsche dá a esses termos. A tragédia pode morrer – o que ocorre com a imposição do otimismo socrático e, depois, de toda a moral platônico-cristã – só porque se instaura *historicamente* um predomínio de Apolo sobre Dioniso; e pode-se pensar no renascimento do trágico só porque historicamente existem hoje os sinais – Kant e Schopenhauer também fazem parte deles – de que o predomínio de Apolo pode inverter-se. O destino da dicotomia entre coisa em si e fenômeno, tanto dos limites que os separam quanto da própria identificação dos dois termos, depende totalmente dos resultados daquela luta. Até o fim, Nietzsche concebe o próprio pensamento como aspecto da luta entre Dioniso e seu inimigo, que deixou de ser Apolo – de acordo com a expressão do *Ecce homo* – para se tornar o Crucificado: "Fui compreendido? – *Dioniso contra o Crucificado...*"[8] O Crucificado é Jesus Cristo na medida em que se tornou símbolo do mundo cristão; também ele, como Apolo e Dioniso, é um nome histórico no sentido mais amplo do termo; não o nome de um indivíduo, mas de uma civilização como hierarquia de forças, de uma força que, impondo-se, deu lugar a um mundo. Nessa perspectiva, o uso nietzschiano do nome de Dioniso, que se estende do escrito da juventude sobre a tragédia até as últimas obras, é muito mais que um recurso literário, mas também é mais que a adoção de uma

---

8. É, como se sabe, a última frase de *Ecce homo*.

terminologia mitológica mais apta para expressar, com a ambiguidade própria da imagem "poética", a duplicidade originária⁹, algo que ainda estaria no horizonte schopenhaueriano. A mitologia a que pertence Dioniso, como aquela simbolizada pelo Crucificado, é uma determinada mitologia histórica. O recurso às figuras mitológicas não responde à exigência de substituir a terminologia metafísica por uma terminologia mais adequada, por ser mais móvel e ambígua (quanto dessa ideia é ainda tributário de uma contraposição entre mito e *lógos*, entre imagem e conceito, que é precisamente um dos fundamentos da metafísica?); o caráter não metafísico e suprametafísico desses nomes reside em sua historicidade: Apolo, Dioniso, o Crucificado são figuras mitológicas: mas não pertencem a um repertório pretensamente imóvel das imagens míticas, e sim àquela mitologia que determinou historicamente as bases do nosso mundo.

Se se deseja ler *O nascimento da tragédia* de acordo com suas linhas de desenvolvimento mais específicas (desenvolvimento da obra e desenvolvimento, além desta, do pensamento de Nietzsche), é preciso levar a sério a rejeição nietzschiana da resignação. Mas essa rejeição coincide com sua assunção da luta entre Dioniso e Apolo como luta histórica. As imagens que insistem no parentesco dos dois "princípios" (as aspas agora são necessárias; seria melhor dizer figuras) são desviantes, também elas pertencem àquelas fórmulas schopenhauerianas e kantianas de que fala o prefácio de 1886. São mais fiéis às genuínas intenções de Nietzsche as páginas que falam da luta entre Dioniso e Apolo como luta de estir-

---

9. Nesse sentido a figura de Dioniso em Nietzsche é interpretada, por exemplo, por B. Pautrat, *Versions du soleil*, cit., pp. 123 ss.

pes, de povos, de ordens sociais e políticas diferentes: a parte conclusiva do quarto capítulo do *Nascimento da tragédia* esboça até uma subdivisão da história grega antiga em quatro períodos, que não são apenas períodos de história da arte, mas correspondem a momentos diferentes no âmbito da história político-social[10]. Aliás, à imagem diretriz da luta corresponde, já no segundo capítulo, a ideia de que o ditirambo dionisíaco grego, que é a primeira origem remota da tragédia, nasceu de um tratado de paz entre o Apolo dos gregos e o Dioniso dos bárbaros. Esse tratado de paz "foi a reconciliação de dois adversários, com a rigorosa determinação das linhas fronteiriças que de agora em diante deveriam ser respeitadas, e com o intercâmbio periódico de presentes honoríficos; no fundo, o abismo não havia sido superado. Mas, se consideramos a manifestação da força dionisíaca sob a influência daquele tratado de paz, na orgia dionisíaca dos gregos vislumbramos agora, comparando-a com as já citadas Sáceas babilônicas e com a regressão nelas do homem a tigre e a macaco, o significado de festas de redenção do mundo e de dias de transfiguração" (GdT, 2). Mesmo no tratado de paz, o abismo entre as duas divindades persiste, confirmando sua recíproca autonomia de forças históricas. Sem tal autonomia, de resto, não seria pensável nem sequer o dionisíaco bárbaro, a que Nietzsche alude também na passagem que acabamos de reproduzir, e que pressupõe a possibilidade de haver um dionisíaco puro, antes de qualquer encontro e pacto com Apolo. Sem dúvida, é um fenômeno "regressivo", no qual o homem volta ao nível do tigre e do ma-

---

10. A respeito disso, cf. também o início de *O nascimento da tragédia*, 18.

caco; mas sua simples possibilidade, se vinculada com a historicidade do caso das relações Dioniso-Apolo (morte e possível renascimento da tragédia), serve pelo menos para suspender a obviedade e pretensa naturalidade (a mesma pretensa naturalidade do esquema parental de que Nietzsche retira suas metáforas) com que se tende a apresentar essa relação. Se é ao menos possível um dionisíaco totalmente bárbaro e se, sobretudo, a luta Dioniso-Apolo pode dar lugar a diversas configurações históricas, testemunhadas pelos casos da tragédia, então o pacto de que nasce o ditirambo dionisíaco e depois a tragédia ática não é *a* cena originária, o momento *não histórico* do surgimento de *todo* mundo simbólico. Para isso, porém, a noção de pacto não deve ser isolada da noção da possível modificabilidade histórica da relação de forças Dioniso-Apolo; do contrário, o pacto que dá lugar ao ditirambo e à tragédia torna-se simples repetição da cena originária em que o homem constituiu-se já-sempre como animal simbólico, e as histórias do trágico e da arte em geral também não passam de repetições, cuja função só pode ser compreendida no quadro de uma perspectiva terapêutica que, no fundo, tem sempre a resignação schopenhaueriana[11].

O pacto em que Dioniso e Apolo chegam a uma primeira conciliação, que no entanto ainda os deixa subsistir como forças antagonistas, é aquele de que nasce o ditirambo dionisíaco como mundo simbólico. *Em relação a este*, o dionisíaco bárbaro só pode aparecer como uma regressão à animalidade; mas essa regressão tem toda a

---

11. Isso fica claro nas páginas dedicadas a Nietzsche e Freud por B. Pautrat, *Versions du soleil*, cit., especialmente p. 147; cf. também J. M. Rey, *L'enjeu des signes*, cit., p. 71.

ambiguidade própria da noção de "bárbaros", os quais, para a cultura que inventou o termo e o conceito, constituem a zona que ultrapassa o limite de nossa humanidade; mundo do desumano, mas também sempre mundo de uma outra humanidade, que pode suspender a segurança de si da civilização "culta". Essa ambiguidade está inteiramente presente na noção nietzschiana de um dionisíaco bárbaro: ele representa uma regressão abaixo do humano; mas, por outro lado, também funda o caráter não natural, portanto histórico e mutável, do mundo dos símbolos dentro do qual se move o homem grego e em que nós ainda nos encontramos. Essa segunda função, o dionisíaco bárbaro – mas, precisamente, o dionisíaco *tout court*, porque não é senão o dionisíaco puro –, não a exerce apenas ou antes de tudo enquanto conceito-limite, que produz a consciência da historicidade do mundo que está dentro dos limites da cultura, mas sim sobretudo enquanto, como força com que Apolo estabeleceu um pacto e que foi admitida dentro desses limites, agita e conturba a própria província de Apolo, o mundo das formas. Depois de entrar em acordo com Dioniso, Apolo já não está em segurança. Isso significa que o mundo das formas nascido da conciliação de Dioniso e Apolo, o mundo do ditirambo, da tragédia, e em suma todo o mundo dos símbolos artísticos, é movido e agitado pela força de Dioniso; no fim (de acordo com a conclusão do capítulo já citado) é Dioniso quem se apodera dele, e nisso reside o efeito supremo de toda arte. O pacto não dá lugar a uma verdadeira pacificação, mas constitui apenas as condições de um novo conflito. O pensamento de Nietzsche, portanto, não se resume em um esquema de oposição entre uma condição sub-humana ou pré-humana, a da dionisíaca bárbara em que não há nada de Apolo, ou seja, não existe forma, simbolização, e uma condição humana, em que o dionisíaco se dá forma, se concilia com Apolo e dá lugar ao mundo da arte e também à civilização do discurso e do conceito; no interior dessa civilização, Dioniso estaria presente como princípio vivificante e Apolo como deus do limite, da clareza, da forma. No entanto, o caráter sub-humano do dionisíaco bárbaro é bastante dúbio, só parece tal a partir do interior do mundo simbólico nascido do pacto. Mas depois, sobretudo, dentro desses mesmos limites a luta se reacende; se o ditirambo e a tragédia representam as fases em que, na situação estabelecida pelo pacto, Dioniso consegue se impor sobre Apolo, a morte da tragédia por causa de Sócrates e Eurípides impõe, ao contrário, o predomínio absoluto de Apolo, e o dionisíaco desaparece (quase totalmente, se vale o que dissemos acima sobre a arte como âmbito de um resquício dionisíaco mesmo na civilização platônico-cristã). No ditirambo dionisíaco, o domínio de Dioniso sobre Apolo manifesta-se como pressão que tende a multiplicar os símbolos e a pôr em jogo em sua produção todas as faculdades do homem, e isso não no interesse das formas, mas no interesse da negação das distinções, no interesse da alienação de si (*Selbstentäusserung*). "No ditirambo dionisíaco o homem é incitado à máxima intensificação de todas as suas faculdades simbólicas; algo jamais sentido empenha-se em se manifestar, a destruição do véu de Maia, a unificação como gênio da espécie, ou melhor, da natureza. Agora a essência da natureza deve expressar-se simbolicamente; é necessário um novo mundo de símbolos, e sobretudo todo o simbolismo do corpo, não apenas o simbolismo da boca, do rosto, da palavra, mas também toda a mímica da dança, que move ritmicamente todos os membros

(...). Para compreender esse desencadeamento total de todas as capacidades simbólicas, o homem já deve ter atingido aquele vértice de alienação de si que deseja expressar-se simbolicamente naquelas capacidades" (GdT, 2). Essa não é a descrição de uma "síntese" entre Apolo e Dioniso, mas – como se diz explicitamente no próprio capítulo 2 – da orgia dionisíaca grega, ou dos "gregos dionisíacos" enquanto distintos dos bárbaros dionisíacos. Quando se leva em conta que esse modelo do ditirambo também é válido, em última instância, para a tragédia – em que no final Apolo fala a língua de Dioniso – e para qualquer arte, fica claro que a arte, mais que em termos de síntese entre Apolo e Dioniso, pode ser descrita como "orgia dionisíaca grega", ou seja, como uma dionisíaca que – diferentemente da bárbara – dá lugar a um mundo de formas, a símbolos; mas essas formas são imediatamente subtraídas ao domínio de Apolo; quando Apolo restabelece a própria soberania, morre a tragédia e a arte também perece. O que caracteriza a simbolização dionisíaca do ditirambo, da tragédia, da arte é apenas a negação do princípio de individuação, que se manifesta no desencadeamento de todas as faculdades simbólicas de uma forma tão radical que comporta também, necessariamente, a saída de si mesmos.

Essa noção de uma dionisíaca grega, que produz símbolos e ainda assim permanece dionisíaca, é muito importante por ser o único caminho que dá a Nietzsche a possibilidade de pensar a diferença do mundo das formas artísticas a partir da linguagem conceptual-comunicativa e, sobre essa base, imaginar o modelo de uma civilização supra-humana, em que a libertação da escravidão da razão socrática não seja equivalente simplesmente à regressão na animalidade da dionisíaca bárbara. O pacto de que nasce o ditirambo estabeleceu apenas uma nova condição da luta entre Dioniso e Apolo; a partir de agora, a luta se desenvolve no mundo dos símbolos. O símbolo não é síntese e pacificação; nem âmbito de um movimento rítmico em que, dependendo do caso, prevaleça um ou outro dos dois adversários, a vida e a forma, de acordo com um esquema "vitalista" que no entanto, enquanto ordenado, ainda seria sempre apenas uma configuração apolínea. Ao contrário, verificam-se diversas configurações do mundo simbólico, diferentes formas de funcionamento dos símbolos e da relação que o homem tem com eles, como produtor e como "fruidor", dependendo de vigorar a supremacia de Dioniso ou de Apolo.

Por isso, também o longo inédito *Sobre verdade e mentira em sentido extramoral* deve ser lido como um discurso "histórico", e não como a descrição da gênese ideal da linguagem. É um escrito pouco posterior ao *Nascimento da tragédia*, e em parte pode-se aplicar também a ele aquilo que a "Tentativa de autocrítica" de 1886 diz sobre a persistência de formas schopenhauerianas juntamente com conteúdos aos quais na verdade não mais se adaptavam. A advertência contra a resignação schopenhaueriana, neste caso, prescreve que se interprete todo o discurso como a descrição do surgimento de um outro mundo de símbolos, em que a supremacia não pertence a Dioniso, mas a Apolo. Aqui, de fato, os símbolos não nascem mais da embriaguez que desencadeava todas as capacidades de simbolização no seguidor ditirâmbico de Dioniso. Aqui, a cena originária é outra: o animal homem ameaçado por todos os lados pelas forças da natureza e pelas insídias dos outros homens na selva primitiva, que inventa como único meio de defesa a simulação e a dissimulação. Entre as ficções que nascem assim está a linguagem, como meio para dar uma certa estabilidade, através de generalizações redutivas, ao mundo da experiência, e também como meio de se comunicar com os outros, em conexão com um pacto social em que o homem, por tédio e por necessidade, decide começar a viver em rebanho: é aqui que, pelas exigências da colaboração social, se estabelecem designações das coisas válidas para todos; essas designações, que são nomes arbitrários, metáforas, tornam-se "verdadeiras" e são impostas a todos os que querem fazer parte daquela sociedade. É com base nessa instituição inicial que depois se desenvolve todo o mundo dos conceitos, no qual agora não é mais lícito inventar livremente novas metáforas, mas só se podem usar e articular de maneira cada vez mais organizada as existentes: a ciência "trabalha incessantemente naquele grande columbário dos conceitos – cemitério das intuições", esforçando-se para ordenar nele toda a experiência. No entanto, nesse mundo, que na linguagem do escrito sobre a tragédia seria chamado socrático e apolíneo, sobrevive ainda o impulso à ficção não regulamentada socialmente, à livre produção de metáforas de que nasciam as ficções do homem primitivo "antes" da fundação da sociedade; e esse impulso "busca um novo campo de ação, um outro leito para sua corrente, e encontra tudo isso no mito, e em geral na arte. Confunde continuamente as rubricas e os compartimentos dos conceitos, apresentando novas transposições, metáforas, metonímias; continuamente revela o desejo de dar ao mundo subsistente do homem acordado uma figura tão diversificada, irregular, desprovida de consequências, excitante e eternamente nova como a dada pelo mundo do sonho..." (cap. 2).

Sem a orientação da tomada de posição de 1886 contra a resignação schopenhaueriana, todo esse discurso sobre o surgimento da linguagem poderia ser lido de maneira "conciliatória", como um enésimo exemplo do parentesco "originário" de Dioniso e Apolo e como descrição do modo de funcionar eterno do mundo dos símbolos. O pacto social, de que não se pode realmente imaginar um "antes", é também surgimento da linguagem lógica como conjunto de regras válidas para todos no uso de um certo tipo de metáforas, as palavras, que a partir daquele momento são elevadas à dignidade de "verdades"; daquele momento em diante, as outras formas de simbolismo são confinadas no mundo da "poesia", como mundo de relativa liberdade, mas também menos verdadeiro e menos "sério".

A tal interpretação conciliatória se opõe, fundamentalmente, apenas o caráter de luta histórica que, já implicitamente no *Nascimento da tragédia*, e depois cada vez mais claramente nas obras sucessivas, até a teorização do *Übermensch*, Nietzsche confere ao conflito Dioniso-Apolo. Mas o confronto entre o escrito sobre a tragédia e o inédito de 1873 também apresenta muitas dificuldades para quem desejasse estabelecer uma estrita analogia entre o impulso à simbolização que dá lugar às orgias dionisíacas, gregas e bárbaras e o impulso para mentir, por necessidade de defesa, que, ao contrário, move a criação de ficções de que fala o escrito sobre a verdade e a mentira. Nesse estado de necessidade e de perigo, em que a ficção se apresenta como um meio inventado pelo intelecto para a conservação do indivíduo, não há nada da embriaguez dionisíaca, que era antes de tudo esquecimento da individualidade e até de suas necessidades de sobrevivência; nada que permita pensar até na simples possibilidade da música. Insistir no fato de que o impulso do homem dionisíaco à simbolização é também ele, fundamentalmente, movido pelo sofrimento primordial, pelo terror do caos originário, e ver nele a analogia com a necessidade vital que move a criação de ficções de que nasce a linguagem comunicativa significa ainda interpretar a plenitude dionisíaca em um sentido exclusivamente schopenhaueriano, enquanto já no *Nascimento da tragédia* Nietzsche insiste não só no terror, mas também no "extático arrebatamento" que invade o homem diante da suspensão e da violação do *principium individuationis*.

Mas a dificuldade de interpretar de modo unitário o nascimento do símbolo como é descrito na obra sobre a tragédia e depois no ensaio sobre verdade e mentira não é uma dificuldade teórica, passível de ser eventualmente resolvida (embora isso deva ser levado em conta) em referência ao desenvolvimento por que passou o pensamento de Nietzsche nos anos que separam os dois escritos. A dificuldade está antes ligada ao fato de que também esses dois escritos apresentam a luta entre Dioniso e Apolo de um ponto de vista que está ligado a uma determinada fase dessa luta, a fase em que Nietzsche sente viver, uma situação em que Apolo é predominante, mas já se anunciam sinais de uma possível inversão das posições. Pode-se dizer, então, que o ensaio sobre verdade e mentira descreve um mundo simbólico "apolíneo", quer enquanto dominado pelo *principium individuationis*, pela hierarquia dos conceitos e, em última instância, pela hierarquia social[12], quer enquanto a própria descrição é

---

12. A fixação das metáforas válidas universalmente é também estabelecimento de normas que se impõem aos indivíduos como "obrigação de se servir das metáforas usuais", "obrigação de mentir segundo

conduzida a partir de um ponto de vista apolíneo, por estar dominada pela ideia de que o homem só pode se salvar das ameaças da natureza e dos outros homens refugiando-se em um sistema de símbolos definidos e estáveis – sejam eles palavras, regras gramaticais ou instituições sociais. A continuidade desse ensaio com o *Nascimento da tragédia* estaria, então, em que o escrito sobre verdade e mentira analisa o mundo dos símbolos como é constituído após a morte da tragédia e reconstrói também suas origens do ponto de vista apolíneo que tomou a dianteira com o triunfo do otimismo socrático. No entanto, nem um nem outro escrito exprimem uma situação de pacífico predomínio de Apolo. O estudo sobre a tragédia via explicitamente na música de Wagner, mas, antes, na filosofia de Kant e de Schopenhauer, os sinais de um renascimento do dionisíaco; desse modo, colocava-se conscientemente em um momento de crise e pretendia participar ativamente da luta pela volta de uma civilização trágica. O ensaio sobre verdade e mentira, não obstante seu desenvolvimento mais "descritivo", também não esboça um quadro estável e pacífico do mundo simbólico; aliás, talvez até mesmo mais claramente que o escrito sobre a tragédia, indica o elemento que perturba a ordenada sistematicidade do mundo simbólico socialmente padronizado. Esse elemento é o excesso da faculdade simbólica, metafórica, criadora de ficções, em re-

---

uma sólida convenção, ou seja, de mentir como convém a uma multidão, em um estilo obrigatório para todos" (*Sobre verdade e mentira*, cap. 1). A linguagem, de resto, é função do trabalho social e, portanto, é ela própria um aspecto da divisão dos papéis que o trabalho social comporta. A *Genealogia da moral* desenvolverá mais explicitamente essa conexão entre "obrigatoriedade" das regras da linguagem, e da lógica, e domínio social de indivíduos ou grupos sobre outros.

lação às exigências da sobrevivência que foram atendidas na criação da linguagem comunicativa e da distinção social entre verdadeiro e falso. É esse excesso que impede tanto o pacífico e perfeitamente estável funcionamento do mundo dos símbolos com base no modelo da colmeia quanto – da parte de Nietzsche e de nossa parte – uma interpretação puramente utilitarista e pragmatista da origem e da natureza da linguagem. Se o problema a que a criação dos símbolos deve responder fosse apenas o de garantir a sobrevivência do homem por meio da imposição de esquemas estáveis ao mundo da experiência e por meio da fixação de um sistema funcional de comunicação e de cooperação social, o impulso para produzir novas mentiras, novas metáforas e para desorganizar continuamente as rubricas e os compartimentos do mundo das palavras e dos conceitos não teria mais razão de ser e não poderia encontrar uma explicação na teoria. O fato de esse impulso ocorrer não apenas perturba a vida organizada da colmeia do mundo dos conceitos, mas repercute sobre a própria teoria, na medida em que leva a suspeitar que a atividade metafórica, a produção de ficções e de mentiras não possa ser explicada originariamente – como o era na hipótese – como um instrumento inventado pelo intelecto com meras finalidades de defesa e de sobrevivência. No entanto, Nietzsche não afirma essa consequência, e com razão, porque, se o fizesse, se envolveria de novo em uma discussão de tipo metafísico sobre essências, princípios, origens, precisamente aquela discussão que ele deseja evitar adotando os nomes históricos de Dioniso, Apolo e do Crucificado. Ele prefere o esquema – que seria extremamente fraco avaliado à luz de uma lógica metafísica – do excesso: a ficção, mesmo nascida "originariamente" para fins utilitários, uma vez realizadas essas tarefas adquire autonomia e até se revolta contra os padrões de ordem que ela mesma estabelecera. No entanto, poder-se-ia inserir também esse excesso da faculdade metafórica em um esquema pragmatista ou positivista, com base no modelo da noção de jogo elaborada por Spencer; mas a função central que o excesso assume em toda a teoria nietzschiana do niilismo e da *Überwindung* de que deve nascer o *Übermensch* aconselharia, quando muito, o procedimento oposto, ou seja, o de ler também uma noção como a spenceriana de jogo no quadro do processo de autodestruição da metafísica e da moral platônico-cristã, que Nietzsche chama de niilismo e que não se caracteriza, precisamente, como processo de inversão dialética, mas como manifestação de um excesso.

Excesso é o termo que resume a historicidade radical e o caráter antimetafísico do discurso de Nietzsche. A lógica do discurso metafísico pode chegar no máximo a produzir e aceitar – em seu esforço de incluir e exorcizar a historicidade – o esquema do processo dialético, ou seja, de um movimento que pouco a pouco inverte as próprias configurações em vista da recuperação enriquecida e aprofundada, na própria *arché*. Sob esse ponto de vista, o escrito sobre a verdade e a mentira representa um importante passo adiante em relação ao *Nascimento da tragédia*: lá podia ainda subsistir, juntamente com outros equívocos metafísicos gerados pela linguagem kantiana e schopenhaueriana, também o perigo de considerar o renascimento da tragédia como um retorno, dialético, à origem, uma restauração da civilização grega. Precisamente nos anos sucessivos ao escrito sobre a tragédia, porém, paralelamente ao amadurecimento que conduz ao ensaio sobre verdade e mentira, esclarece-se, também para Nietzsche, a impossibilidade de pensar a superação da decadência como um retorno às origens gregas[13]. O renascimento do trágico deverá ser pensado, a partir de agora, não mais como restauração de um modo de pensar mítico, pré-lógico, pré-socrático etc., mas como desenvolvimento além de todos os limites previsíveis do próprio movimento que produziu o pensamento lógico. Já no *Nascimento da tragédia*, aliás, o caminho da crise do socratismo era mais ou menos explicitamente indicado a partir do modelo do excesso: "A ciência, esporeada por sua vigorosa ilusão, corre sem parar até seus limites, nos quais naufraga seu otimismo oculto na essência da lógica. (...) Quando ele [o homem socrático] vê aqui, assustado, que a lógica, nesses limites, passa a girar em torno de si mesma e acaba por morder a própria cauda – eis que irrompe uma nova forma de conhecimento, *o conhecimento trágico*, que, para ser suportado, precisa da arte como meio de proteção e remédio" (GdT, 15). Aquilo que se molda na circularidade da dialética é, aqui, a autocontradição da lógica; porém, o conhecimento trágico *irrompe* na base da experiência dessa autocontradição, mas não como termo, ela mesma, do processo dialético.

---

13. Os anos que Nietzsche passa em Basileia caracterizam-se logo, ao menos desde 1872, por um grande interesse por leituras científicas. A isso se acompanha um distanciamento da civilização grega como modelo, ao menos no sentido que ela ainda tem no *Nascimento da tragédia*. Essa nova atitude é explícita, antes de *Humano, demasiado humano*, nos cursos que Nietzsche ministra na universidade de Basileia; cf., por exemplo, o curso do semestre de inverno de 1875-76 sobre *Der Gottesdienst der Griechen*, in *Werke*, ed. Naumann-Kröner, vol. XIX (vol. III dos *Philologica*), Leipzig, 1913, pp. 1-124. A esse respeito, cf. também Ch. Andler, *Nietzsche, sa vie, sa pensée*, nova ed., Paris, Gallimard, 1958, vol. I, pp. 455 ss.

Nietzsche fala explicitamente de excesso, justamente acerca da arte, em um aforismo da *Gaia ciência* (o 361) dedicado ao problema do comediante: a capacidade de adaptação que algumas raças (como os judeus) ou grupos sociais subordinados tiveram de desenvolver para sobreviver na luta pela existência consolidou-se e ampliou-se além dos limites exigidos pela utilidade imediata. Assim nasce o comediante e em geral o artista; o que o caracteriza é "a falsidade com a boa consciência, o prazer da dissimulação irrompendo como poder que deixa de lado o chamado 'caráter', inundando-o, às vezes sufocando-o; o íntimo desejo de se inserir em um papel, em uma máscara, em uma aparência; um excesso de capacidades de adaptação de todo tipo, que já não se satisfazem no serviço da estreita utilidade imediata...". Mas excesso é, mais em geral, o movimento que Nietzsche resume na proposição "Deus está morto" e no conceito do niilismo: Deus está morto em virtude do aprimoramento excessivo da religiosidade[14], e o mesmo deve ser dito de todos os valores supremos, como a própria verdade. Não cabe aqui discutir se esses processos de "autodestruição" devem receber o nome de processos dialéticos; se, como parece ser preciso admitir, o caráter de um processo dialético não é apenas o ritmo das inversões, mas também inseparavelmente a identificação profunda do *télos* com a *arkhé*, devido à qual todo movimento dialético é sempre necessariamente uma volta para si, o excesso nietzschiano não pode de modo algum ser identi-

---

14. Veja-se, por exemplo, o aforismo 357 da *Gaia ciência*: "[...] Vê-se o que propriamente derrotou o Deus cristão: a própria moralidade cristã, o conceito de veracidade assumido com rigor cada vez maior, a sutileza dos padres confessores da consciência cristã, traduzida e sublimada na consciência científica, em asseio intelectual a qualquer preço...".

ficado com um processo dialético[15]; se Deus morre por causa da religiosidade dos homens e do amor deles pela verdade, isso não significa de modo algum que, em decorrência disso, devoção e veracidade passem a ser mais autênticas, confirmadas, restauradas e enriquecidas; simplesmente, elas mesmas são arrastadas na ruína de seus "objetos".

Precisamente por isso não é casual que Nietzsche exemplifique com mais clareza o movimento do excesso em referência à arte. O excesso, de fato, mesmo no caso da morte de Deus e da desvaloração dos valores supremos que constitui o niilismo, não é senão o excesso do impulso à máscara e à aparência. O que está em jogo em todos os processos que constituem o grande movimento do niilismo é o limite entre realidade e aparência, precisamente aquele que de maneira mais explícita e temática, na nossa civilização, é questionado pela arte. A importância que o modelo da arte tem para Nietzsche, desde as primeiras obras até os apontamentos póstumos, não é sinal de alguma posição esteticista, mas está ligado à consciência de que o que está em jogo na história da metafísica é a distinção realidade-aparência, a luta entre Dioniso e Apolo; de fato, essa luta sobrevive na arte, e é preciso partir dela para generalizá-la; ou, pelo menos, daí pode partir o filósofo, sem excluir que outras

---

15. Talvez seja precisamente a noção de excesso entendida desse modo a base de uma possível aproximação entre Nietzsche e Marx; mas isso implica reconhecer que a função histórica que Marx atribui ao proletariado não pode ser lida à luz de noções dialéticas, mas é ela mesma, antes de tudo, um movimento de excesso – com todas as consequências teóricas e práticas que isso comporta. Nessa direção, como se sabe, movem-se todas as interpretações de Marx que aceitaram o espírito das vanguardas artísticas, e não apenas artísticas, do século XX; antes de tudo o marxismo utópico de Ernst Bloch.

forças, em outros âmbitos, conduzam a mesma batalha. O que torna central o fenômeno da arte como âmbito privilegiado do excesso é, porém, o fato de que a eliminação e a fluidificação das fronteiras entre realidade e aparência, ou melhor, a própria suspensão da distinção entre as duas esferas – em que o excesso propriamente consiste – só acontece como ataque contra a identidade e a continuidade do sujeito consigo mesmo. Toda a história da metafísica documenta o vínculo indissolúvel que existia entre princípio de identidade aplicado a todo ente como tal e princípio de identidade como continuidade do sujeito consigo mesmo: Fichte limita-se a explicitá-lo e transformá-lo em base do sistema. Nietzsche, em sua consideração da arte como fenômeno dionisíaco, reencontra esse vínculo em uma formulação invertida: na esteira de Platão, ele reconhece que a imitação artística, como produção de aparências que valem (produzindo emoção) como realidade, só ocorre, antes de tudo, por meio de uma imitação que envolve o próprio sujeito, fazendo que se torne diferente de si mesmo: o teatro, ou, melhor ainda, a orgia dionisíaca, o ditirambo, a tragédia grega antes de Eurípides são o tipo supremo de toda imitação artística. Este, que é claro no *Nascimento da tragédia*, permanece o elemento constante da concepção nietzschiana da arte também nas obras sucessivas, e o ponto decisivo com base no qual a arte mantém sua função de modelo e de âmbito privilegiado da revolta de Dioniso contra Apolo e contra o Crucificado. Se no escrito sobre verdade e mentira o impulso artístico é descrito principalmente como impulso para perturbar a ordem do mundo "objetivo" por meio da criação de novas metáforas subtraídas às concatenações lógico-reais, dois aforismos da *Gaia ciência* confirmam a conexão que continua a existir entre todo excesso que suspenda a ordem conceptual e linguística estabelecida e a negação da identidade do sujeito consigo mesmo. No primeiro desses aforismos, o 354, Nietzsche levanta a hipótese, que depois se revela uma tese propriamente dita, de que *"a consciência em geral só se desenvolveu sob a pressão da necessidade de comunicação*, de que no início foi necessária e útil apenas entre um homem e outro (em particular, entre o que manda e o que obedece), e também se desenvolveu apenas em proporção ao grau dessa utilidade". Ora, o sujeito, como é definido na tradição metafísica platônico-cristã, é precisamente o indivíduo posto sob a hegemonia e o comando da consciência (quer como consciência cognoscitiva, quer como consciência moral: *Bewusstsein* e *Gewissen*)[16]. Mas aqui Nietzsche vê a consciência como função do homem animal do rebanho: o homem só se torna sujeito autoconsciente na medida em que é obrigado a isso pelas necessidades da comunicação: para pedir ajuda aos outros, ele precisa adquirir consciência das próprias exigências e identificá-las; mas a identificação implica o estabelecimento de algumas características gerais da experiência, de acordo com o esquema descrito no ensaio sobre verdade e mentira; esse estabelecimento de conceitos e sinais, no entanto, se subtrai às características mais sutilmente específicas de cada situação, de modo que aquilo que é levado à consciência e transmitido são apenas os traços mais superficiais e genéricos da experiência; a linguagem comunicativa limi-

---

16. O termo para "consciência", na passagem citada, é *Bewusstsein*; mas em outros textos o *Gewissen*, a consciência em sentido moral, tem a mesma origem social e a mesma função de integrar o indivíduo no grupo, orientando-o para os objetivos desse grupo: cf., por exemplo, *Genealogia da moral*, II, 3.

ta-se a refletir e, indiretamente, a intensificar a superficialidade da consciência.

O que nos interessa desse aforismo, além da sugestiva alusão ao vínculo – que, aliás, é central em toda a obra do Nietzsche maduro – entre subjetividade e sujeição (a consciência é necessária e útil especialmente entre quem manda e quem obedece) –, é o fato de que a consciência aparece aqui com uma função do mundo simbólico "apolíneo" descrito pelo ensaio sobre verdade e mentira. O sujeito autoconsciente é função da linguagem comunicativa, do exército de metáforas esquecidas de ser metáforas que constitui o mundo dos conceitos lógicos; e, em suma, como se evidencia aqui a partir da alusão ao mandar e ao obedecer e, no ensaio sobre verdade e mentira, do encaminhamento da hierarquia das palavras e dos conceitos à hierarquia social, é função da divisão dos papéis sociais, daquela mesma ordem que Platão via ameaçada pela milagrosa capacidade transformista do artista. Não é de admirar, portanto, que, poucas páginas mais adiante, no já mencionado aforismo sobre o problema do comediante, Nietzsche atribua a arte, que é abalo e perturbação do sistema linguístico conceptual estabelecido, ao impulso para mascarar-se e assumir aparências diferentes. É interessante observar que o impulso para fingir, tanto naquele aforismo como no ensaio sobre verdade e mentira, não é de início um impulso artístico; ele passa a sê-lo através de um processo de refinamento e de autonomização, através de um típico movimento de excesso, que no entanto corresponde – mas aqui Nietzsche não se detém sobre isso – ao processo pelo qual a arte se torna um fenômeno especializado e um âmbito separado do restante da realidade social. A própria ligação profunda entre impulso para fingir, saída do próprio papel social e arte é o sentido do aforismo 356, sempre no quinto livro da *Gaia ciência*, que deve ser lido em conexão com o 354 porque lhe serve um pouco de contraponto. Como lá o sujeito autoconsciente era função de uma sociedade organizada e integrada, aqui precisamente a afirmação do histrião torna-se a principal ameaça à existência de qualquer sociedade "no antigo significado da palavra". Mais uma vez, o movimento básico é o do excesso: na sociedade europeia moderna há uma rígida distribuição dos papéis sociais (de classe, de profissão etc.), e até quem aparentemente é mais livre para escolher o próprio papel na verdade o encontra imposto. Nessa situação, ao lado de uma rígida identificação com o papel pelo qual este é considerado a própria verdade do sujeito, impõe-se paradoxalmente também uma outra atitude: a crença "dos atenienses, que se faz notar pela primeira vez na época de Péricles, a crença dos americanos de hoje, que cada vez mais deseja tornar-se também crença europeia", pela qual "o indivíduo está convencido de poder mais ou menos tudo, de ser *feito* mais ou menos *para qualquer papel* (...), cada um experimenta consigo mesmo, improvisa, experimenta de novo, experimenta com prazer, pela qual toda natureza cessa e se torna arte". A própria rigidez dos papéis, parece pensar Nietzsche, revela-se em seu caráter de papéis, de partes de uma comédia. Com isso, porém, nasce também a consciência de poder assumi-los e abandoná-los à vontade. Essa seria ainda uma posição de força baseada na continuidade de uma consciência. Contudo, a fraqueza que, na continuação do aforismo, Nietzsche reconhece como característica dessa atitude só se explica com sua afirmação, referida aos gregos mas obviamente passível de ser transferida aos europeus modernos, de que entrando na "crença nos papéis" (uma "crença de artistas") a pessoa *se torna* também *realmente* comediante. A adoção de uma atitude de liberdade diante do próprio papel é um processo que não se detém muito facilmente, e mais uma vez temos a impressão de ouvir ecoar aqui a condenação de Platão: a liberdade do papel não leva a apoiar os pés numa própria verdade mais profunda e autêntica, como seria ainda a autoconsciência do sujeito consciente produtor de ficções; mas leva a se tornar realmente comediantes, ou seja, à perda de toda continuidade e de todo centro. Por isso o europeu moderno não é mais "material para uma sociedade". "É a força construtiva que agora fica paralisada; desaparece a coragem de fazer planos de longo prazo; começam a faltar os gênios organizadores: quem ousaria agora empreender obras para o cumprimento das quais seria preciso contar com milênios? Extingue-se precisamente a crença fundamental com base na qual alguém pode fazer cálculos e promessas, pode antecipar programaticamente o futuro, e sacrificá-lo a seus programas a tal ponto que o homem passa a ter valor e sentido só enquanto é uma pedra de um grande edifício: para essa finalidade, antes de tudo, ele deve ser firme, deve ser 'pedra'... sobretudo não comediante!" Não me parece que possa haver dúvida sobre a avaliação que Nietzsche faz desse processo: sua admiração pelas grandes construções da sociedade no antigo significado da palavra não o impede de considerar com ironia o valor atribuído àquilo que dura, considerando, ao contrário, como "as mais interessantes e bizarras épocas da história" aquelas em que dominam os comediantes. A conclusão do aforismo, no qual Nietzsche recrimina os socialistas por querer construir sua sociedade livre com esse material humano que já não é pedra para edifícios sociais, dissipa qualquer dúvida sobre sua posição; com certeza não aquela de quem lamenta que essa construção não seja mais possível; quando muito, de acordo com as razões fundamentais de sua polêmica contra o socialismo (o socialismo como última forma da moral platônico-cristã), ele recrimina o socialismo por querer contar ainda com o homem da tradição humanista, com o sujeito autoconsciente e, portanto, implicitamente com a rigidez do sistema dos papéis.

Esse aforismo 356 da *Gaia ciência* intitula-se *Inwiefern es in Europa immer "kunstlerischer" zugehn wird* [Em que sentido as coisas na Europa assumirão uma maneira cada vez mais "artística"]: as aspas colocadas no termo que se refere à arte não devem ser entendidas banalmente como o destaque de uma intenção irônica, mas como a expressão da consciência de que a arte de que se trata aqui não é "a arte das obras de arte", que, ao contrário, está à vontade – ao menos enquanto se deixa exorcizar pela institucionalização – dentro do sistema dos papéis e não duvida de sua validade natural. Da luta entre Dioniso e Apolo da obra da juventude sobre a tragédia a estas páginas do quinto livro da *Gaia ciência*, o fio condutor que se evidenciou – e que, obviamente, seria ampliado em uma reconstrução completa de toda a reflexão estética nietzschiana – tem uma fisionomia própria bem precisa: a produção artística das belas aparências é triunfo de Dioniso, enquanto as belas aparências são continuamente envolvidas em um jogo que as desidentifica e, ao mesmo tempo e inseparavelmente, desidentifica o sujeito que as cria e as contempla. Essa desidentificação é uma ameaça à linguagem comunicativa estabelecida, ao sistema ordenado dos conceitos e, em última instância, à organização social fundada na distinção dos papéis, porque a desidentificação é, antes de tudo, saída do papel, sacudida de toda ordem objetiva e subjetiva. A luta entre Dioniso e Apolo é uma luta histórica em que está em jogo o princípio de identidade como fixação social dos limites entre verdadeiro e falso, da hierarquia dos conceitos, dos limites dos sujeitos. Na época em que vivemos, colocada sob o signo da morte da tragédia e do triunfo de Sócrates, da *ratio* da organização social[17], Dioniso apresenta-se como excesso, e o local desse excesso é principalmente a arte. Ocorre excesso também nas outras formas da vida espiritual: na moral, na metafísica, na ciência; esse excesso é indicado e resumido na fórmula "Deus está morto", assassinado por seu amor pelos homens e pela excessiva religiosidade destes. Mas a arte é lugar privilegiado do excesso porque nela, na nossa tradição, o excesso efetivamente se apresenta em todo o seu alcance, ou seja, ao mesmo tempo como violação dos limites entre real e aparente e como violação dos limites da identidade pessoal, como superação da subjetividade autoconsciente. Com essas bases, não tem sentido uma estética como teoria da arte, mas apenas uma leitura das histórias da arte (em seus produtos,

---

17. No capítulo 17 do *Nascimento da tragédia* há uma aproximação explícita do *deus ex machina* da tragédia decadente do princípio que domina uma sociedade baseada na tecnologia: a serenidade do homem teórico do socratismo coloca "no lugar de uma consolação metafísica uma consonância terrena, sim, um *deus ex machina* próprio, a saber, o deus das máquinas e dos crisóis, quer dizer, as forças dos espíritos naturais conhecidas e empregadas a serviço do egoísmo superior, isto é, dos fins "gerais"; isso é afirmado na conclusão de um capítulo em que Nietzsche mostra que em Eurípides e depois, explicitamente, na comédia ática nova os caracteres dos personagens se enrijecem em "máscaras com *uma só* expressão": a imposição do egoísmo superior comporta a rígida fixação dos papéis.

em seu estatuto social, em seu significado psicológico para o produtor e o espectador) que a veja como lugar de uma luta histórica entre princípio de identidade (sistema dos papéis) e dionisíaca. Isso distingue uma possível estética de inspiração nietzschiana de qualquer orientação de tipo kantiano ou de tipo hegeliano – aqueles que, observando bem, ainda dominam o panorama estético de nosso século: na verdade, a arte não é nem uma categoria permanente da experiência humana, uma dimensão ou direção da consciência, nem uma fase histórica do desenvolvimento do espírito que possa ser observada do ponto de vista da autoconsciência que, uma vez obtida, se define depois em termos de subjetividade. O jogo do excesso que a arte representa, precisamente como (com um jogo de palavras) excesso de jogo, impulso para *spielen, play, jouer*, recitar além de qualquer necessidade e utilidade, ainda está inteiramente em andamento, e tumultua precisamente toda organização categorial da experiência (que é, aliás, justificação transcendental das formas que a experiência *já* assumiu: o propósito de Kant em relação à física newtoniana), mesmo quando essa organização se apresenta como resultado de um processo de amadurecimento histórico em que, porém, a fase suprema ainda é sempre pensada com base na hierarquia daquelas categorias (o absoluto-resultado de Hegel é espírito). A experiência da arte perturba o sistema das categorias atacando justamente sua organização hierárquica comandada pela subjetividade, a qual é revelada em sua ligação com a sujeição.

3. Uma análise ulterior das múltiplas – e às vezes aparentemente contraditórias – afirmações de Nietzsche sobre a arte não poderia deixar de revelar aspectos e ar-

ticulações sempre novos dessa ligação e do alcance subversivo da arte. A atualidade da recuperação nietzschiana do vínculo entre aparência estética e desidentificação, visto por Platão, pode ser verificada a partir de dois pontos de vista, que contudo se reduzem a uma única raiz. De fato, pode-se, antes de tudo, mostrar quanto de Nietzsche, e especialmente de sua polêmica contra o sujeito-sujeitado, passou em toda a vanguarda do século XX, de Joyce ao expressionismo, do surrealismo ao dadaísmo e a Artaud; um trabalho de crítica e historiografia literária e artística realizado de várias partes[18]. Mas, em segundo lugar, pode-se mostrar, a partir do exemplo mais clamoroso, o de Lukács, que a visão nietzschiana da arte como lugar da luta entre Dioniso e Apolo, entre identidade e subversão dos papéis, é aquela que pode ajudar a estética e a crítica contemporânea a apreender mais radical e completamente o alcance subversivo da arte do século XX e, indiretamente, a ler de maneira diferente também a arte do passado. A teoria filosófica da arte e também a crítica das artes, de fato, parecem sofrer de uma estranha condição de "atraso" em relação à arte militante, o que no fundo não faz senão lembrar o caráter de mediação institucionalizante que teoria e crítica sempre tiveram em relação à atividade artística produtiva; ao menos em alguma medida, reflexão filosófica sobre a arte e crítica têm uma função social análoga à do museu (talvez não seja

---

18. Falta, contudo, um olhar de conjunto sobre as heranças nietzschianas presentes e vivas nas vanguardas artísticas do século XX. Cf. o que diz sobre isso L. Secci, *Nietzsche e l'espressionismo*, no volume coletivo sobre *Il caso Nietzsche*, Cremona, Libreria del Convegno, 1973. A principal ligação "orgânica" de Nietzsche com a vanguarda do século XX, em perspectiva negativa, é a estabelecida por Lukács na *Destruição da razão* e em seus numerosos ensaios sobre a literatura do século XX.

um acaso que a estética filosófica e a crítica tenham se tornado tão relevantes como disciplinas especializadas paralelamente à consolidação do museu como instituição social). Não faltam, no campo filosófico, relevantes exceções a essa situação geral: basta pensar em Heidegger[19], e talvez ainda mais em Walter Benjamin. No entanto, não parece que, mesmo entre os autores da chamada escola de Frankfurt, que mais explicitamente se remetem a ele, sua crítica radical do valor "cultual" atribuído à obra de arte[20] tenha sido desenvolvida, como obviamente requeria, em uma crítica de todas as atitudes fetichizantes que ainda dominam a maneira de apreender a arte. Se o valor da obra de arte, como mostra Benjamin, não é (mais) cultual, mas "expositivo", a teoria da experiência estética e a maneira de fruir, avaliar e interpretar as obras de arte também devem ser radicalmente modificadas. Precisamente em relação a esse aspecto, porém, a estética e a crítica atual mostram uma continuidade demasiado estreita e não questionada com o passado, não obstante a diversidade das tendências e das escolas. É no que se refere a isso que a recordação nietzschiana da ligação entre aparência estética e desidentificação pode ser de saudável advertência. Para concluir, gostaríamos de mostrá-lo em relação a dois exemplos de relevo.

---

19. Sobre o sentido em que o pensamento heideggeriano sobre a poesia e sobre a arte pode ser considerado menos inadequado para ler a vanguarda artística do século XX, ver o capítulo II de meu *Poesia e ontologia*, Milão, Mursia, 1967, ainda que algumas teses daquele livro devessem ser agora corrigidas com base na reflexão ulterior sobre Nietzsche.

20. No ensaio sobre *A obra de arte na época da sua reprodutibilidade técnica* (1936), trad. it. de E. Filippini, *L'opera d'arte nell'epoca della sua riproducibilità tecnica*, Turim, Einaudi, 1966.

Em um lúcido ensaio de 1963, Jacques Derrida[21], discutindo um livro de Jean Rousset, contrapunha o par de conceitos "força e significação" ao de "forma e significação" sobre o qual trabalhava Rousset (também aqui, como mais tarde no famoso ensaio sobre a "diferança" [*differance*], Derrida joga com a mudança de uma letra na palavra) para chamar a atenção para as implicações metafísicas (no sentido heideggeriano desse adjetivo) ainda intensamente presentes nas noções de forma e de estrutura. As exigências de que Derrida partia, e que continuaram a inspirar seu trabalho sucessivo, estavam ligadas, em suas intenções, a Nietzsche, citado explicitamente nas páginas finais do ensaio. Para Derrida, tratava-se de realizar com essas bases uma revisão geral do estruturalismo. Essa revisão, de fato, agora está amplamente em andamento, ao menos no plano filosófico; mas a discussão conduzida então por Derrida, e depois cada vez mais constantemente retomada, ainda é plenamente atual hoje: tanto porque o estruturalismo continua a ser uma tendência amplamente hegemônica no campo da crítica literária e das artes quanto, sobretudo, porque permanece a dúvida razoável de que o próprio Derrida não tenha levado até o fim as exigências antimetafísicas e nietzschianas que pretendia fazer valer. Destacam-se estas linhas na página conclusiva de *Força e significação*: "A divergência, a *diferença* entre Dioniso e Apolo, entre o impulso e a estrutura não se anula na história, porque ela não está *na* história. Também ela é, em um sentido insólito, uma estrutura originária: a abertura da história, a

---

21. "Force et signification", publicado primeiramente em *Critique*, n. 193-4 (jun.-jul. 1965) e depois em *L'écriture et la différence*, Paris, Seuil, 1967; nós o citamos na tradução de G. Pozzi, *La scrittura e la differenza*, Turim, Einaudi, 1971.

própria historicidade. A *diferença* não faz simplesmente parte nem da história nem da estrutura. Se com Schelling é necessário dizer que 'tudo é apenas Dioniso', também é necessário saber – e isso é escrever – que, como a força pura, Dioniso é atribulado pela diferença (...). Desde sempre ele está em relação com seu externo, com a forma visível, com a estrutura, como própria morte..."[22]. Não parece que, nos escritos sucessivos, Derrida tenha ido além dessa recuperação, no pensamento da diferença, da noção de estrutura. Desse modo, Nietzsche é apreendido em um quadro ainda substancialmente metafísico: Dioniso certamente é atribulado pela diferença, mas, com Schelling, tudo é apenas Dioniso; e esta é sem dúvida uma proposição metafísica. Essa tendência a incluir Nietzsche, não obstante tudo, em um quadro metafísico (e mais em geral a desenvolver uma nova metafísica em torno da diferença[23]) é particularmente evidente em algumas leituras de Nietzsche inspiradas em Derrida (ainda que não apenas nele), às quais já tivemos ocasião de aludir. Essas leituras são relevantes para nosso problema porque, antes de tudo, arte e poesia têm uma posição central nelas; e em segundo lugar porque o sentido que elas atribuem à arte e à poesia no pensamento de Nietzsche é bem análogo ao que lhes é reconhecido, fora da referência a Nietzsche, pelo próprio Derrida e pelos críticos que nele se inspiram. A "dionisíaca" de que fala Bernard Pautrat apenas adapta a Nietzsche a tese derridiana que citamos textualmente: o conflito Dioniso-Apolo é, na verdade, a atribulação interna do próprio Dioni-

---

22. *La scrittura e la differenza*, cit., p. 36.
23. A esse respeito, vejam-se as profundas observações de M. Dufrenne no ensaio "Pour une philosophie non théologique", que introduz a segunda edição de *Le poétique*, Paris, PUF, 1973.

so[24], e essa atribulação é a abertura não histórica da historicidade; trata-se de uma origem *sui generis*, "um movimento já sempre atribulado por uma diferença"[25], que contudo funciona como origem metafísica propriamente dita, visto que a história não é senão a repetição e "encenação" sempre renovada desse movimento. Ainda que "em um sentido insólito", trata-se sempre de uma estrutura: Dioniso é o nome do ser não mais pensado como plenitude da presença, mas como movimento da diferença; mas, na medida em que é abertura não histórica da historicidade, é sempre dotado ainda de um caráter peculiar de presença, que não é fácil exorcizar. Pode-se ver uma confirmação disso no fato de que, nessa leitura "derridiana" de Nietzsche, volta maciçamente a se fazer valer também o outro elemento que, na tradição metafísica, sempre acompanhou o primado da presença e da estrutura, ou seja, o primado da consciência. De acordo com Sarah Kofman, por exemplo, ao esquecimento do caráter metafórico da linguagem que caracteriza a tradição metafísica, Nietzsche opõe um pensamento em que a metáfora tem consciência de ser metáfora[26]; outros falam de paródia[27] e de encenação (terapêutica) da diferença originária[28]. Lá onde existe uma estrutura originária, por mais insólita que seja, toda superação e libertação (neste caso, da metafísica, do pensamento reificado etc.) só pode configurar-se como "tomada de consciên-

---

24. Cf. B. Pautrat, *Versions*, cit., pp. 116 ss.
25. J. M. Rey, *L'enjeu des signes*, cit., p. 37.
26. Para Sarah Kofman, *Nietzsche et la métaphore*, cit., a vontade de potência é uma atividade metafórica e interpretativa que se apresenta explicitamente como tal (cf. p. 137).
27. B. Pautrat, *Versions*, cit., pp. 290-1.
28. J. M. Rey, *L'enjeu*, cit., p. 71.

cia". Essa primazia recuperada da autoconsciência determina também de forma decisiva a função atribuída à poesia e à arte. Metáfora consciente, paródia da linguagem metafísica, encenação da diferença originária são todas expressões que, para esses intérpretes de Nietzsche, descrevem antes de tudo a arte, a poesia, o caráter poético peculiar do filosofar de Nietzsche. Mas nenhum deles se pergunta até que ponto o predomínio da consciência que essas atitudes comportam ainda tem algo em comum com a embriaguez dionisíaca que para Nietzsche qualificava a experiência trágica. À não historicidade da diferença, que reduz a luta entre Dioniso e Apolo a caráter constitutivo do ser, corresponde uma peculiar imobilidade da própria "história" a que essa estrutura "insólita" daria lugar: todo texto, poético ou filosófico, é lido por Derrida e por seus discípulos apenas com o objetivo de perceber nele o transparecer, sob forma de lacuna e de ausência, do desequilíbrio originário da diferença; mas com relação à diferença originária não existem "colocações" diferentes[29]. É nessa perspectiva imóvel que se justifica até mesmo a tese de um parentesco substancial entre Hegel e Nietzsche, em nome de sua comum dionisíaca[30]. Se se pensa no *alcance* histórico de renovação de

---

29. Em Heidegger, ao contrário, há uma parábola "histórica" da metafísica, na qual se verificam posições e fases realmente diferentes: basta pensar, por exemplo, na história da filosofia como se configura no segundo volume de *Nietzsche*, cit.; Heidegger nunca vai em busca apenas do esquecimento total da diferença, mas das modalidades históricas desse esquecimento. Tudo isso, provavelmente, porque ele continua a pensar em um *Überwindung* da metafísica como evento – portanto também como virada histórica. O anti-historicismo da interpretação derridiana de Heidegger parece esquecer todo esse aspecto de seu pensamento.

30. É a tese de B. Pautrat, *Versions*, cit., pp. 132-3.

uma civilização trágica, e portanto de recuperação de uma possibilidade de existência efetivamente dionisíaca, que Nietzsche atribuía à arte e que designava como tarefa para o próprio pensamento, não se pode deixar de apresentar a dúvida de que o pensamento derridiano da diferença siga o estruturalismo – e todas as suas implicações metafísicas – mudando simplesmente o conteúdo da noção de estrutura: a estrutura como desdobramento de uma totalidade orgânica (obra de arte ou qualquer outro "objeto" das ciências do espírito, como por exemplo uma sociedade primitiva) foi substituída pela arquiestrutura da diferença; mas também diante dessa "estrutura em sentido insólito" a atitude ainda é a atitude contemplativa e consciencialista da metafísica: a tomada de consciência tendencialmente hegeliana de uma positividade e de uma presença é substituída pela tomada de consciência de uma ausência, ou seja, de uma finitude, que repete módulos paleoexistencialistas. Nesse quadro, qualquer dimensão de paródia reconhecida à poesia (e ao pensamento não mais metafísico que se molda sobre ela) funciona como repetição catártica da cena originária, com todas as implicações que a noção de catarse tem em Aristóteles: exorcização do valor subversivo da aparência, restauração da ordem moral por meio do "reconhecimento" em todos os seus sentidos; reconhecimento da forma da obra como fator e símbolo da forma da totalidade ("tudo é apenas Dioniso"); e reconhecimento conscientizador de si mesmo nessa totalidade.

Se em Derrida e em sua "escola" a permanência de uma noção metafísica de estrutura não criticada a fundo comporta também um retorno, ainda que oculto, do fantasma metafísico da autoconsciência e, portanto, da subjetividade, retomando uma apreensão fundamentalmente contemplativa (e cultual, na linguagem de Benjamin) da obra de arte, entendida como fator da diferença que perturba o ser, um fenômeno simetricamente oposto, mas com resultados análogos, se verifica na estética de Adorno, também ela emblemática e determinante para toda uma corrente da crítica contemporânea. Aqui, de fato, a uma crítica insuficiente da noção metafísica (hegeliana) de sujeito corresponde uma recuperação explícita das características formais da obra de arte, da obra como estrutura, perfeição, êxito. Ninguém ignora a importância central que o conceito de *Schein*, de aparência, tem na estética de Adorno; a póstuma *Ästhetische Theorie*[31] erige-o em termo fundamental não apenas da estética mas, por meio da função privilegiada reconhecida à arte, de toda a filosofia. Mas o *Schein* adorniano não apenas perdeu a ligação com a desidentificação do sujeito, que tinha em Nietzsche; ao contrário, ele funciona explicitamente – isolado em suas características apolíneas (perfeição, reconhecibilidade, "rotundidade", dir-se-ia) – como meio de restauração da identidade do sujeito em um mundo em que este é ameaçado pela massificação universal. Adorno, que também é um leitor atento de Nietzsche, não nutre fundamentalmente nenhuma suspeita em relação à autoconsciência: a autoconsciência não apenas *não é* função da massificação universal e da organização total – como é para Nietzsche – mas é até a última possibilidade da resistência contra a alienação. Toda a crítica da civilização de massa, que Adorno desenvolve sobretudo a partir da *Dialektik der Aufklärung*, fundamenta-se na ideia de que a alienação não é já a consti-

---

31. Th. W. Adorno, *Teoria estetica* (1970), org. por G. Adorno e R. Tiedemann, trad. it. de E. De Angelis, Turim, Einaudi, 1975.

tuição do sujeito burguês-cristão, o homem do humanismo, mas apenas sua dissolução na moderna sociedade massificada. Por isso, entre outras coisas, Adorno não consegue compreender o caráter radical da crítica heideggeriana à metafísica[32]. Precisamente enquanto deve funcionar como extrema linha de defesa e meio de restauração (uma restauração quase impossível, e nesse ponto é verdade que Adorno é pessimista) desse sujeito burguês-cristão, para Adorno a obra de arte caracteriza-se por todos os predicados formais (e antes de tudo pela estrutura, pela completude, pela íntima legalidade) que lhe foram atribuídos pela tradição metafísica.

No breve *Discurso sobre lírica e sociedade*, de 1957[33], podem-se ver já *in nuce* temas que a *Ästhetische Theorie* desenvolve de maneira mais articulada. Mencionamos esse discurso também por outro motivo, isto é, porque ele discute o problema de um gênero literário, a lírica, em que é central a questão da relação entre individualidade e supraindividualidade. Os termos do problema são fundamentalmente os mesmos do *Nascimento da tragédia*: não porque também Adorno se pergunta como a lírica, enquanto expressão do individual, pode assumir o significado universal, mas também porque há uma referência explícita a "sofrimento e sonho"[34], como fontes da lírica, que não pode deixar de lembrar o par sofrimento dionisíaco/sonho apolíneo da obra nietzschiana sobre a

---

32. Veja-se sobretudo a primeira parte da *Negative Dialektik*, Frankfurt, Suhrkamp, 1966, e o precedente *Jargon der Eigentlichkeit*, ibid., 1964.

33. Posteriormente incluído em *Noten zur Literatur*, vol. I, Frankfurt, Suhrkamp, 1958, pp. 73-104; nós o citamos aqui na tradução de M. Peretti, da antologia *Letteratura e marxismo*, org. por G. P. Borghello, Bolonha, Zanichelli, 1974.

34. *Letteratura e marxismo*, cit., p. 120.

tragédia. Diferentemente do que em Nietzsche, para Adorno a universalidade da lírica não reside no fato de que o poeta, no "estado de espírito musical" de que nasce a composição, se entrega e se identifica com o uno originário (segundo a linguagem schopenhaueriana do escrito sobre a tragédia), cuja unidade é pré- e anti-institucional; ao contrário, para Adorno (que nesse ponto se remete a Hegel) o sujeito individual é desde sempre mediado com o universal[35], e isso se manifesta precisamente no fato de que o *medium* da lírica é a língua. Na lírica pode verificar-se o paradoxo pelo qual "a subjetividade se transforma em objetividade" porque "a língua tem em si mesma um caráter ambíguo. Adapta-se totalmente, com suas configurações, aos sentimentos subjetivos (...). Mas, por outro lado, ela permanece o meio dos conceitos, que estabelece a relação indispensável com o universal e com a sociedade". Todo esse processo de universalização e objetivação atuante na língua, que Nietzsche reconstrói no escrito sobre verdade e mentira e que para ele representa *já* o início da decadência, o bloqueio da produtividade metafórica dionisíaca na cadeia da lógica socialmente codificada, para Adorno constitui, hegelianamente, o caminho principal da constituição do sujeito. A alienação só começa quando esse sujeito decai em pura função da sociedade de troca, e a própria vida individual se entrega ao folhetim. Pode ocorrer que nessa situação o sujeito deva "sair de si mesmo calando-se"[36]; mas não para se renegar, e sim para se salvar naquela função de verdadeira mediação de universal e individual que é ameaçada pela redução de tudo a valor de troca e da língua a puro instrumento de comunicação.

---

35. *Letteratura e marxismo*, cit., p. 119.
36. *Letteratura e marxismo*, cit., p. 126.

O *Schein* da arte – na oposição da obra de arte à objetividade transformada em mercadoria – tem apenas a função de negar o sujeito reificado; a lírica pode tornar-se assim o último refúgio da ideia de uma "língua pura"[37], que não é, contudo, o *melos* nietzschiano, mas a língua como a mediação universal de Hegel. A eventualidade de que essa pureza se efetive também como silêncio é aquela que se realiza na vanguarda; no entanto, também na literatura de vanguarda, Adorno nunca põe em dúvida que se pode (ou melhor, se deve) dar uma subjetividade autoconsciente não alienada, constituída hegelianamente como mediação-conciliação de individual e universal. Daí, antes de tudo, sua insistência nos aspectos de rigor formal da arte; igualmente por isso ele molda a fruição estética na do "especialista", que sabe apreender a obra em seus valores estruturais[38]. O que se revela na sociologia da música – ou seja, que o sujeito da fruição estética é, para Adorno, o burguês culto, que, no caso da música, conhece as notas e, portanto, pode percebê-la em todos os seus valores formais – aparece também no discurso sobre a lírica quando é teorizada a necessidade da intervenção do intelectual burguês para que se opere a mediação entre impulsos e emoções individuais e universalidade de sua expressão. Certamente pode-se concordar com Adorno quando ele diz que "Baudelaire, cuja lírica esbofeteia não apenas o *juste milieu*, mas também toda compaixão social burguesa (...), contudo, em poe-

---

37. Ibid.
38. Cf. *Einleitung in die Musiksoziologie. Zwölf theorethische Vorlesungen*, Frankfurt, Suhrkamp, 1962, especialmente a primeira conferência. Mas é uma tese que se encontra amplamente em outros escritos adornianos, de *Dissonanzen* (Gottingen, Vandenhoeck, 1956) a *Der getreue Korrepetitor* (Frankfurt, Fischer, 1963).

sias como as *Petites vieilles* ou na da criada de bom coração dos *Tableaux parisiens*, foi mais fiel às massas, às quais ele opunha sua máscara trágico-arrogante, que toda a poesia sobre os pobres"[39]; mas isso no fundo é verdade porque, para Adorno, a mediação entre individual e universal só se dá no sujeito burguês, ou seja, no burguês como o verdadeiro sujeito. A possibilidade de uma poesia e de uma arte popular, não mediada por um artista culto – ou seja, que possui a língua e é possuído pela língua como mediação institucionalizada –, é aqui apenas tocada de leve e, seja como for, permanece totalmente problemática. O que se dizia de Baudelaire em relação à "poesia dos pobres" pode ser dito também de Nietzsche, que, com toda sua arrogância antissocialista, foi mais fiel às massas – em seu esforço de apreender o dionisíaco em formas de arte excluídas ou censuradas pela tradição classicista – do que Adorno com seu persistente humanismo.

Também o *Schein* adorniano parece poder ser lido facilmente em termos de catarse aristotélica: opõe-se ao real fragmentário e caótico da mercantilização geral como domínio de perfeição e de pureza; mas essa perfeição e pureza é a do sujeito burguês-cristão definido em termos de autoconsciência, que – como aliás bem sabe Adorno na defesa sem esperança que faz dele – se opõe inutilmente ao indivíduo reificado da sociedade de massa porque lhe é secretamente cúmplice, enquanto sua origem e momento preparatório.

Em sua simetria, aqui certamente enfatizada de maneira esquemática, as posições estéticas de origem derridiana e adorniana parecem-nos exemplificar duas ma-

---

39. *Letteratura e marxismo*, cit., p. 121.

neiras de retomada atual de temáticas nietzschianas que, enquanto assumidas parcialmente, acabam por funcionar exatamente na direção oposta da pretendida por Nietzsche. Adorno teoriza a aparência, mas sem vinculá-la com a negação do sujeito; Derrida sem dúvida parte de posições que se querem "anti-humanistas", mas, na medida em que não se liberta da "estrutura", encontra fatalmente o sujeito autoconsciente da tradição metafísica. A insuficiência dessas posições, mesmo na estimulante riqueza de perspectivas de leitura que frequentemente propõem, revela-se não apenas no plano teórico, mas sobretudo no confronto com as vicissitudes da arte do século XX. Pode-se realmente considerar que a vanguarda desse século se proponha, por meio de sua ruptura do mundo formal da tradição, o resgate e a salvação do sujeito como mediação de individual e universal que era o centro daquele mundo de formas? Ou então que pretenda valer como encenação, fator, repetição (cujo eventual significado terapêutico estaria sempre ligado a uma "tomada de consciência") do movimento originário da diferença, movimento na verdade imóvel como a insuperável finitude da existência?

O problema que Nietzsche propõe, com sua retomada da ligação "platônica" entre aparência e desidentificação, coincide com aquele posto à estética filosófica pela história atual (a experiência ainda aberta da vanguarda) da arte. Agora que também a filosofia, por meio de uma meditação inspirada decisivamente em Nietzsche, começou a suspeitar radicalmente do sujeito, temos condição de nos perguntar, diante da arte e da literatura do século XX, quem é (ainda) o "sujeito", não apenas de sua produção mas também e sobretudo da "contemplação"; quem pode ser o "leitor" de uma arte cujo sentido fundamental parece ser – de maneira por fim explícita – o jogo da bela aparência como jogo da desidentificação. É esse – de um ponto de vista nietzschiano – o conteúdo do diálogo entre "poetar" e "pensar", um diálogo em que os interlocutores põem em jogo antes de tudo a si mesmos.

A SABEDORIA DO SUPER-HOMEM

Por que importunar uma figura tão problemática, e até decisivamente irritante (ao menos pela história de sua assimilação na cultura do século XX) como a do super-homem – ou melhor, "além-do-homem" – de Nietzsche, para falar da arte de viver e de um ideal de sabedoria praticável em nossas condições atuais de existência? Pelo que sabemos dela, mesmo atendo-nos aos textos nietzschianos e não apenas às imagens populares do super-homem, até as difundidas pelas histórias em quadrinhos e pelo cinema, trata-se sempre de uma figura difícil de ligar aos ideais de sabedoria e de bem viver que herdamos da tradição. O sábio é alguém que possui a arte de viver mais no sentido antigo da palavra "arte": como uma espécie de saber a meio caminho entre a ciência e a técnica, que se baseia em princípios gerais, e portanto científicos em algum sentido, mas com a capacidade de aplicá-los também de uma maneira sempre inovadora nas situações específicas da vida, uma capacidade que se adquire com a experiência. Imaginamos espontaneamente o sábio como um velho, que mesmo no rosto encovado, nas rugas, no olhar distante e no discurso lento e até solene mostra os sinais de muitas experiências que o modificaram, ensinando-lhe, quase sempre por meio do sofrimento dos fracassos e do esforço das realizações, o verdadeiro sentido da vida. O velho lema da tragédia grega, *pathei mathos*, aprende sofrendo, parece indelevelmente impresso na imagem comum da sabedoria. Naturalmente, o sábio não nasceu assim: tornou-se assim através de experiências que podemos também imaginar vividas com um espírito menos equilibrado e mais aventureiro. Em suma, quando jovem o sábio poderia até ter sido Rambo, 007, ou justamente Super-homem.

Mas não é possível resolver tão facilmente o problema da sabedoria do super-homem, a atualidade do conceito de Nietzsche que, ao menos é o que parece, se impõe a quem hoje se dedica a refletir sobre a arte de viver e sobre o ideal da sabedoria. Há na imagem da sabedoria uma nota de lentidão, um sentido de imobilidade que se liga, de um lado, à antiga ideia do verdadeiro como aquilo que não muda (Aristóteles chamava a essência *"to ti en einai"* – o que o ser era) e, de outro, à convicção de que a vida é exatamente algo de fundamentalmente estável em suas características profundas. Pode-se aprender a arte de viver justamente porque, no fundo, os problemas e as soluções são *grosso modo* sempre os mesmos.

No entanto, mesmo em relação à arte, nós hoje não falamos mais tanto em termos de técnica aprendida e aplicada, criativamente mas não muito, às situações específicas. A própria expressão "arte de viver" evoca uma cultura que nos remete ao passado. A arte propriamente dita é para nós (ao menos a partir do século XVIII) algo inseparável da originalidade, que até exige o gênio. Por isso, espera-se que seja quase sempre acompanhada de um desregramento, e até da loucura.

Podemos não passar logo à recordação do enlouquecimento de Nietzsche, que seus críticos às vezes veem como um sinal da justa punição que espera quem deseja ir muito acima, além do bem e do mal, e pretende superar os limites humanos em nome do ideal do super-homem. Mesmo assim, a ideia da arte como originalidade e genialidade, do gênio como desregramento e loucura, e do super-homem como alguém que subverte as tábuas dos valores recebidas e cria por si só os próprios valores, talvez não seja apenas fruto de um delírio romântico ou de uma louca pretensão de tomar o lugar de Deus. Há inúmeros aspectos objetivos da existência moderna que tornam obsoleta, ainda que repleta de atração nostálgica, a sabedoria do velho que aprendeu sofrendo. O fato é que a vida não tem mais a estabilidade que tinha nas sociedades de desenvolvimento lento que deixamos para trás. O caso extremo das novas possibilidades que a pesquisa recente abriu para a manipulação genética, que nos coloca diante do inusitado desafio de uma modificação dos "códigos" da vida, talvez seja apenas o exemplo mais emblemático da nova condição com que nossa arte de viver tem de lidar. E Nietzsche não dizia precisamente que o além-do-homem é aquele que consegue situar-se no nível de suas novas capacidades técnicas, que sabe lidar ativamente com as transformações radicais que elas tornam possíveis?

A técnica e a ciência, além disso, foram também e sobretudo, no século XX, comunicação: mesmo que ainda não sejamos (e talvez jamais seremos, espero) produtos de clonagem, mas criaturas colocadas no mundo com os velhos métodos artesanais, somos contudo pessoas que se comunicam em "tempo real" (essa expressão nunca foi menos apropriada) com regiões muito distantes, que são bombardeadas por informações sobre todas as culturas do passado e do presente. Que, portanto, até mesmo levando em conta apenas a variedade de formas de vida (ainda a mesma, ao menos por enquanto) com que entram em contato, já não conseguem, a não ser com um esforço que pode transformar-se em neurose, pensar a vida como algo constante em que seja possível aprender alguma coisa de válido, utilizável, de quem viveu e aprendeu antes de nós. O mundo não apenas muda com uma rapidez ignorada pelos sábios do passado, mas de sua mudança é parte integrante a abertura dos horizontes da comunicação, que faz com que a vida, com sua variedade de formas – culturas, costumes, éticas, maneiras de ver a própria história –, não seja mais algo de unitário que possa estar contido em uma "sabedoria", que não seja, precisamente, a sabedoria do além-do-homem, do criador de valores ou, ao menos, do intérprete que redescreve o mundo de acordo com modelos que escolheu conscientemente. No caos, só podemos ser intérpretes originais; se não for assim, como escreve Nietzsche em tantas de suas páginas, perecemos, caímos na categoria dos "fracassados".

Aquilo que Nietzsche chama de niilismo, e a que desferem tantas censuras, hoje, os defensores dos valores – ou melhor, Valores, com maiúscula –, é apenas o mundo da Babel multicultural na qual de fato vivemos. É ele que "determina" a destruição dos "fracassados" que Nietzsche descreve, profetiza, deseja, em sua filosofia do além-do-homem e da vontade de potência. Ora, termos como esses podem nos causar arrepios, sobretudo levando em conta as leituras nazistas que se fizeram de Nietzsche – mal-entendidos, certamente, mas possibilitados por equívocos presentes em seu próprio texto, e talvez até em sua autointerpretação. Mas trata-se apenas daquilo que temos diante dos olhos todos os dias: hoje bem menos que antes – menos que nas sociedades do passado, dominadas e protegidas por uma cultura mais unitária, não raro autoritária mas substancialmente convencida de seu bom fundamento na "realidade" e na natureza das coisas e do homem – é possível sobreviver como pessoas sem ser inventores da própria visão de mundo. Não que no passado aquilo que se acreditava ser a verdadeira realidade não fosse fruto de interpretação; mas as agências interpretativas eram poucas, e ainda não explicitamente reveladas como tais. Hoje que todos sabemos que a tevê mente, que os meios de informação não fornecem de modo algum representações desinteressadas e objetivas do mundo, e que até aquilo que se chama "natureza" só nos é acessível por meio de paradigmas científicos abundantemente marcados pela historicidade e repletos de teoria, portanto de "preconceitos" (sem os quais, de resto, não se poderia conhecer nada), não podemos mais ficar tranquilos fingindo estar com os pés na terra, considerar as coisas como são, não dar ouvidos aos sonhos. O fim da ideologia é também a vitória das ideologias, ou seja, das múltiplas interpretações do mundo reconhecidas como tais, que tornam inevitável a escolha e a decisão individual. É até óbvio demais que precisamente a sociedade de massa torne possível e necessária essa escolha, enquanto constitui também o maior risco para sua efetiva realização: uma espécie de "duplo vínculo" que, como aprendemos com antropólogos como Bateson, pode muitas vezes levar à loucura. Os versos de Hölderlin citados frequentemente por Heidegger, "Onde cresce o perigo, cresce também o que salva", talvez não tenham o sentido de uma certeza fundamentada em uma visão da lei dialética da realidade, mas são uma profecia sobre o mundo assim como ele se configura hoje, de uma pós-modernidade que exige peremptoriamente que nos tornemos super-homens [*oltreuomini*] e ao mesmo tempo ameaça perigosamente a possibilidade de nos realizarmos enquanto tais.

Como se sabe, Heidegger descreveu a condição da fase final da cultura moderna na qual vivemos como a época do fim da metafísica. Ou seja, como a época do niilismo de que fala Nietzsche. E ele o caracteriza de maneira emblemática em algumas páginas famosas de sua obra dos últimos anos: por exemplo, no famoso capítulo do *Crepúsculo dos ídolos* intitulado "Como o mundo verdadeiro acabou se tornando fábula". Ou também, talvez mais sutilmente, no apontamento intitulado "O niilismo europeu" do verão de 1887 (VIII, 1, 199-206). É preciso reunir esses dois textos (e muitos outros, naturalmente) de Nietzsche para compreender em que sentido niilismo, modernidade e ideal do além-do-homem como único ideal moral possível da nossa época estão implicados. Quando muito, aquilo que nós, instruídos também por Heidegger, podemos acrescentar ao quadro delineado por Nietzsche é uma referência mais explícita ao devir da sociedade da comunicação. O niilismo, o fim da crença em uma realidade estavelmente dada em suas estruturas de uma vez por todas, e atingível pelo pensamento, como norma do conhecimento e da ação, não ocorre apenas por uma necessidade conceitual íntima, como certas vezes Nietzsche parece pensar, quando teoriza que Deus morre porque seus fiéis, aos quais ordenou que não mentissem, descobrem que ele mesmo é uma mentira a ser revelada enquanto tal. Ou melhor: também a descoberta de Deus como mentira não mais necessária se verifica, de acordo com Nietzsche, porque, como escreve no mesmo apontamento do verão de 1887 (par. 3), não temos mais necessidade de Deus, uma hipótese demasiado extrema, porque agora, até mesmo graças à crença religiosa que consolidou as bases da convivência e favoreceu o desenvolvimento da ciência e da técnica, nossa existência não é mais tão insegura e não exige mais garantias totais, mágicas, como aquelas que exigiam a fé em Deus. Também para Nietzsche, portanto, na base do niilismo moderno está o desenvolvimento da ciência e da técnica. Para nós, esse desenvolvimento, como dissemos, é também e sobretudo o da comunicação: um mundo de pluralismo cultural como aquele em que, ainda, vivemos é justamente o lugar do fim da metafísica e do surgimento do caráter interpretativo de toda a existência. Não é apenas a comunicação que mostra isso: também e antes de tudo a ciência, cujo mundo é cada vez mais uma "substrução", como a chamava o Husserl da *Crise das ciências europeias*, uma imagem artificial que certamente serve para produzir experimentos de verificação ou falsificação e depois realizações úteis na prática, mas que tem com a experiência de todos os dias uma relação cada vez mais mediada, por sua vez, apenas por outras substruções científicas. Ninguém nunca "viu", nem poderá ver, um buraco negro. A ciência tem êxito, e portanto se mostra realista, eficaz etc., precisamente na medida em que se especializa e "perde de vista" o real no sentido cotidiano da palavra. Nietzsche também observa isso, quando diz que os cientistas trabalham sem necessidade de saber tudo desde o início e tudo até o fim: só um pequeno pedaço disso. Portanto, também sob esse aspecto a realidade "foge" enquanto tal. Juntamente com a ciência-técnica e a comunicação generalizada, houve todo o processo de efetiva pluralização dos mundos: fim do colonialismo, encontro com culturas, religiões, éticas diferentes.

O que Nietzsche afirma na página do *Crepúsculo dos ídolos* e no apontamento do verão de 1887 deve, portanto, ser lido à luz de um processo histórico amplo que nos envolve, que não tem apenas ou antes de tudo traços teóricos, e que "exige" o além-do-homem. Quem não consegue se tornar um "intérprete" autônomo nesse sentido perece: não vive mais como uma pessoa, mas apenas como um número, uma unidade estatística do sistema de produção-consumo.

É possível, vivenciável, verossímil, um ideal de sabedoria "ultra-humano" desse tipo? No entanto, não será algo que deve reforçar a fé em si mesmo, o sentimento da própria originalidade, do próprio "bom" direito (não há nada que limite minha vontade de potência, a não ser a dos outros com os quais posso apenas lutar...), a ponto de tornar impossível qualquer tipo de convivência? Um retorno à selva primitiva, *bellum omnium contra omnes*? Os intérpretes nazistas talvez tenham lido Nietzsche desse modo. Mas aqui torna-se decisivo ler até o fim do apontamento do verão de 1887, que se encerra com uma tese aparentemente pouco "nietzschiana": na luta das vontades de potência para impor a própria interpretação sobre a dos outros (com certeza Nietzsche não exclui explicitamente o uso da força física, aqui...), não vencerão os mais violentos, e sim "os mais moderados, aqueles que não precisam de princípios extremos... que sabem pensar em relação ao homem com uma notável redução de seu valor, sem por isso se tornar pequenos e fracos". Em outro lugar, Nietzsche fala explicitamente do fato de que na dissolução de todos os valores está envolvido também o eu; mesmo em relação a ele deve-se exercer a ironia do além-do-homem, ou melhor, precisamente nisso se distingue dos ideais banais super-humanos que foram propostos pelas éticas da exceção, do gênio, da superioridade de raça etc. A moderação de que fala nosso fragmento sobre o niilismo europeu é, portanto, algo muito mais complexo que um simples espírito de tolerância, que seria um expediente psicológico útil para vencer na luta das vontades de potência. Aqui, trata-se, muito mais, de um ideal de vida e de sabedoria que acaba por indicar como meta do aperfeiçoamento moral um sujeito "plural" capaz de viver a própria interpretação do mundo sem necessidade de acreditar que ela seja "verdadeira" no sentido metafísico da palavra, no sentido de alicerçar-se em um fundamento certo e inabalável. Se pensamos um pouco, é isso que procuraram tantas doutrinas da verdade do século XX, incluindo a hoje tão popular da verdade como falsificabilidade. Mas, forçando um pouco as coisas, até uma visão do verdadeiro como "o todo" que Hegel tem em mente pode ser lida em uma perspectiva como esta: talvez Hegel não acreditasse realmente ser Deus, ou seja, não acreditasse realmente que a verdade total do espírito absoluto pudesse habitar em uma mente individual, ainda que fosse a do filósofo; e por isso o espírito absoluto só existe "dentro" do espírito objetivo, e como síntese de espírito objetivo e espírito subjetivo. Mas, seja qual for a possibilidade de "anexar" até Hegel nesse ideal do além-do-homem como personalidade sábia enquanto plural, pode-se pelo menos reconhecer que nessa direção vão todas as experiências e temáticas determinantes para a cultura do século XX.

Não apenas a grande literatura de Proust, Joyce ou Musil. É precisamente isso que tanto as inúmeras éticas laicas do retorno aos Valores quanto a ética oficial ignoram: ainda uma questão de compreender a modernidade, ler os sinais dos tempos... Primeiro, o sentido cultural da psicanálise, aquele "ferimento no narcisismo do eu" que se produz quando não é mais possível acreditar na ultimidade da consciência, da qual se descobre – sem jamais chegar ao fundo, porém – que é sempre apenas superfície, máscara, simbolização.

Mas quem, senão um sujeito ultra-humano e plural nesse sentido nietzschiano, pode viver autenticamente a democracia moderna? Parece paradoxal fazer do além--do-homem nietzschiano um sujeito "constitutivamente" democrático, contra as tantas declarações explícitas do próprio Nietzsche. Seja como for, em favor dessa leitura está não apenas o aviso do fragmento citado sobre o niilismo europeu, e sobre a vitória final dos "mais moderados". Há também toda a crítica que Nietzsche desenvolve no *bisheriger Mensch*, do homem como existiu até agora, que tem em si todos os defeitos e as neuroses do cachorro "envelhecido na corrente" (cf. MaM I, 34; e WS 350; e *Il soggetto e la maschera*, cit., pp. 152 ss.). É em decorrência da desconfiança no homem como existiu até agora, até mesmo em seus melhores exemplos, que Nietzsche não pode pensar o *Übermensch* em termos de força e de capacidade de se impor sobre os outros, como um senhor sobre os escravos. Se algo como o *Übermensch* deve verificar-se, ele só será possível como um "além--do-homem de massa", um novo sujeito que não se destaca contra o pano de fundo de uma sociedade de escravos, mas vive em uma sociedade de iguais. Se fosse um "senhor" contraposto a uma massa de escravos, ainda continuaria a ser sempre o sujeito violento da tradição, marcado pelos resíduos da luta pelo poder e, consequentemente, ainda ameaçado pelas neuroses e pela violência interiorizada ligadas àquela luta. Se quisermos um exemplo dramaticamente atual, bastará pensar em como poderá se tornar a vida dos quinze por cento de "senhores" – nós, cidadãos do mundo industrial – que consomem os oitenta e cinco por cento dos recursos do globo, se não se apressarem em redistribuir esses recursos de maneira mais igualitária: uma vida blindada, em um enclave militarizado em que as exigências da defesa dos próprios privilégios acabam tornando impraticáveis esses mesmos privilégios.

Será que é realmente tão paradoxal, portanto, falar – mesmo contra o sentido literal do texto de Nietzsche – de um além-do-homem de massa? Ou não é uma maneira de tomar radicalmente a sério sua doutrina, percebendo que realmente, como ele pensava, nosso século é precisamente o do niilismo, do eterno retorno, da supra-humanidade? Aliás, para essa direção apontam não apenas os tantos exemplos literários e artísticos que definem nossa época; o além-do-homem nietzschiano tem algo de profundamente afim também com outro grande modelo ético, ou melhor, religioso, que se tornou popular na cultura do século XX graças a um grande pensador isolado da metade do século XIX, Søren Kierkegaard, o fundador do existencialismo. Como muitos devem se lembrar, Kierkegaard concebe a existência como escolha entre três formas de vida possíveis: a fase estética, a ética, a religiosa. A primeira é simbolizada na figura de Don Giovanni, a segunda na figura do marido fiel e trabalhador, a terceira na figura do Abraão bíblico. Este último é, a certa altura, colocado diante do chamado, muito pessoal e misterioso, com que Deus lhe pede que sacrifique Isaac, e contrariando todas as leis da ética decide segui--lo, constituindo-se como uma exceção que deixa de lado os valores universais das normas para responder a uma vocação não justificável diante dos outros com motivações racionais. Não é legítimo vislumbrar também em Abraão os traços supra-humanos do *Übermensch* nietzschiano? Alguém dirá que aqui não está em jogo apenas a vontade de potência de Abraão, há sobretudo sua dedicação obediente à vontade de Deus. É verdade, mas também o além-do-homem de Nietzsche, no final, não pensa na própria vontade como alguma coisa de último, sabe que ela é apenas superfície, sente-se, portanto, preso e envolvido em uma história que não se refere totalmente e apenas ao seu "eu". A parábola em que Zaratustra fala da decisão de que depende o reconhecimento, ou instituição, do eterno retorno ("A visão e o enigma") narra que, sob a grande porta sobre a qual está escrito "Augenblick", o instante da decisão, passa uma estrada circular: a decisão é, assim, algo que existiu desde sempre, não é portanto nada de original, talvez nem sequer totalmente em poder do sujeito que, dramaticamente, a toma, já fala de algum tipo de alteridade. Nietzsche não identifica essa alteridade com o Deus bíblico (e mesmo assim isso deveria ser apurado...). Sem dúvida, justamente desse reconhecimento provém a moderação do além-do-homem, seu sentido da ironia, sua abertura fundamental para a pluralidade das interpretações; que faz dele um sujeito novo, capaz de viver em um mundo desprovido de fundamentos sem se tornar um mesquinho cultor do seu eu mais limitado e de seus interesses mais brutais e imediatos. O fundamento último que sempre justificou os mais impiedosos fanatismos da história da violência humana não é substituído aqui pela vontade do eu assumido como último e indiscutível absoluto; aquele eu é um centro de hospitalidade e de escuta de vozes múltiplas, um mutável arco-íris de símbolos e chamados que está tão mais próximo do ideal quanto menos se deixa encerrar em uma forma dada de uma vez por todas. Não será também esta uma das tantas alegorias nietzschianas, que precisa ser lida como uma referência à caridade?

OS DOIS SENTIDOS
DO NIILISMO DE NIETZSCHE

Como se sabe, Nietzsche se define como o primeiro niilista completo da Europa, na medida em que experimentou o niilismo em suas consequências extremas, e precisamente por isso "ihn hinter sich, unter sich ausser sich hat" (VII, 11/411)[1]. É niilista, em suma, e o é completamente, precisamente na medida em que atravessou o niilismo e o deixou para trás. Esta já é uma alusão, implícita, a dois sentidos diferentes de niilismo. Compreender essa distinção não é apenas um problema de "filologia" nietzschiana, como é evidente: pode-se dizer que todo o significado da proposta filológica de Nietzsche – se seu pensamento é apenas *sintoma* da decadência europeia (como quiseram muitos intérpretes, não apenas Lukács, talvez, mas até Heidegger, em certo sentido) ou é também uma saída praticável da decadência – depen-

---

1. As obras de Nietzsche são citadas aqui com o título e o número do aforismo ou capítulo, no caso das publicadas; os escritos inéditos são citados de acordo com a numeração (volume/caderno dos manuscritos/fragmento) da edição Colli-Montinari publicada pela editora Adelphi.

de da possibilidade de traçar uma clara distinção entre os dois sentidos de niilismo.

Ora, a caracterização mais ampla e geral do niilismo ativo em relação ao passivo ou reativo parece distingui-los em termos de "força" do espírito; em uma nota do outono de 1887, o niilismo é definido como "ambíguo": "niilismo como sinal da maior potência do espírito: como niilismo ativo[...] Niilismo como declínio e regresso da potência do espírito: niilismo passivo" (VIII, 9/35). A força do espírito afirma-se sobretudo no ato de dissolver tudo o que se apresenta, pedindo nossa adesão, como estrutura objetiva, valor eterno, significado estabelecido: de fato, toda crença "em geral expressa a coerção exercida por condições de existência, uma submissão à autoridade de situações em que um ser prospera, cresce, adquire potência" (ibid.); por isso, a negação é por si mesma um sinal de atividade e não deve ser confundida com niilismo reativo (veja-se, por exemplo, o que Nietzsche escreve sobre o "prazer de dizer não e de fazer o oposto por uma imensa força e tensão do dizer sim", VIII, 11/228). A característica essencial do niilismo reativo ou passivo não é a negação: ao contrário, esse niilismo sempre assumiu, em suas várias formas históricas, uma aparência afirmativa, já que seu objetivo era esconder o nada que está no fundo de tudo o que é considerado ser, valor, estrutura estável. O niilismo passivo também é denominado reativo precisamente porque – quando os valores supremos se dissolvem (e isso é uma espécie de lado "objetivo" do niilismo) – se recusa a tomar conhecimento desse aniquilamento e, para restaurar, curar, tranquilizar, maravilhar, usará todos os "disfarces, religiosos, morais, políticos ou estéticos etc." (VIII, 9/35).

A ligação entre passividade e reatividade mostra-se, assim, clara: a reação, ou seja, a invenção de todo tipo de disfarces, de máscaras ideológicas, é um aspecto da atitude que se recusa a reconhecer que não existem significados e valores *objetivos*, estruturas *dadas* do ser, e que por isso seria preciso criá-los ativamente. O niilista passivo recusa essa tarefa criativa, e reage usando disfarces e máscaras que devem preencher o vazio de estruturas objetivas dadas: "Que as coisas tenham uma constituição em si, prescindindo totalmente da interpretação e da subjetividade, é uma hipótese totalmente ociosa (ou: preguiçosa); isso pressuporia que o interpretar e o ser sujeito não seriam necessários..." (VIII, 9/40). A reatividade, portanto, está diretamente ligada à passividade e à preguiça (*müssige Hypothese*). Se, ao contrário, o niilismo tem a coragem de aceitar que Deus está morto, ou seja, que não existem estruturas objetivas *dadas*, torna-se ativo em pelo menos dois sentidos: antes de tudo, não se limita a desmascarar o nada que está na base de significados, estruturas, valores; produz e cria, também, novos valores e novas estruturas de sentido, novas interpretações. É só o niilismo passivo que diz que não há nenhuma necessidade de fins e de significados. Ao contrário, "precisamente agora que a vontade seria necessária em sua força máxima" (ou seja: agora que Deus está morto), "é mais fraca e pusilânime. Absoluta desconfiança na força organizadora da vontade em relação a tudo" (VIII, 9/43).

Em um segundo sentido o niilismo é ativo na medida em que não é apenas "uma contemplação da inutilidade das coisas, nem apenas a convicção de que qualquer coisa merece se converter em ruína: põe mãos à obra e *as converte em ruína*" (VIII, 11/123); talvez essa seja uma atitude ilógica, porque se poderia simplesmente esperar o inevitável aniquilamento de valores e estruturas;

"mas o niilista não acredita na obrigação de ser lógico. É o estado dos espíritos e das vontades fortes, e não lhes é possível deter-se no 'não do juízo' – o não da ação provém de sua natureza. O aniquilamento com a mão acompanha o aniquilamento por meio do juízo" (ibid.) (com todos os ecos, tão vivamente sentidos no início da década de 1970, que evocam a crítica das armas de Marx...).

Mas: por que valores e verdades "recebidos", *bisherige*, merecem afundar, ser dissolvidos? Antes de tudo porque, enquanto pretendem ser verdades e valores eternos, "não em devir" (segundo uma expressão recorrente em *Humano, demasiado humano*), exprimem simplesmente as condições sem as quais "uma determinada espécie de seres vivos" (*eine bestimmte Art von lebendigen Wesen*) "não poderia sobreviver" (VII, 34/253). "Nós projetamos as *nossas* condições de conservação como predicados do ser em geral" (VIII, 9/38). O que acreditamos ser a verdade, a estrutura do ser em si, é apenas a projeção ideológica de uma certa forma de vida – de indivíduos ou de sociedades. Ora, o motivo pelo qual essas máscaras ideológicas merecem ser convertidas em ruínas é também o motivo que as torna necessárias: toda forma de vida precisa de uma verdade, de um sistema de condições de conservação e desenvolvimento projetado em uma "interpretação" do mundo. Como vimos acima, a desconfiança na força organizadora da vontade é um sintoma de fraqueza e de niilismo passivo: consequentemente, o niilismo ativo não pode destruir as máscaras ideológicas sem criar novas, ou seja, novas interpretações que representam as condições de conservação e desenvolvimento de outra forma de vida... Mas, então, o que diferencia esses novos valores "ativos" dos disfarces tranquilizadores do niilismo reativo? Aparentemente, enquanto estes últimos se representavam como verdades eternas e estruturas objetivas dadas, as interpretações próprias do niilismo ativo são explicitamente conscientes da própria natureza hermenêutica, e por isso mesmo correspondem a uma forma de vida mais ousada, mais rica e aberta. Na forma de vida do rebanho, no niilismo reativo, nenhuma interpretação tem a coragem de se apresentar como uma interpretação, como a interpretação de alguém; deve sempre aparecer como verdade objetiva. Assim, no romantismo decadente do século XIX, a própria ideia de gênio, escreve Nietzsche, foi substituída pela noção de uma "poesia popular", em que desapareceu qualquer noção de criatividade individual (cf. VIII, 9/44).

No entanto, não é claro se, remetendo-nos a duas "formas de vida" diferentes – uma fraca e decadente, outra forte e arrojada –, chegamos a uma caracterização satisfatória do niilismo ativo e do niilismo criativo. A forma de vida "forte" ainda pode ser definida ou em termos de "consciência hermenêutica" ou em termos de pura força extra-hermenêutica. No primeiro caso, a força seria tão somente a capacidade de viver sem a garantia de um horizonte determinado e estável, na consciência de que todos os sistemas de valores não passam de produções "humanas, demasiado humanas"; ou, como diz a *Gaia ciência* (af. 54), que para viver temos de continuar a sonhar, mesmo tendo descoberto que tudo é sonho. No segundo caso, ao contrário, o niilismo ativo seria definido como uma forma de vida que, por sua força e vitalidade, cria sempre novas interpretações que se combatem sem cessar e chegam apenas a precárias situações de equilíbrio, sem contudo jamais poder se referir a um critério "objetivo" de validade. Enquanto esta segunda concepção do niilismo ativo assemelha-se um pouco à visão que Burckhardt tinha do Renascimento (e que Nietzsche certamente conhecia e em parte compartilhava), a primeira perspectiva tem mais as características de uma consciência histórica "goethiana", ou melhor, diltheyana. O que pretendo afirmar é que nem a imagem "vitalista" nem a "historicista" ou "transcendentalista" do niilismo ativo o descrevem de forma adequada. Quanto à imagem historicista – que evoca muito profundamente temas de Dilthey, como aparecem, por exemplo, na *Einleitung in die Geisteswissenshaften*, de 1883[2] –, ela parece inadequada em virtude do que poderia ser chamado de seu socratismo. Em virtude da dissolução da centralidade da autoconsciência realizada por Nietzsche (a consciência como consciência do rebanho, instrumento de comunicação entre quem manda e quem obedece: *Gaia ciência*), é difícil acreditar que o caráter do niilismo ativo seja aquela espécie de ignorância culta que assume explicitamente todos os sintomas de valor como erros, sonhos, máscaras ideológicas; ou como *Weltanschuungen* historicamente relativas, que se tornam materiais para uma tipologia ou para uma psicologia transcendental.

A segunda imagem, a vitalista, que define o niilismo ativo em termos de energia, força vital, também comporta graves dificuldades, embora seja popular entre uma série de intérpretes de Nietzsche, não apenas à direita, mas também em autores como Deleuze ou Foucault. Penso nos "fluxos" de Deleuze que seria preciso libertar das canalizações ou territorializações repressivas, ou na ideia foucaultiana de que os *epistemai* são, em última

---

2. Pode-se vê-la na trad. it. org. por G. A. de Toni, *Introduzione alle scienze dello spirito*, Florença, La Nuova Italia, 1974.

análise, efeitos de força, de atos de disciplinamento. Em todas essas interpretações vitalistas, é difícil ver como é possível definir a vida a não ser em termos de interpretação e de consciência hermenêutica (termos que, no entanto, recairiam sob a objeção ao socratismo...). Aliás, como a centralidade da consciência, também a noção de vida foi objeto de uma crítica radical por parte de Nietzsche, que em *Ecce homo* faz questão de dizer que não é um asno darwiniano. Como o eu e a própria vontade de potência (cf. *Além do bem e do mal*, 22), também a vida não é senão uma interpretação, uma noção interna a uma perspectiva específica; que não pode, portanto, pretender descrever a essência do ser. Dizer que o niilismo ativo se define como aquele que realiza, deixa agir etc. a força vital, implicaria uma noção "metafísica" de vida que não é compatível com o perspectivismo de Nietzsche. Então, temos de voltar a definir a superioridade do niilismo ativo em termos de consciência hermenêutica; e voltamos a cair no problema da centralidade da consciência, que Nietzsche nega...

Também seria possível definir o niilismo ativo como uma forma de pragmatismo radical: aliás, em *A filosofia e o espelho da natureza*[3], Richard Rorty defende uma concepção "hermenêutica" do conhecimento (contra uma concepção descritiva, do pensamento como espelho de uma ordem dada nas coisas), precisamente com base em uma rejeição da preguiça da razão que lembra a preguiça de que fala Nietzsche (de resto, já atestada na cultura italiana do início do século XX), que teria também a van-

---

3. R. Rorty, *La filosofia e lo specchio della natura* (1979), trad. it. de G. Millone e R. Salizzoni, com nota introdutória de D. Marconi e G. Vattimo, Milão, Bompiani, 1986.

tagem de fornecer soluções "tranquilizadoras" para alguns aspectos embaraçadores do pensamento de Nietzsche: assim, sua ideia de que o além-do-homem não pode existir sem uma raça de "escravos", ou de uma massa não criativa, poderia traduzir-se na complementaridade que Rorty estabelece entre aquilo que em termos kuhnianos chama epistemologia ou hermenêutica, ou ciência normal e ciência revolucionária. No entanto, creio que, não obstante sua verossimilhança e suas vantagens inquestionáveis, a visão "pragmatista" do niilismo ativo também permanece em uma perspectiva vitalista, com todas as dificuldades que ela implica. De fato, por que teríamos de "recomendar" (como faz Rorty) um niilismo ativo ou uma posição de pragmatismo radical a não ser com base em uma crença implícita no valor da criação, da atividade, do crescimento, da inovação etc., ou seja, com base em uma implícita metafísica vitalista? Rorty, como se sabe, evita essas implicações metafísicas pressupondo como óbvio que qualquer um preferirá espontaneamente viver em um universo aberto, com o diálogo em desenvolvimento (com interpretações sempre novas possíveis), em vez de aceitar um universo fechado, uma ordem dada que é preciso apenas conhecer de uma vez por todas, e portanto em que, idealmente, não deveria haver mais interpretação ou diálogo. Mas, poder-se-ia objetar do ponto de vista de Nietzsche, a própria preferência por um horizonte aberto, pelo processo do diálogo, pela possibilidade de cada vez mais inovações, não será precisamente um artigo daquela fé do rebanho contra a qual o niilista ativo deveria se rebelar? Será que a fé no desenvolvimento, na abertura etc. não é uma das mais arraigadas, difusas e indiscutidas da nossa sociedade? Nietzsche não é apenas o filósofo da vontade de potência, mas também do eterno retorno do mesmo, portanto de uma crítica radical da abertura, linearidade e progressividade do tempo...

Não pretendo desenvolver essa ideia aqui. Gostaria antes, em conclusão, de propor a ideia de que, contra essas aporias nas quais Nietzsche parece envolver-se no esforço de distinguir entre niilismo ativo e niilismo passivo, em seus últimos escritos, sobretudo nos apontamentos para o jamais finalizado *Wille zur Macht*, há indicações de outro caminho possível para a definição do niilismo ativo, com tudo o que ela implica.

O longo fragmento sobre o niilismo europeu, escrito em Lenzer Heide no verão de 1887, depois de ter descrito o niilismo como a manifestação da insensatez da existência, da ausência de fins e de objetivos, e da essência do ser como vontade de potência, indica como consequência de tudo isso a destruição dos fracos, os quais deverão perecer porque não terão mais a possibilidade de se esconder sob os disfarces religiosos, morais, políticos do niilismo reativo. A luta entre vontades opostas de domínio, o jogo da vontade de potência, explicita-se e agora torna impossíveis esses refúgios. Mas a esta altura, pergunta-se Nietzsche, "quais homens se revelarão os mais fortes? Os mais moderados – responde –, aqueles que não precisam de princípios de fé extremos, aqueles que não apenas admitem, mas também amam, uma boa dose de acaso, de absurdidade, aqueles que sabem pensar, em relação ao homem, com uma notável redução de seu valor, sem por isso se tornar pequenos e fracos: os mais cheios de saúde, aqueles que estão à altura da maior parte das desgraças e, desse modo, não têm tanto medo das desgraças – os homens que estão seguros de sua potência e representam com um orgulho consciente a força obtida pelo homem" (VIII, 5/7, par. 15).

Muitas outras notas dos últimos anos mostram o que Nietzsche entende por essa ideia de "moderação" que caracteriza os mais fortes na época do niilismo completo. O modelo desse niilista ativo – já que é esse o sentido do discurso – não é o "animal loiro" tão caro aos nazistas, nem, porém, o filósofo consciente da historicidade de toda *Weltanschauung*, o psicólogo transcendental de tipo diltheyano. O modelo mais constantemente evocado por Nietzsche em seus últimos escritos é o artista; que, com uma espécie de retorno à terminologia das obras da juventude, é chamado trágico ou dionisíaco; o artista, com esses termos, é definido em relação à sua capacidade de apreender, aceitar e até ampliar os aspectos problemáticos e terríveis da vida, em uma espécie de *hýbris* experimental que o equipara àqueles técnicos e engenheiros de que fala a *Genealogia da moral* (III, 9). Sob esse ponto de vista, a moderação do fragmento de Lenzer Heide – como aliás demonstra também o contexto daquele apontamento – não é uma atitude de equilíbrio olímpico, mas é antes uma disponibilidade para o risco extremo, que só se pode chamar de moderação na medida em que – e este é seu aspecto essencial – transcende os interesses que movem a luta pela vida. No aforismo 120, *A gaia ciência* já apresentara a hipótese de que "a exclusiva vontade de saúde" poderia ser "um preconceito, uma covardia e talvez um resíduo da mais refinada barbárie e retrocesso"; e o Nietzsche dos últimos escritos, na *Genealogia da moral* (II, 16), caracteriza o homem como "uma alma animal voltada contra si mesma" cuja aparição na terra é "algo de novo, profundo, inaudito, enigmático, repleto de contradições e repleto de futuro", a ponto de transformar substancialmente o aspecto da terra. A novidade e importância dessa capacidade de transcender o instinto de conservação, que também em outra página da *Genealogia* parece ser a característica essencial do homem do futuro (refiro-me à página de III, 9: "*hýbris* é nossa posição em relação à natureza, nossa violação da natureza com a ajuda das máquinas e da tão irrefletida inventividade dos técnicos e dos engenheiros [...], *hýbris* é nossa posição diante de nós mesmos, visto que realizamos experimentos conosco que não nos permitiríamos realizar com nenhum animal"), é provavelmente o traço menos incoerente e dúbio entre aqueles que Nietzsche atribui ao além-do-homem e ao niilista ativo. Parece paradoxal, mas se buscamos um modelo para o niilista ativo nós o encontramos indicado por Nietzsche no artista; e este, por sua vez, é pensado essencialmente como trágico e dionisíaco, mas em um sentido que lembra Schopenhauer e sua interpretação ascética do desinteresse estético kantiano. A possibilidade de um niilismo ativo é a capacidade, testemunhada pelo artista, de transcender o instinto de conservação, alcançando uma condição de moderação que também está na base da *hýbris* irrefletida, desinteressada, que é essencial para a capacidade experimental do *Übermensch*. Descrito nesses termos, o niilismo ativo não está muito distante daquele passivo ou reativo; como vimos, o esforço de Nietzsche para separar nitidamente as duas formas de niilismo não parece ter levado a uma solução realmente estável e satisfatória. O fato de que a caracterização do niilismo ativo deva, em última análise, referir-se à capacidade de transcender o interesse pela autoconservação indica que no fundo o niilismo ativo é sempre, também, passivo e reativo; pelo menos no sentido de que ele não pode desconsiderar aquilo que, em outro contexto, eu chamaria de uma "ontologia fraca". Se o niilismo ativo quer evitar sua transformação em uma nova metafísica, que colocaria a vida, a força, a vontade de potência no lugar do *ontos on* platônico, ela deve interpretar-se, em última instância, como uma doutrina do "desfalecer" do ser – do desfalecer, enfraquecer-se etc. como caráter "essencial" do próprio ser. O niilismo é o processo no decorrer do qual, como escreve Heidegger a respeito de Nietzsche, "não resta mais nada do ser enquanto tal". O niilismo ativo é apenas a resposta do homem a esse processo "factual" de enfraquecimento do ser. Atravessar o niilismo até suas extremas consequências, para se tornar niilistas completos, ou seja, ativos, significa acompanhar, corresponder ao enfraquecimento do ser derrotando em si o instinto de conservação, o interesse na luta pela existência.

Nas *Meditações sobre a metafísica* que concluem a *Dialética negativa*[4], Adorno vê a última possibilidade para a metafísica em desenvolver – no lugar das categorias universais e opressivas que marcaram o pensamento tradicional e o impulso planificador da sociedade moderna – uma meditação do *presque rien*, a única forma em que algo como uma "essência" pode verificar-se fora da lógica da violência e da prepotência. Esse *presque rien* não é muito diferente daquele *Gering* – inexpressivo, modesto, de pouca importância – de que fala a conferência heideggeriana sobre *A coisa* (em *Ensaios e discursos*)[5]. Ambos – o *presque rien* adorniano e o *Gering* heideggeriano – são possíveis nomes do ser no momento do fim da metafísica. A cumplicidade final e insolúvel,

---

4. Th. W. Adorno, *Dialettica negativa* (1966), trad. it. de C. A. Donolo, Turim, Einaudi, 1970.
5. M. Heidegger, *Saggi e discorsi* (1954), trad. it. de G. Vattimo, Milão, Mursia, 1976.

que encontramos em Nietzsche, entre niilismo ativo e reativo, e sua abertura para o modelo da arte como lugar da superação do instinto de autoconservação e da luta pela vida – tudo isso parece chamar o pensamento para a mesma direção.

A GAIA CIÊNCIA

A atenção da recente Nietzsche-Renaissance, começada no início dos anos 1960 com a publicação, em 1961, dos dois volumes do *Nietzsche* de Heidegger[1], e continuada mais intensamente depois de 1964 – ano em que se inicia a publicação da nova edição crítica das obras nietzschianas organizada por Giorgio Colli e Mazzino Montinari –, parece concentrar-se predominantemente nas obras do último período da produção de Nietzsche, dedicando portanto uma atenção relativamente menor à *Gaia ciência* e aos escritos aos quais parece mais estreitamente ligada, como *Humano, demasiado humano* e *Aurora*. Essa tendência, se não geral com certeza predominante nos estudos recentes sobre Nietzsche, explica-se antes de tudo em referência àquele que foi, nas duas últimas décadas, o impulso inicial da retomada do interesse por Nietzsche, justamente a interpretação de sua obra proposta por Martin Heidegger. No centro dessa interpretação estão as noções que Nietzsche elaborou sobre-

---

1. M. Heidegger, *Nietzsche*, cit.

tudo nos escritos sucessivos à *Gaia ciência*: eterno retorno do mesmo, *Übermensch*, niilismo, vontade de potência. São as mesmas noções em que insistia a leitura de Nietzsche corrente na Alemanha nos anos 1930, que via nele o profeta do nazismo e de suas teorias da raça eleita; precisamente naqueles anos, em uma série de cursos universitários realizados entre 1936 e 1940, nascia também a interpretação heideggeriana; uma interpretação que, não obstante a famosa história da adesão de Heidegger ao nazismo em 1933 (ano em que foi reitor da Universidade de Freiburg, demitindo-se já no ano seguinte e renunciando desde então a qualquer atividade política; não só isso, mas também não publicando quase mais nada até o final da guerra), é totalmente alheia às interpretações nazistas do pensamento nietzschiano, embora tenha uma profunda ligação com a época, mas em um sentido histórico-ontológico que nada tem a ver com posições políticas de partido. O que Heidegger lia em Nietzsche, e sobretudo na doutrina da vontade de potência, era o destino do homem na sociedade tecnológica do século XX; não apenas na Alemanha nazista, portanto, mas também na Rússia stalinista ou nos grandes países capitalistas do Ocidente; um destino que Max Weber já descrevera em sua análise da racionalização e burocratização das sociedades modernas, e que era objeto das análises daquela que depois passaria a ser conhecida como a "escola de Frankfurt". O sentido histórico-ontológico da interpretação de Heidegger consistia no fato de que ele via na filosofia de Nietzsche a conclusão da história da metafísica ocidental, ou seja, de todo o pensamento europeu a partir de Platão; uma história que, por sua vez, não é uma sucessão de eventos mais ou menos casuais, mas o desenvolvimento do próprio "destino do ser". O fato de hoje o pensamento se reduzir cada vez mais explicitamente ao pensamento técnico, e de a sociedade se encaminhar para formas de organização cada vez mais integrada, em que o próprio homem acaba considerado um objeto entre os objetos, tudo isso está profundamente ligado, segundo Heidegger, ao fato de que, a começar de Platão, o pensamento inclinou-se a considerar o *ser* das coisas, dos *entes*, como coincidente com o *ser-representado* (por exemplo, em Descartes *é* realmente aquilo que é dado ao sujeito em uma ideia clara e distinta); além disso, com o desenvolvimento da ciência e da técnica moderna, o *ser-representado* passa a coincidir cada vez mais com o *ser-posto* pelo sujeito; as coisas que nos cercam *são* enquanto *são produzidas* no ser da atividade organizada do homem. Quando fala de "vontade de potência"[2], segundo Heidegger, Nietzsche apenas explicita essa tendência que domina todo o pensamento ocidental, e que culmina na total organização técnica do mundo na sociedade "administrada". Nietzsche é o filósofo que chama o homem moderno a assumir conscientemente a responsabilidade desse domínio do mundo, dedicando-se totalmente ao exercício das potencialidades da ciência e da técnica. Na era da metafísica cumprida como técnica, diz Heidegger, "não há mais nada do ser enquanto tal"[3]: não se põe mais – não se deve pôr mais – o problema do ser dos entes, de seu "significado

---

2. É um dos títulos que Nietzsche pretendia dar à obra que estava preparando nos últimos anos, e que depois desistiu de escrever. Os fragmentos deixados por Nietzsche foram em parte reunidos e organizados por sua irmã Elisabeth, e publicados em várias edições (a definitiva de 1906) sob o título *A vontade de potência*. Sobre tudo isso vejam-se as notas ao vol. VIII (tomos I-III) da edição Colli-Montinari.

3. Cf. Heidegger, *Nietzsche*, cit., p. 812.

global", eventualmente até do seu "valor" para o homem; agora se põem apenas problemas particulares, "técnicos", internos a cada campo em que a razão "trabalha" para produzir e para consolidar no ser os objetos de sua multiforme atividade.

Como se vê até mesmo por essa esquematização sumária, as hipóteses interpretativas introduzidas por Heidegger, seja qual for sua "adequação" no plano estritamente historiográfico, são certamente as que oferecem os estímulos mais fecundos para uma discussão do significado de Nietzsche na atual situação do pensamento. Por isso, os atuais estudos nietzschianos referem-se a elas, preferindo-as a outras interpretações "canônicas" mais elaboradas no decorrer dos anos 1930, como a de Karl Löwith ou a de Jaspers. A primeira – cuja dependência diante de Heidegger torna-se cada vez mais clara, não obstante os explícitos posicionamentos polêmicos do autor com relação ao seu antigo mestre[4] – concebe o pensamento de Nietzsche como o esforço de recuperar, na ideia do eterno retorno, uma experiência do tempo que situe o homem ocidental aquém do historicismo que caracterizou o pensamento europeu a partir da imposição da visão da história anunciada pela Bíblia; um esforço naturalmente destinado ao insucesso, mas que põe a experiência do moderno homem europeu sob o signo da tensão para a impossível recuperação de uma condição clássica ou pré-clássica. Nesse aspecto, a perspectiva de Löwith é análoga à de Heidegger; também para Löwith, assim como para Heidegger, Nietzsche está no final do processo do pensamento ocidental, que Löwith caracteriza como historicismo, e enquanto fim impõe uma es-

---

4. Para isso veja-se, de K. Löwith, *Saggi su Heidegger*, trad. it. org. por C. Cases, Turim, Einaudi, 1966.

pécie de retorno aos primórdios, à experiência dos pré-socráticos. No entanto, Löwith não dá o passo decisivo realizado por Heidegger, ou seja, não percebe que a técnica como domínio total do mundo é o próprio ápice do historicismo e da metafísica. Por muitos aspectos, a interpretação de Löwith, em seu caráter aporético final, permanece profundamente ligada ao espírito do existencialismo, que caracteriza também a leitura jaspersiana de Nietzsche, na qual são acentuadas sobretudo temáticas claramente existenciais, como a experiência do limite e o vínculo indissolúvel entre verdade e personalidade.

Nem a interpretação de Löwith nem a de Jaspers parecem hoje ter peso comparável, na discussão sobre Nietzsche, à de Heidegger; e isso por sua ligação com a filosofia da existência, também ela tornada (talvez não definitivamente) extemporânea, talvez precisamente pelos motivos que já desde os inícios dos anos 1930 motivaram a chamada "virada" do pensamento de Heidegger: a constatação de que as categorias preferidas pelo existencialismo, como a de autenticidade, escolha, ser-para-a-morte, ou então limite, fracasso, cifra, em seu referir-se predominantemente ao indivíduo, não são mais suficientes para analisar a experiência do homem na época das estruturas cada vez mais integradas da moderna sociedade de massa. A "virada" de Heidegger (que se desenvolve a partir da conferência, *Sobre a essência da verdade*, de 1930) não se resumia, porém, em uma redescoberta do historicismo, no sentido de buscar nas condições históricas e sociais o fundamento último dos conflitos e das alternativas que se manifestam na vida do indivíduo. Tanto o indivíduo como as concreções históricas, ao contrário, são para Heidegger determinadas, em suas diversas configurações, por aquilo que ele chama o "destino" do ser; ou seja, antes de tudo pelo sentido que o termo "ser" assume na linguagem de uma certa época ou civilização, sentido do qual depende o modo como indivíduos e grupos fazem, naquela determinada época, experiência do mundo. É em relação a essa complexa redução da história ao destino do ser que Heidegger lê o significado de Nietzsche como ponto de chegada da metafísica ocidental.

Tudo isso deve ser recordado precisamente porque no interior dessas perspectivas se desenvolve hoje a discussão em torno do sentido do pensamento de Nietzsche. Em especial, só tendo presentes as linhas da interpretação heideggeriana pode-se compreender a vasta Nietzsche-Literatur de língua francesa e também o peso determinante que Nietzsche tem na filosofia do estruturalismo e do pós-estruturalismo, por exemplo em pensadores centrais no atual debate filosófico como Michel Foucault, Jacques Derrida, Gilles Deleuze, cada um dos quais define as próprias posições também e sobretudo em referência a uma certa leitura de Nietzsche que, se não coincide com a heideggeriana, ainda assim é profundamente influenciada por ela. Basta lembrar que na França está viva, ao lado da influência de Heidegger, uma tradição interpretativa autóctone, que remonta aos anos 1930 e às leituras de Nietzsche realizadas por pensadores de proveniência surrealista como Pierre Klossowski e Georges Bataille. A essa tradição, mais que ao ensinamento de Heidegger, remetem-se hoje os até excessivos estudiosos franceses de Nietzsche, que deram lugar a uma verdadeira "maneira", não raro teoreticamente improdutiva e estilisticamente irritante[5], cuja popularidade,

---

5. Referimo-nos a livros como o de J. M. Rey, *L'enjeu des signes*, cit. Sobre este e outros textos da recente literatura nietzschiana em francês, veja-se, acima, "Arte e identidade".

também na Itália, se justifica, porém, quando se pensa que ela reage a uma situação precedente dominada por posições historicistas esquemáticas, como aquelas, emblemáticas, do Lukács da *Destruição da razão*[6], para quem Nietzsche deve ser considerado uma etapa do irracionalismo em que cai a cultura burguesa na época do imperialismo. Nietzsche seria simplesmente um sintoma dessa crise irracionalista da cultura burguesa, do mesmo modo que o são as vanguardas artísticas do início do século XX. Esse esquema lukacsiano desviou-se por motivos ligados não apenas a sua fragilidade teórica interna, mas também à revisão do marxismo nas últimas décadas, uma revisão que comportou também a reavaliação da dimensão "subversiva" das vanguardas e um interesse renovado por Nietzsche mesmo entre a cultura "de esquerda". Hoje, o risco, quando muito, é que aquilo que Lukács chamava o irracionalismo de Nietzsche, rotulando-o como reacionário, mas com isso deixando-lhe também, paradoxalmente, a força e a periculosidade do negativo, seja entendido simplesmente como afirmação de uma "racionalidade" infundada, puramente técnica, da qual Nietzsche seria o primeiro e o mais lúcido profeta, seguido nesse caminho por Heidegger e por Wittgenstein[7].

---

6. *Die Zerstörung der Vernunft*, cit.
7. Essa interpretação de Nietzsche (e de Heidegger) é proposta na Itália por Massimo Cacciari (antes de tudo *Krisis. Saggio sulla crisi del pensiero negativo da Nietzsche a Wittgenstein*, Milão, Feltrinelli, 1976). Ela implica, entre outras coisas, "colocar entre parênteses" as diferenças que Heidegger estabelece explicitamente entre o próprio pensamento e o nietzschiano. Parece-nos que páginas decisivas a esse respeito foram escritas por Ferruccio Masini, que em recente ensaio evoca a necessidade de manter, mesmo mudando seu sentido, o discurso lukacsiano

Tanto a interpretação lukacsiana quanto a nazista, quanto ainda a de Heidegger, portanto, põem no centro de sua atenção ideias e doutrinas desenvolvidas por Nietzsche no último período de sua vida de pensador, ou seja, a partir de *Assim falou Zaratustra*. A isso se deve acrescentar que também a edição crítica organizada por Colli e Montinari tende a chamar a atenção para os escritos do último período, visto que precisamente estes, sobretudo os fragmentos póstumos que haviam sido utilizados pela irmã de Nietzsche para compor *A vontade de potência*, aparecem, depois do esclarecimento filológico, em uma luz diferente e nova.

Nessa situação, reler *A gaia ciência* pode ter, antes de tudo, o sentido de um restabelecimento do equilíbrio: enquanto nas obras do último período, e nas interpretações que a elas se remetem, a doutrina de Nietzsche apresenta-se muitas vezes em um estado de metafísica rarefação, ou tende a se enrijecer em verdadeiras "teses" ontológicas (pensamos em certas leituras de Derrida e de seus discípulos, nas quais Nietzsche aparece como um teórico do ser entendido como diferença), aqui elas se apresentam ainda em seu vínculo originário com os aspectos "iluministas" da obra de Nietzsche, com sua reflexão de "moralista" e de crítico da cultura. Também sob o aspecto estilístico, que pode muito bem ser definido com o termo "convalescença" que Nietzsche emprega no prefácio à segunda edição da obra, as ideias que de-

---

sobre a "falsificação mítica" que a superação nietzschiana do niilismo comporta. Masini ressalta, com razão, que o que Nietzsche "liberta" é precisamente o irracional e não, portanto, a irracionalidade tecnológica; mas essa libertação "não tem por si só um sinal irrealista reacionário". Cf. o ensaio de Masini in F. Nietzsche, *Il libro del filosofo*, Roma, Savelli, 1978.

pois serão características do Nietzsche maduro, ou seja, principalmente a do eterno retorno do mesmo e da morte de Deus, aparecem na *Gaia ciência* em sua formulação mais feliz, e também mais adequada ao seu significado substancialmente "experimental"; são vislumbradas e apreciadas como grandes "possibilidades", que ainda mantêm uma ligação profunda com a história da humanidade do passado e não correm o risco de se tornar novas teses metafísicas, novas descrições da "verdadeira" essência do mundo. A filosofia expressa na *Gaia ciência* já é, em muitos de seus aspectos decisivos, a de *Assim falou Zaratustra*; mas ainda não encontrou (e talvez felizmente!) a forma bíblico-profética que Nietzsche adotará nesta obra. Com toda a sua insistência na leveza e na dança, de fato, o *Zaratustra* – cuja primeira parte é publicada em 1883, e que aliás já é anunciado ao final do livro quarto da *Gaia ciência* (o último na primeira edição, de 1882; o quinto foi acrescentado na segunda edição, de 1887) – é um livro desagradável, retórico, sobrecarregado por uma complexa *machinerie* simbólica; em suma, no plano estilístico, um fracasso. Se não quisermos ficar restritos a uma avaliação meramente literária, teremos de atribuir esse fato, no plano filosófico, à dificuldade de encontrar uma forma adequada para a novidade dos conteúdos que Nietzsche pretendia enunciar. O que se delineia já na *Gaia ciência* é um pensamento que não "descreve" estruturas do ser, como pretendera fazer o pensamento metafísico precedente; entre as "estruturas", a descrição delas e o próprio sujeito que escreve ou a quem o escrito se dirige, existe para Nietzsche uma ligação mais complexa, não mais espetacular-representativa. Esse "conteúdo" (que também ele, portanto, só é aproximativamente chamado assim) não pode ser expresso nem na forma do tratado, tradicional na filosofia e especialmente na filosofia alemã, nem na forma que Nietzsche adotou desde *Humano, demasiado humano* e que, apesar de tudo, ainda mantém na *Gaia ciência*, ou seja, a forma do aforismo, ainda que esta última já tenha dado passos decisivos para a recuperação do sentido originário da filosofia como, também, sabedoria de vida e atenção micrológica à experiência vivida. No verão que precede a composição da *Gaia ciência*, o verão de 1881, Nietzsche teve realmente a grande iluminação que o fez "descobrir" a ideia em torno da qual girará todo o seu pensamento de agora em diante, a ideia do eterno retorno do mesmo. Ela, como se vê também a partir da forma que sua primeira enunciação tem na *Gaia ciência* (aforismo 341), não se deixa exprimir em uma proposição do tipo "o ser é eterno retorno..." ou então: "tudo retorna...". Zaratustra dirá explicitamente que entendê-la desse modo é fazer dela "uma modinha de realejo"[8]. O eterno retorno não é uma "estrutura verdadeira" do ser que o sujeito possa olhar e descrever espetacularmente em um enunciado. A essa experiência e a essa dificuldade deseja responder a escolha estilística do *Zaratustra*; e talvez também o recurso à poesia, que ocorre na *Gaia ciência* (que tem um prelúdio poético, e que trará em apêndice, na segunda edição, as *Canções do príncipe Vogelfrei*), já testemunhe a tensão para a superação do estilo aforístico e o esforço de encontrar uma forma expressiva mais conforme aos novos conteúdos. Nietzsche não repetirá, depois, o experimento do estilo "profético" do *Zaratustra*, preferindo antes voltar ao aforismo; mas a renúncia

---

8. Cf. *Assim falou Zaratustra*, livro III: "O convalescente" (ed. Colli-Montinari, p. 266).

final ao seu projetado *Hauptwerk*, que permaneceu no estado de um amontoado de anotações que nunca encontraram aquela sistematização orgânica em que ele, ao menos no início, pensava, significa que esse problema do estilo expositivo não foi resolvido por Nietzsche. Também sob esse aspecto, seu caso encontra correlações pontuais e profundas analogias no pensamento do século XX: o caráter aforístico das obras de Adorno (mesmo das que não se apresentam sob essa forma) certamente responde a exigências bem próximas das sentidas por Nietzsche, ao passo que a infrutífera busca de Heidegger por uma linguagem capaz de falar do ser fora do horizonte da metafísica revela que o problema estilístico de Nietzsche, longe de ser apenas uma questão técnica ligada a seu trabalho de escritor, tem um significado epocal, tem a ver com o próprio destino da filosofia do século XX.

Também em relação a esse problema do "estilo", *A gaia ciência* está em uma posição de feliz equilíbrio; sua escrita realmente deixa transparecer aquele espírito de convalescença que nela percebe o próprio Nietzsche quando a relê para a segunda edição. A experiência intelectual ali refletida é ainda a da primeira grande "cura" de Nietzsche, a que marcou seu afastamento do wagnerismo e do schopenhauerismo da juventude, que haviam dominado seus primeiros escritos (ou seja, *O nascimento da tragédia* e as quatro *Considerações extemporâneas*). Nessas obras, ele julgara possível a restauração de uma "civilização trágica" por meio da mensagem que devia difundir a obra de Wagner. De acordo com a "filosofia da história" que fundamenta *O nascimento da tragédia*, a civilização trágica terminou quando se impôs, na Grécia do século V a.C., o espírito socrático; a partir de então, ou seja, desde que o homem começou a considerar o mundo um sistema dirigido por leis estáveis que a razão pode progressivamente conhecer e utilizar para organizar a vida individual e social, qualquer grandeza humana tornou-se impossível; impôs-se uma civilização da forma, da definição e da estabilidade da verdade como conformidade a regras nem um pouco "objetivas", mas universalmente aceitas. Isso permitiu um prodigioso desenvolvimento da ciência, mas também significou um progressivo nivelamento da experiência às suas dimensões "médias", a perda de qualquer sensibilidade pelo excepcional, pelo novo, e mais em geral por todas aquelas zonas não racionais da experiência (poesia, religião, mito) de que outras civilizações haviam retirado sua força criativa. O homem do século XIX aparece para Nietzsche, ao final desse processo de racionalização do mundo, como inteiramente incapaz de produzir nova história, agora apenas capaz de vaguear como um turista no mundo das possibilidades históricas de fato realizadas no passado, que o enorme desenvolvimento da historiografia põe à disposição dele como um espetáculo ou como um repertório de máscaras estilísticas para encobrir sua fundamental falta de estilo. O homem do século XIX "acomodou-se" no mundo: as ciências da natureza e a historiografia fornecem-lhe um conhecimento completo das coordenadas da sua existência, e a técnica e a organização do trabalho social preenchem o aspecto "prático" dessa acomodação e tranquilização. Mas a segurança teórico-prática é obtida, segundo Nietzsche, à custa de uma perda de criatividade, e nisso consiste a decadência: na linguagem do *Nascimento da tragédia*, isso se expressa dizendo que o elemento apolíneo tornou-se completamente independente do dionisíaco e o suplantou. O "mal-estar da civilização" que daí deriva se manifesta com a imposição de um tipo humano medíocre, trabalhador-consumidor, que mais tarde Nietzsche chamará o homem do rebanho.

São temas demasiado conhecidos e familiares à atual discussão sobre racionalismo e irracionalismo e por isso não precisamos nos demorar neles mais que isso. No desenvolvimento do pensamento de Nietzsche, essa concepção da civilização trágica, da decadência e da possibilidade de sair dela através dos efeitos "sociais" da obra wagneriana representa apenas uma primeira etapa. Ela é ultrapassada em um processo de amadurecimento que se verifica nos anos de ensinamento em Basileia (para onde Nietzsche se transfere em 1869) e que dá seu primeiro fruto por volta do final desse período da vida de Nietzsche, ou seja, com *Humano, demasiado humano*, publicado em 1878. Esta obra marca a ruptura com Wagner e com o wagnerismo; a primeira edição trazia uma dedicatória a Voltaire, cujo sentido se compreende claramente a partir do aforismo que inicia a obra, que tem o significativo título de "Química das ideias e dos sentimentos". O programa que se enuncia nessa expressão certamente está em polêmica com o estetismo do Nietzsche jovem, mas sob outros aspectos também pode ser considerado uma reformulação do discurso sobre o dionisíaco e sobre a civilização trágica empreendido por Nietzsche no escrito sobre a tragédia. Nietzsche alude ao pensamento da época trágica, ou seja, ao pensamento dos pré-socráticos, quando escreve, nesse primeiro aforismo de *Humano, demasiado humano*, que "em quase todos os pontos os problemas filosóficos assumem quase a mesma forma interrogativa de dois mil anos atrás: como pode algo nascer do seu oposto, por exemplo o racional do irracional, o que sente daquilo que está morto, o lógico do ilógico, a contemplação desinteressada do desejo cobiçoso, a vida para o próximo do egoísmo, a verdade dos erros?". Os problemas filosóficos eram apresentados dessa maneira pelos físicos jônicos, por exemplo, e reapresentá-los assim hoje significa tanto ligar-se de novo àquela época heroica e trágica, da cultura e do pensamento, quanto restabelecer no plano conceitual aquele vínculo entre racional e irracional, entre forma "apolínea" e seu fundo "dionisíaco", que se rompeu graças a Sócrates e que constituía a alma da civilização trágica. O restabelecimento desse vínculo, no entanto, não está mais confiado à obra de Wagner ou à arte em geral, e sim à ciência: a quarta parte de *Humano, demasiado humano* ("Da alma dos artistas e dos escritores") considera a experiência artística – que reveste as coisas de metáforas, símbolos, estados emocionais – uma maneira infantil de abordar o real; a maneira madura de fazer experiência da realidade é a da ciência, porque a ciência é um enfoque objetivo e metódico. Sem dúvida, Nietzsche chega a essa nova consideração da ciência após as experiências que faz em Basileia: tanto no plano de conhecimento pessoal com os colegas (Burckhardt, Overbeck) quanto no plano de leituras (lê a *Filosofia natural* de Boscovich; o livro sobre a *Natur der Kometen* de Zöllner; os escritos do paleontólogo Ludwig Rütmeyer, também ele professor em Basileia; a *Primitive Culture* de Tylor; e depois os moralistas franceses, a começar por Montaigne e por La Rochefoucauld). Com tudo isso, *Humano, demasiado humano* acaba sendo um livro que, embora idealize a ciência como modelo metódico, não atribui às ciências positivas o único conhecimento legítimo e válido sobre o mundo. A "química das ideias e dos sentimentos" quer decompor em seus elementos (humano, demasiado humanos) os valores e as formas simbólicas que constituem a cultura; mas essa química se exerce sobre algo que não tem nada a ver com as ciências naturais, e procura realizar ainda, paradoxalmente, o programa de restauração da civilização trágica que movia o escrito sobre a tragédia, restabelecendo "quimicamente" a relação entre formas simbólicas e seus panos de fundo. Desse modo, a química, antes tomada como modelo metódico, transforma-se profundamente em seu sentido; uma modificação que é expressa, por exemplo, no aforismo 44 de *Aurora*, a obra imediatamente precedente à *Gaia ciência*, em que se conclui que "com o pleno conhecimento da origem aumenta a insignificância da origem". O trabalho de análise e de desconstrução química de Nietzsche jamais chega a uma fundamentação do mundo dos valores das formas simbólicas em uma "verdadeira" base, que não seja mais mentira e disfarce: se se quiser, o modelo da ciência experimental é seguido assim ainda mais pontualmente naquilo que ele tem de irredutível a uma epistemologia de tipo aristotélico que identifique o conhecimento com o conhecimento das causas e dos princípios; a química de Nietzsche, como a ciência experimental moderna, tem interesse nos modos como os fenômenos acontecem, não remonta aos princípios primeiros. No entanto, a analogia acaba aqui: Nietzsche não busca regularidades formuláveis em leis; desse modo, o modelo da química funciona essencialmente como um aprimoramento da atenção analítica, que contudo se revolta precisamente contra a maneira de proceder da ciência que, na análise, procura as constantes e negligencia as diferenças. A química nietzschiana é uma agudizada sensibilidade à policromia do mundo espiritual; essa policromia não é "máscara" ou mentira que é preciso superar, eliminar, suprimir para atingir um "verdadeiro"; ao contrário, se permanece nela, apenas com uma maior capacidade de desfrutá-la em sua variedade. Esse é o caráter mais essencial do "iluminismo" nietzschiano, que diante da tradição espiritual da humanidade, reconhecida como sucessão de "mentiras", assume uma atitude que se pode apenas definir como de "veneração", ou ao menos de atenção nostálgica, porque na sucessão de mentiras está também o patrimônio de que é feita nossa humanidade atual.

Pode-se resumir tudo isso falando, para o pensamento nietzschiano desse período, de "pensamento genealógico"; a origem não é o significado, e isso comporta, porém, também o adeus definitivo à crença schopenhaueriana da juventude. Embora já tivesse dado o passo de reconhecer que a "coisa em si", o ser verdadeiro além das aparências, não tem as características de plenitude, estabilidade, necessidade, que a tradição metafísica sempre lhe conferira, e é, ao contrário, querer, tender, necessidade, Schopenhauer, com seu ideal ascético, determinava que o homem se subtraísse a essa instabilidade e irracionalidade do ser, recuperando no plano moral aquela estabilidade e imobilidade que haviam sido negadas à "coisa em si" concebida como vontade irracional. O pensamento genealógico nietzschiano não tem mais essa nostalgia do ser metafísico; não quer saber mais nada da ascese e da redução do múltiplo ao uno; os instrumentos "químicos" da redução são postos a serviço do objetivo oposto, de evidenciar as diferenças e os matizes. No lugar da ascese, entra um "temperamento bom", uma alma "segura, branda e no fundo alegre", que não precisa "estar alerta contra perfídias e erupções repentinas" e não tem "nada do tom de resmungo e teimosia – essas características notórias e desagradáveis de cães e homens velhos que ficaram muito tempo acorrentados". Esse temperamento é necessário para poder viver ainda, uma vez reconhecido, justamente por meio do procedimento "químico", que "a vida humana está profundamente imersa na inverdade"[9].

No prefácio de 1887, *A gaia ciência* dá a esse estado de espírito o nome de "convalescença". Esse termo é muito mais que uma metáfora ou uma imagem casual para descrever um sentimento passageiro de Nietzsche diante da própria obra; ela indica a característica fundamental de um pensamento que deseje ir além da metafísica (aquele que Nietzsche também chama, com um termo sucinto, o platonismo: a ideia de que se possa restituir o múltiplo ao uno, o devir ao imóvel etc.) sem se limitar a invertê-la conservando suas características; são desse tipo todas as revoluções antimetafísicas que se limitam a substituir um "princípio" por outros princípios que, ainda que diversos, cumprem a mesma função: a matéria substituída pelo espírito, o homem substituído por Deus, o desejo substituído pela lei, e similares. Sob essa perspectiva, não é de admirar a analogia que permanece entre a noção de "convalescença" com que Nietzsche diferencia o espírito da *Gaia ciência* e aquilo que Heidegger diz sobre a proximidade entre *Überwindung* (superação) da metafísica e *Verwindung*, o "recuperar-se" dela[10]. Para Heidegger, a metafísica, ou seja, a tradição do pensamento ocidental que ainda vive em nossa linguagem e, por meio dela, condiciona toda a nossa experiência do mundo, não é algo que se possa pôr de lado como

---

9. Cf. *Humano, demasiado humano*, vol. I, af. 34.

10. Cf. M. Heidegger, *Saggi e discorsi*, trad. it. de G. Vattimo, Milão, Mursia, 1979, p. 45.

uma opinião equivocada; só é possível superá-la por meio de um longo processo de convalescença; nesse processo, nós nos recuperamos da doença metafísica, mas também a "recuperamos" em nós mesmos como algo que nos diz respeito em nossas raízes, e nos "remetemos" a ela como ao destino do ser que permanece determinante em cada passagem que se consiga fazer além de seus limites. Se todos esses significados, que já são lidos com dificuldade no texto de Heidegger, também não estão explícitos na "convalescença" nietzschiana, eles indicam ao menos a direção em que devemos olhar para compreender o sentido do conceito e para apreender a característica fundamental da *Gaia ciência*, aquilo que o aforismo 54 indica também como um "continuar a sonhar" sabendo que se sonha, um saber que, portanto, nunca está além do sonho (e isso distingue, se necessário, a "convalescença" nietzschiana de qualquer procedimento dialético, de *Aufhebung*, hegeliano).

A "química" de *Humano, demasiado humano* descobriu que na base dos "valores" nobres e elevados sobre a qual se construiu a cultura há motivos ignóbeis, baixos, que essa cultura despreza e esconde. Mas mesmo a noção de um fundo "verdadeiro" com base na qual se podem chamar as mentiras de mentiras é, por sua vez, uma mentira. O valor conferido à origem revela-se infundado e arbitrário precisamente quando a origem é alcançada; o significado não coincide com a origem, aliás se constitui na divergência e no afastamento dela. Não se verifica algo como um significado último, mas apenas o jogo das transformações. Não nos iludamos, porém, de assumir esse jogo como o significado que se busca: esse significado reduzido a "jogo dos significantes" não se deixa de fato apreender como um princípio metafísico; ele envolve em seu jogo também o sujeito que deveria reconhecê-lo como tal e fundar-se, estabelecer-se sobre ele, tomando-o como próprio fundamento. O pensamento genealógico exige, portanto, como revela a insistência de Nietzsche no bom "temperamento", uma transformação do sujeito que o pensa, e também a isso, fundamentalmente, alude a "convalescença".

Na linguagem da metafísica, o reconhecimento do fato de que a existência humana se desenvolve necessariamente no erro ou, em linguagem nietzschiana, que devemos continuar a sonhar sabendo que sonhamos, sempre se chamou ceticismo. É a isso que a convalescença da *Gaia ciência* nos quer levar?

Do ponto de vista de Nietzsche, o ceticismo continua a ser uma posição metafísica que acredita ter encontrado na proposição "tudo é falso" aquele fundamento estável, aquela verdade última em que se sustentar com segurança; nesse sentido, têm razão os argumentos anticéticos recorrentes na história da filosofia. No *Crepúsculo dos ídolos*, uma das obras do último período, Nietzsche escreverá que o resultado niilista da metafísica foi que o "mundo verdadeiro" no fim "tornou-se fábula"[11]. No entanto, essa proposição não pode ser tomada como uma proposição igualmente verdadeira, que descreve o estado das coisas, porque "com o mundo verdadeiro eliminamos também o aparente!", e justamente essa passagem assinala o início de Zaratustra ("Incipit Zarathustra!"). A relação do sujeito com esse "fato" tão peculiar, ou seja, o desaparecimento do mundo verdadeiro, a necessidade universal do erro, ou também, em outros ter-

---

11. Cf. *Crepúsculo dos ídolos: Como o "mundo verdadeiro" acabou se tornando fábula.*

mos, a "morte de Deus", não pode ser mais, de modo algum, a relação do sujeito metafísico-representativo com suas proposições; esse sujeito tende quase naturalmente a reduzir também o reconhecimento da universalidade do erro a uma "verdade" em que se fundamentar firmemente; uma posição diferente não consegue imaginá-la, e por isso Nietzsche tem tanta dificuldade em encontrar um "estilo" expositivo adequado para a própria mensagem; por isso a noção de convalescença é tão central para o conteúdo da sua filosofia. O que se trata de "mudar", de fato, não são apenas ou principalmente os conteúdos da filosofia, mas a maneira como o pensamento a vive. A diferença entre o discurso desenvolvido por Nietzsche na *Gaia ciência* e o do ceticismo metafísico da tradição está toda aqui: na aposta a que o próprio sujeito vai ao encontro quando se tiver reconhecido o caráter universal de jogo do mundo. Também por esse motivo é difícil aceitar aquelas interpretações que entendem a vontade de potência nietzschiana como a vontade de domínio técnico incondicionado da terra. Uma vontade assim concebida continua a ser atributo de um sujeito definido de acordo com os esquemas da metafísica, marcado pelos conflitos e pelas contradições que dominaram o homem *bisherig*, como foi até hoje. O *Übermensch*, o além-do-homem em que Nietzsche pensa, não pode ser determinado simplesmente com o fortalecimento de algumas características da humanidade do passado, como é precisamente a vontade de domínio.

Vamos ler, portanto, *A gaia ciência* deixando-nos guiar antes de tudo pela indicação do espírito de convalescença, que o próprio Nietzsche dá no prefácio de 1887. Em referência a essa indicação, não obstante sua aparência marginal, de nota psicológica, podemos também apreender em todo o seu alcance o problema do significado de Nietzsche na cultura contemporânea. Esse significado dificilmente se deixa reduzir ao de uma pura profissão de ceticismo ou de relativismo historicista ou até a uma paradoxal "fundação" da racionalidade formal do mundo técnico, como querem certos neorracionalistas da nossa terra. De maneira mais equilibrada e ampla, a herança de Nietzsche é hoje recebida e desenvolvida naquela vasta orientação do pensamento que pode ser apontada como "hermenêutica" e "crítica da ideologia", e que se reconhece, segundo uma expressão do próprio Nietzsche retomada nesse sentido por Paul Ricoeur, como "escola da suspeita". Essa escola, que só pode ser definida por essa atitude comum, tem entre suas bases a noção marxiana de ideologia, a freudiana de sublimação (e de todos os processos de simbolização das pulsões desviadas pela satisfação imediata), a nietzschiana da cultura como "mentira". No entanto, essa referência não se esgota em colocar, tranquilizando-se, *A gaia ciência* ou a obra de Nietzsche em geral em uma tendência "reconhecida" do pensamento contemporâneo. Ela sem dúvida se insere nessa tendência, mas atua nela destacando diferenças, evidenciando problemas e contradições. Isso sobretudo enquanto marca a diferença entre o pensamento genealógico, ou hermenêutico em sentido nietzschiano, que é o sentido mais radical, e qualquer "psicanálise da cultura" e qualquer "crítica da ideologia" que ainda seja orientada pelo ideal de chegar, para além dos desmascaramentos e das desmistificações, a um fundo "verdadeiro", seja ele a estrutura econômica, a pulsional ou, também, como ocorre nas versões religiosas da hermenêutica, o divino ou o ser entendido como fonte inesgotável do dom-destino da história. O ponto de chegada da "química" nietzschiana é que também a noção de verdade, a crença no valor dela de preferência ao erro, a própria ideia de que se possa ver de algum ponto um fundamento certo em relação ao qual se possa chamar a mentira de mentira, tudo isso é, por sua vez, mentira e produto cultural. Portanto, *A gaia ciência* não é um saber do verdadeiro fundo das aparências; e não se identifica com a hermenêutica ou a crítica da ideologia que ainda concebe a própria tarefa nesses termos metafísicos.

A gaia ciência quer nos precaver, antes de tudo, contra o risco de entender a hermenêutica nesses termos – um risco, aliás, não tão teórico. Nela, a hermenêutica nietzschiana é delineada em suas duas, inseparáveis, características de fundo: ou seja, primeiramente em seu aspecto de crítica da cultura (um aspecto não raro acentuado de maneira exclusiva pelas interpretações "humanistas" de Nietzsche, como a de Thomas Mann); mas, em um segundo lugar e com igual peso teórico, nos aspectos peculiares de "ruptura" que essa crítica, levada ao extremo, comporta, ou seja, a aposta do sujeito que impede ler o discurso nietzschiano como um apelo à "tomada de consciência" da mentira que constitui a história humana com a finalidade de produzir uma nova situação de "autenticidade" e de "verdade". Esses elementos de ruptura são facilmente discerníveis no texto da *Gaia ciência*, e quase sempre se encontram em uma posição estratégica não casual, no fim de cada livro (ao menos na maior parte deles): assim, o aforismo 54, antepenúltimo do livro primeiro, que dá o tom a todos os desdobramentos sucessivos, enuncia a necessidade de continuar a sonhar sabendo que se sonha; o aforismo 107, no final do livro segundo, inteiramente dominado pela atenção à arte como um dos lugares eminentes em que nasce a mentira da qual é tecido o mundo humano, vê nela também o âmbito de uma possível atitude hermenêutica descrita aqui claramente como *jogo*, liberdade sem limites, mas também sem fundamentos estáveis, em relação à aparência. Um sentido eminentemente "de ruptura" têm também os aforismos finais do livro quarto, nos quais se enuncia o pensamento do eterno retorno do mesmo e, logo depois, pela primeira vez se cita o nome de Zaratustra, que será precisamente o mestre do eterno retorno. A tais elementos de ruptura deve-se acrescentar, desta vez no início do livro terceiro e depois no livro quarto, o anúncio da morte de Deus, que, juntamente com a ideia do eterno retorno, é o elemento novo da *Gaia ciência* em relação às obras precedentes, e que a coloca já em estreita ligação com os escritos do último período. "Crítica da cultura" – e portanto hermenêutica como desmascaramento, desmistificação, crítica da ideologia – e "ruptura" são os dois polos entre os quais *A gaia ciência* oscila, aparecendo também nesse sentido como expressão de um estado de convalescença que ainda não é a grande saúde, e que talvez jamais se resolverá na grande saúde, como mostra o "fracasso" da obra do último Nietzsche, confirmado pela renúncia final a levar a termo o *Hauptwerk* (a obra que, de acordo com um dos projetos, deveria ser intitulada *A vontade de potência*) e, também de um modo demasiado dramático, pelo naufrágio na loucura. A loucura, naturalmente, não é nem a causa nem a confirmação desse fracasso – como parecem pensar alguns intérpretes que, ainda em tempos recentes, atribuíram à loucura toda a obra do último Nietzsche. Nem o fracasso é simplesmente a falta de sucesso de um escritor em resolver os problemas com que deparou a certa altura. Melhor: que Nietzsche não tenha podido resolver esses problemas é um fato que não concerne às capacidades filosóficas do próprio Nietzsche, mas àquilo que Heidegger, com expressão retórica aqui plenamente justificada, chamaria de o destino do pensamento. O sujeito pensante que sai em busca dos "verdadeiros" fundamentos dos valores em que se baseia nossa civilização, e em geral de tudo o que de humano e de digno existe no mundo, descobre ao final que até mesmo seu impulso para a verdade, sua fé na existência de uma verdade como fundo estável e certo, é ainda, por sua vez, mentira, produto cultural, meio para prolongar a grande festa teatral da existência. O próprio Deus cai vítima dos homens religiosos, daqueles que, educados pela religião ao escrúpulo e à veracidade, no fim o desmascaram como uma mentira. Toda essa "ruptura" culmina na ideia do eterno retorno do mesmo: o fato de Nietzsche, mesmo deixando para elaborá-la nas obras sucessivas, ter resolvido anunciá-la precisamente no final do livro quarto (que na primeira edição era o último da obra) significa que ele concebe essa ideia precisamente como o resultado e o ápice daquele processo de crítica da cultura iniciado com *Humano, demasiado humano* e desenvolvido através de etapas como a indicada pelo aforismo 44 de *Aurora* (o conhecimento da origem tira significado da origem), pelo 54 da *Gaia ciência* (continuar a sonhar sabendo que se sonha) e pelas numerosas páginas, sempre na *Gaia ciência*, em que se submete a dura crítica aquela suprema instância do sujeito humano em sua acepção metafísica que é a consciência. Todos esses elementos de ruptura culminam, com o quarto livro da *Gaia ciência*, na ideia do eterno retorno do mesmo. No aforismo 341 da *Gaia ciência*, a ideia do retorno se apresenta com aqueles traços que continuarão a ser seus traços constantes e característicos mesmo nas obras sucessivas de Nietzsche, não obscurecidos de todo pelos esforços que ele realizará para encontrar também confirmações e aplicações para ela no plano científico, em correspondência com ideias não alheias à ciência da época[12]; ou seja, antes de tudo em seu caráter "seletivo", não tanto no sentido banal, segundo o qual a ideia do eterno retorno estabeleceria uma hierarquia entre os homens em função de eles serem mais ou menos capazes de "suportá-la", e sim na medida em que a possibilidade de o devir não ter uma direção e de cada momento dele não ter um sentido transcendente, como sempre pensou a metafísica em suas várias formas, submete a existência assim como é a um juízo, a uma "seleção" de tipo inteiramente inédito, que Nietzsche expressa nas palavras: "como você deveria amar a si mesmo e à vida..." etc. (aforismo 341). A aposta do sujeito acontece como a necessária consequência do reconhecimento de que não existe um sentido, uma direção, do devir da história. A unidade do sujeito consigo mesmo sempre foi pensada e vivida como continuidade hermenêutica articulada nos momentos do tempo entendido como unidade das três estases temporais (passado, presente, futuro): o futuro não é o presente nem o passado; o sentido do eu está todo nessa distinção que precisamente lhe dá condição de se manter igual mesmo na mudança de seus diversos "estados". Eliminada a transcendência do futuro em relação ao passado – e ela deve ser eliminada, se Deus está morto, se não existem significados ou valores que transcendam o processo –, é a própria vida do eu como continuidade

---

12. Sobre isso, cf. M. Montinari, *Che cosa ha "veramente" detto Nietzsche*, cit.

hermenêutico-temporal que vem a se encontrar em uma condição de "suspensão". O que resta do eu após a morte de Deus, depois de se descobrir que a crítica da cultura não pode se limitar a desmascarar a mentira dos valores em favor de uma "base" verdadeira já que até mesmo a ideia de uma base verdadeira é mentira tragada pelo desmascaramento?

Sobre esse "abismo", abre-se, enfim, *A gaia ciência*, mostrando assim que a convalescença de que fala Nietzsche no prefácio de 1887 deve ser entendida também como um processo de "fortalecimento" do homem, que o torne capaz de viver sabendo que a vida é sonho. Para o pensamento contemporâneo, como mostra o trabalho filosófico realizado atualmente, não raro com bons resultados, em torno de Nietzsche e sob seu impulso, essa abertura sobre o abismo não funciona necessariamente como o sombrio chamado a um salto no vazio. A crítica da ideologia realizada apenas do ponto de vista da busca de uma verdade mais fundamental para apoiar os pés sempre levou, até agora, à reconstituição de castas mais ou menos sacerdotais: comitês centrais, sociedades de psicanalistas "autorizados", mestres de vida e gurus de todos os tipos. No aforismo 342, que encerra o livro quarto, Zaratustra declara que ele quer ir a fundo também no sentido de que deseja *declinar*. *A gaia ciência* é uma crítica da cultura que quer exercer-se como "hermenêutica radical", até o declínio do próprio sujeito que conduz o trabalho interpretativo. Ainda que tivesse apenas o efeito de alertar contra a reconstituição de castas sacerdotais ou de âmbitos privilegiados da legitimação, já seria uma grande coisa. Mas a obra de Nietzsche contém talvez mais que uma simples *Warnung* nesse sentido, embora esse "mais" tenha permanecido, para o próprio Nietzsche e para nós, algo ainda a ser pensado.

AURORA.
PENSAMENTOS SOBRE
OS PRECONCEITOS MORAIS

Precisamos ler *Aurora* tomando o título ao pé da letra, ou seja, vendo-o como o início e o anúncio de um movimento que só se desenvolverá mais adiante, no dia pleno de muitas obras e de outras fases mais maduras do pensamento de Nietzsche? Trata-se de uma obra preparatória, da *pars destruens* que precede construções mais sistemáticas e positivas? Essa é uma abordagem que pareceria naturalmente sugerida não apenas pela colocação cronológica da obra – entre o final do ensinamento em Basileia (1879) e o primeiro *Zaratustra* (1883) –, mas também por afirmações explícitas do próprio Nietzsche, seja em *Aurora*, seja no prefácio de 1886, seja nas páginas de *Ecce homo* em que se recorda, muito resumidamente, a história dessa obra: *Aurora* é obra de escavação de uma toupeira movida pela esperança de sair ao ar livre, na luz de uma próxima libertação; a tarefa da obra é preparar o "grande meio-dia", portanto um momento de maior plenitude e de mais completa luminosidade; e até mesmo o belo aforismo conclusivo, o 575, parece o resultado provisório de um trabalho de preparação que espera outros resultados.

Esse enfoque, em suma, pareceria o mais adequado não apenas para *Aurora* e para as obras que pertencem à mesma época da reflexão de Nietzsche (ou seja, *Humano, demasiado humano* e *A gaia ciência*), mas para toda a obra nietzschiana, em que a tensão profética parece nunca se diluir em uma descrição de estruturas, no esboço de tarefas determinadas, na apresentação e exclusão de enunciados precisos. Com isso, porém, a questão do caráter "preparatório" de *Aurora* se estende para toda a obra de Nietzsche; e torna-se pouco útil o uso dessas categorias interpretativas. No entanto, é essa, mais ou menos, a orientação da crítica nietzschiana mais recente – ao menos a partir da publicação, em 1961, do *Nietzsche* de M. Heidegger[1] – em que se afirmou cada vez mais nitidamente a tendência de colocar no centro da atenção as obras, e sobretudo os fragmentos póstumos dos últimos anos, identificando o sentido abrangente do filosofar nietzschiano em noções como as do eterno retorno do mesmo, além-do-homem[2], vontade de potência, que são elaborados precisamente nesses escritos da maturidade. Essa tendência geral da crítica nietzschiana – que muitas vezes se manifesta também no fato de ler simplesmente todo Nietzsche à luz dos últimos escritos, sem nenhuma atenção para uma evolução interna de seu pensamento: é o que fazem muitos intérpretes franceses[3], sejam quais forem as motivações teóricas que a mo-

---

1. M. Heidegger, *Nietzsche*, cit.

2. Traduzo *Übermensch* por "além-do-homem" em vez de pelo mais usual "super-homem" por uma série de razões teóricas que ilustrei em meu *Il soggetto e la maschera*, cit.

3. Por exemplo, Sarah Kofman, *Nietzsche et la métaphore*, cit.; Bernard Pautrat *Versions du soleil*, cit.; Jean Michel Rey, *L'enjeu des signes*, cit. Acerca disso, cf. acima "Arte e identidade".

vem em Heidegger – justifica-se também como legítima reação à orientação que prevalecera nos anos imediatamente posteriores à Segunda Guerra Mundial, quando o esforço de resgatar Nietzsche da utilização que o nazismo fizera dele desenvolvia-se acentuando em sua obra os aspectos de crítica "iluminista" e intelectualista da cultura, e preparando a aproximação de Nietzsche de Freud e de Marx, que se explicitaria no decorrer dos anos 1960 e se tornaria um tema favorito da cultura de 1968. Essa leitura de Nietzsche em perspectiva iluminista e de "crítica da ideologia" é inspirada por uma profunda fidelidade aos ideais humanistas da tradição liberal europeia e pode-se encontrar prefigurada em algumas páginas de Thomas Mann; ela é significativamente central no mais popular intérprete americano (ainda que de origem alemã) de Nietzsche, Walter Kaufmann[4], mas orienta também a leitura que Jürgen Habermas fez de Nietzsche, tanto em seu comentário às *Erkenntnistheoretische Schriften*[5] quanto na mais ampla e sistemática interpretação que fornece em *Conhecimento e interesse*[6]. Se a preferência por um Nietzsche "crítico da cultura" ou da ideologia – que, de resto, tem suas raízes remotas já nos anos 1930, nas obras de Jaspers e de Löwith[7] – acabava empurrando Nietzsche para o plano de um, ainda que crítico, humanismo profundamente parecido com a tradição metafísi-

---

4. Walter Kaufmann, *Nietzsche. Filosofo, psicologo, anticristo*, cit.

5. F. Nietzsche, *Erkenntnistheoretische Schriften*, com uma glosa de J. Habermas, Frankfurt, Suhrkamp, 1968.

6. Jürgen Habermas, *Conoscenza e interesse*, cit. Cf., para um quadro da literatura nietzschiana do pós-guerra, o meu *Ipotese su Nietzsche*, cit., apêndice.

7. K. Jaspers, *Nietzsche. Introduzione alla comprensione del suo filosofare* (1936), cit.; K. Löwith, *Nietzsche e l'eterno ritorno* (1936), cit.

ca europeia, a retomada do Nietzsche "sistemático" inaugurada por Heidegger levou a uma excessiva ênfase da positividade e construtividade do pensamento nietzschiano que, no próprio Heidegger e nos intérpretes que o seguem com mais fidelidade, acabou por fazer de Nietzsche o pensador da era da técnica, o teórico de uma "vontade de potência" entendida como vontade de organização total do mundo, manifesta precisamente na aceitação, explícita e sem nenhum escrúpulo metafísico, do domínio incondicional sobre a natureza e sobre a sociedade. Também esse resultado, não obstante todas as afirmações em contrário (não de Heidegger, porém, que tem toda a consciência de que, entendida assim, a vontade de potência é o ponto alto da metafísica, ou seja, do platonismo e do humanismo), traz Nietzsche de volta ao âmbito da tradição humanista: o homem que assume o domínio do mundo é o sujeito teorizado, implícita ou explicitamente, por Descartes e por Hegel, e talvez já preconizado por Aristóteles e por sua ideia do saber como "saber as causas". Nessa situação interpretativa – de que fazem parte de modo significativo, naturalmente, também leituras menos "humanistas" de Nietzsche, como as de Klossowski e de Deleuze[8] – chegou o momento de perceber que as obras do Nietzsche "crítico da cultura", como é precisamente *Aurora*, não são simples preparação, *pars destruens* de uma tarefa que se cumpre além delas, no momento "sistemático" do pensamento nietzschiano, sem com isso esgotar o significado de Nietzsche no desmascaramento das hipocrisias e das superestrutu-

---

8. Cf. G. Deleuze, *Nietzsche e la filosofia*, cit.; P. Klossowski, *Nietzsche et le cercle vicieux*, Paris, Mercure de France, 1969; trad. it., *Nietzsche e il circolo vizioso*, Milão, Adelphi, 1981.

ras sociais ou psicológicas, da metafísica e da moral burguesa-cristã, desmascaramento que seria também o momento supremo de dissolução dessa cultura. Nossa deslocação de intérpretes – como aliás ensina a hermenêutica de inspiração heideggeriana – não se beneficia simplesmente optando por privilegiar um ou outro momento do pensamento de um autor (no caso de Nietzsche, ou as obras "desmascaradoras" ou as "sistemáticas") e assumindo-o como centro de toda a sua obra; essa atitude hermenêutica implica sempre o ideal, mesmo que inconfessado, de uma identificação com o autor, com suas "verdadeiras" intenções, identificadas criticamente neste ou naquele momento ou aspecto de seus escritos. Como intérpretes, ao contrário, temos de saber que a identificação com o autor e com suas intenções é uma ilusão; a produtividade da interpretação consiste precisamente em explorar a des-locação que nos separa do autor.

Precisamente nossa deslocação no que diz respeito a Nietzsche nos dá condição de ver agora que, ao contrário do que o próprio Nietzsche acreditava, sua obra de "crítico da cultura" – como se expressa por exemplo em *Aurora* – não é apenas "preparatória" em relação à subsequente filosofia da vontade de potência, do além-do--homem, do eterno retorno; mas isso não significa que, portanto, o verdadeiro Nietzsche seja apenas o desmascarador das mentiras, conscientes ou inconscientes, que sustentam a construção moral-metafísica da cultura platônico-cristã. Na verdade, além-do-homem, eterno retorno, vontade de potência – seja qual for a opinião de Nietzsche sobre isso – não têm, para nós, outro sentido possível a não ser a "dissolução" que se exprime nas obras "críticas". Se depois nos perguntamos o que, além da mera passagem cronológica de uma porção de tempo, nos desloca produtivamente em relação a Nietzsche, a resposta mais abrangente parece ser a que se refere à experiência das vanguardas, não apenas artísticas e literárias, mas também filosóficas, do início do século XX. Foi sobretudo a vanguarda artística e literária – e pensamos antes de tudo no expressionismo, mas também em um "isolado" como Musil – a que viveu da maneira mais radical a experiência da conexão entre supra-humanidade e dissolução⁹. Se, como nos parece ser preciso fazer, re-

---

9. Com o título *Nietzsche, il superuomo e lo spirito dell'avanguardia* (publicado em *Il caso Nietzsche*, cit.), e depois com o volume *Il soggetto e la maschera*, já citado, propus há alguns anos uma leitura de Nietzsche centrada no problema da libertação. Na época parecia-me que produtividade da experiência da vanguarda para uma releitura de Nietzsche devia residir no fato de que a vanguarda (artística e filosófica) do século XX acentuara o alcance revolucionário e utópico do chamado pensamento negativo ou da dissolução burguesa; em suma, o Bloch do *Geist der Utopie* (1918 e 1923) contra o Lukács da *Destruição da razão*. No entanto, até pela sugestão de Bloch, a leitura de Nietzsche como "pensador da libertação" era, naqueles trabalhos, ainda demasiado tributária de uma ilusão dialética: o além-do-homem de Nietzsche era concebido como a realização individual de um espírito "absoluto" pensado no fim, ainda hegelianamente, como aquele em que se realiza a perfeita coincidência entre essência e existência, entre evento e significado. É verdade que aqueles mesmos trabalhos já acentuavam o tema do "crepúsculo do sujeito" através do qual deve passar cada realização do além-do-homem; isso subentendia que o além-do-homem, se algum dia se realizar, deverá ter características diferentes do sujeito da tradição metafísica, e portanto também não poderá se configurar como autoconsciência desenvolvida de tipo hegeliano. Mas no conjunto, em *O sujeito e a máscara*, ainda prevalecia um esforço de pensar, para além do ocaso do sujeito, a possibilidade de uma humanidade substancialmente "conciliada", seguindo o modelo da dialética. É esse aspecto daquela interpretação que, a meu ver, deve ser revisto hoje, precisamente à luz de um reconhecimento mais radical da ligação entre além-do-homem e dissolução do sujeito, que aliás me parece atestada pela própria interpretação "utópica" das vanguardas por parte do Bloch do *Geist der*

jeitamos o esquema da lukacsiana *Destruição da razão*[10] em nome de um sentido "positivo" da vanguarda artística e filosófica (ou seja, daquele "irracionalismo" do pensamento burguês do século XX que Lukács considera sintoma da decadência da burguesia), então devemos ser radicais nesse aspecto: os elementos de dissolução – do eu, da cultura, da "forma" – que essa vanguarda exalta e exagera e que constituem o fio condutor da obra de Nietzsche "crítico da cultura" não são mero sintoma de decadência e de desagregação, mas tampouco simples fase preparatória de uma construção "positiva" ulterior. A "dissolução" é o que caracteriza *positivamente* o além--do-homem.

Trata-se, naturalmente, de entrar em acordo sobre o que significam os termos, e sobretudo a "dissolução"; e, igualmente, de constatar – com base numa exploração dos fragmentos póstumos dos anos 1886-1888 e das obras publicadas naqueles anos, que já esboçamos em outro lugar, ainda que de um ponto de vista parcial[11] – que em Nietzsche não há, afinal, uma definição positiva do além--do-homem que ultrapasse a dissolução da subjetividade burguesa-cristã como é descrita e promovida pelas obras "críticas" como *Aurora*. O que os leitores "humanistas" de Nietzsche não perceberam é precisamente que a dissolução do sujeito que Nietzsche realiza em sua crítica da cultura é também a "definição" positiva do além-do-homem para cuja preparação Nietzsche pre-

---

Utopie, em que, além do herói trágico, há sempre um "grau" superior, e este é o *clown*. E *não* como fase provisória.

10. *La distruzione della ragione*, cit.

11. Cf. o ensaio "La volontà di potenza come arte", publicado em apêndice a F. Nietzsche, *Il libro del filosofo*, cit.; agora in *Le avventure della differenza*, Milão, Garzanti, 1980.

tende contribuir com sua obra. Perceber isso significa também, hoje, encontrar uma leitura de Nietzsche que explicite sua possível atualidade para além da alternativa entre um Nietzsche mero desmascarador da tradição metafísica e um Nietzsche profeta da era da técnica e da organização total do mundo.

Mas, então, em que sentido se pode dizer que *Aurora* busca uma dissolução – do sujeito, antes de tudo, porém, em geral, de toda positividade e de toda forma –, que não é apenas momento provisório e que não se deixa superar em um momento construtivo ulterior? A crítica da moral que Nietzsche propõe nessa obra desenvolve-se ao longo de duas linhas, que têm sua unidade precisamente no fato de convergir em um resultado de dissolução. De um lado, de fato, a moral é desmascarada como um conjunto de princípios que visam não à utilidade ou ao bem do sujeito a que se impõem, mas à conservação e ao desenvolvimento do todo social, mesmo em prejuízo dos indivíduos. Eticidade é, antes de tudo, conformidade ao costume; e essa conformidade não beneficia o indivíduo, e sim o grupo ou aqueles que dispõem do comando no grupo. A moral da compaixão, último resultado do cristianismo na cultura do século XIX (Comte, Schopenhauer), é um exemplo extremo daquela confusão entre conteúdo e forma da moralidade que tem sua expressão emblemática em Kant: ou seja, a moral não apenas tem a forma da lei universal que comanda a todos, mas seu conteúdo não é outra coisa senão a promoção, a consolidação da totalidade social. As várias escolas filosóficas talvez discordem das características específicas da sociedade que se trata de realizar, mas todas elas concordam com o fato de que o ego deve sacrificar-se a esse todo (cf., a esse respeito, *Aurora*, aforismo

132). Mas não é demonstrado, e aliás é uma tese contraditória, que o bem do indivíduo coincide com o da sociedade, uma vez que a moral consiste precisamente em pedir que o indivíduo se sacrifique pelo bem do todo. Nesse caso, será que, para Nietzsche, se deve afirmar o indivíduo contra as pretensões do todo? A segunda linha da crítica nietzschiana da moral desenvolve-se exatamente na direção da negação do indivíduo como instância alternativa a ser oposta às pretensões da totalidade. Entre os dois tipos de "negadores da eticidade", escreve Nietzsche, ou seja, entre aqueles que negam a sinceridade dos motivos morais alegados pelos homens para explicar suas ações e aqueles que, sem pôr em dúvida a sinceridade dos motivos apresentados, duvidam contudo que as ações morais se fundamentem em certas verdades, é preciso ficar com os segundos: a moralidade não é negada com base no fato de que, na realidade, quem alega agir por certos motivos é movido por outros (interesses, paixões, esperança de recompensas), mas com base no reconhecimento de que, mesmo querendo, ninguém pode indicar os verdadeiros motivos de suas ações, porque as ações são algo demasiado complexo para ser conhecidas mesmo por quem as realiza. Isso equivale a negar o pretenso caráter "último" da autoconsciência moral com base na qual alguém é considerado responsável por suas ações. Se chamamos morais, como se costuma fazer na maior parte dos casos, as ações realizadas não por interesse mas por amor aos outros, ou então aquelas "realizadas na liberdade da vontade" (cf. o aforismo 148), em ambos os casos teríamos de reconhecer que não existem ações morais.

Não tanto porque, no âmbito metafísico, seja preciso preferir uma visão determinista à crença na liberdade, mas porque, simplesmente, o sujeito de tais ações não existe; não: o sujeito não é livre; mas, simplesmente, o sujeito não existe: é apenas um jogo superficial de perspectivas, uma aparência hermenêutica, portanto nada daquilo que a tradição metafísica acreditou que fosse, muito menos o centro de uma consciência e de uma iniciativa original. O movimento com base no qual se chega a essa conclusão é análogo àquele ao qual, em outro lugar[12], Nietzsche faz remontar a morte de Deus, morto, paradoxalmente, pela religiosidade levada ao extremo. Assim, no prefácio de 1886 à *Aurora*, é a conscienciosidade moral que acaba destruindo a moral, que, portanto, perece por "autossupressão". Um aspecto da autossupressão da moral, o aspecto decisivo, é que o sujeito, dirigindo finalmente a atenção para si, contra todos os apelos da moral para o altruísmo e para o sacrifício, se dissolve precisamente nesse ato de suprema afirmação, como por efeito da luz excessiva em que termina por se encontrar. É um movimento descrito de maneira exemplar nos aforismos 115-120 de *Aurora*. "O que para os homens continua bem difícil de compreender é a ignorância de si mesmos desde os tempos mais antigos até hoje!... Ainda continua viva a ilusão primordial de que se sabe, se sabe de maneira totalmente precisa, como chega a se efetuar a ação humana... 'Sei o que quero, e o que fiz, sou livre e responsável por isso...'" (*Aurora*, aforismo 116). Essa pretensão de "possuir-se" cognoscitiva e moralmente fundamenta-se numa ilusão. "Penamos tanto para aprender que as coisas exteriores não são o que parecem – coragem, portanto, com o mundo interior as coisas são iguais! As ações morais são na verdade 'algo di-

---

12. Cf., por exemplo, *Genealogia da moral*, III, 27.

ferente'" (ibid.). A ilusão de saber aquilo que as ações são é apenas um aspecto da ilusão mais geral de conhecer o eu: do qual na realidade isolamos alguns traços grosseiros, os extremos, que a linguagem generalizadora consegue nomear, e com base neles construímos uma imagem dele inteiramente arbitrária: "Raiva, ódio, amor, compaixão, cobiça, conhecimento, alegria, dor – todos esses são nomes para estados extremos: os graus inferiores mais atenuados e até os inferiores, que estão continuamente em jogo, nos escapam, e contudo são precisamente estes que tecem a trama do nosso caráter e do nosso destino" (aforismo 115). No aforismo 119, Nietzsche explica por que e como acontece que o eu possa aparecer-nos definido apenas por esses traços extremos e grosseiros: a vida do eu é um jogo de instintos, de impulsos que por razões que desconhecemos se sobrepõem aos outros, segundo o caso, e interpretam de seu próprio ponto de vista os acontecimentos "reais" em que o eu está envolvido; a interpretação vai muito além dos acontecimentos; aliás, talvez não exista, na verdade, algo como um fato, um texto, mas apenas interpretações: talvez "experimentar intimamente é inventar".

Se é assim, ou seja, se a segunda razão de negar a moral é que não existem ações morais e imorais, porque não existe o sujeito a quem imputá-las, não se poderá considerar que, como parecem fazer pensar aforismos como o 9 e o 18 de *Aurora*, por exemplo, Nietzsche queira reivindicar, contra as pretensões da moral como "eticidade do costume", a liberdade da iniciativa e da responsabilidade do indivíduo. Aliás, o próprio aforismo 9, que parece ir mais além dos outros no caminho da afirmação do indivíduo, observa que não apenas os espíritos livres e criativos foram sempre considerados maus pela sociedade, mas eles mesmos se sentiram maus, mostrando assim a inseparável ligação entre autoconsciência individual, mesmo revoltada, e moral social. O eu que reivindica a própria iniciativa original contra o conformismo geral não é "mais confiável" que esse conformismo, é um correspondente dele, determinado como outro polo da mesma estrutura. Daí depende, de um lado, o fato de a crítica da moral só poder ser formulada como ternura por todas as "coisas ruins"[13], isto é, que a revolta contra a moral seja também, efetivamente, exaltação da imoralidade, com o inevitável corolário de se sentir maus também por parte dos espíritos livres; e, em segundo lugar, que a única maneira de sair do permanente domínio das valorações morais, também para aqueles que se revoltam contra ele, seja a redução do *páthos* do sujeito, uma diminuição do alcance e do significado atribuído às escolhas. É esse o sentido do aforismo 120, que a nosso ver não deve ser lido como afirmação metafísica de determinismo; se se tratasse disso, seria no mínimo estranho não indicar o "sujeito" verdadeiro que deveria substituir o sujeito aparente das escolhas. Também esse aforismo, porém, atua no sentido de uma redução da tensão das valorações morais. Reconhecendo que não existem ações morais ou imorais, escreve Nietzsche no aforismo 148, "nós restituímos aos homens um espírito sereno...". Aquilo contra o que se volta a crítica da moral é o pateticismo de toda crença em uma estrutura metafísica do mundo, e na conexão dessa estrutura com nossas escolhas "supremas". Se a razão da humanidade evoluiu tão lentamente até hoje, e se ainda hoje é difícil compreender que o chamado eu é apenas o resultado de um jogo

---

13. Cf. *Ecce homo*, o capítulo sobre "Aurora".

de interpretações, isso se deve também "a essa solene presença, ou melhor, onipresença, dos imperativos morais, que não permitem de modo algum a expressão do problema individual sobre o porquê e o como... Será que não fomos educados a sentir de maneira patética e a fugir na obscuridade, quando, ao contrário, o intelecto deveria ter o olhar mais claro e frio possível?" (aforismo 107). O apelo ao individual não é apelo a um centro último de decisão e responsabilidade, que deve ser oposto às pretensões da eticidade; trata-se de uma individualidade mais radical, que não quer renunciar a nenhuma nuance e aspecto particular; portanto, que não se deixa apressadamente definir com base naqueles fenômenos "extremos" em que se baseia nossa crença no eu. O *individuum*, escreve Nietzsche em *Humano, demasiado humano*[14], é na realidade um *dividuum*; o princípio da individualidade não funciona nele como instância de fundamentação última (o eu como centro de autoconsciência e de responsabilidade), mas como instância de ruptura.

Essa ruptura, e não a reconstrução de uma unidade e de uma totalidade conciliada ainda que sobre novas bases, é a experiência que constitui o além-do-homem, também para o Nietzsche das obras mais tardias. A tentativa de delinear a figura do além-do-homem em termos positivos, para além dessa experiência de dissolução, está destinada a fracassar, tanto no plano filológico, da leitura dos textos de Nietzsche, quanto, acreditamos, no plano teórico. É significativo que também outras perspectivas teóricas radicais de nosso século, de Ernst Bloch a Heidegger e a Adorno, quando se esforçam por delinear em termos positivos a figura de uma humanidade

---

14. Cf. *Humano, demasiado humano*, I, 57.

"liberta", independentemente de como a chamam, encontrem sempre de alguma maneira o ocaso do sujeito: basta pensar nas páginas de Bloch sobre o sujeito conciliado consigo mesmo e com a natureza que está também, sempre, além do sujeito-indivíduo[15]; basta pensar nas páginas de Heidegger sobre a possível essência de futuro do homem em uma dimensão não mais subjetiva[16]; e basta pensar na própria redescoberta de Adorno de um "primado do objeto como potencial liberdade daquilo que existe pelo domínio"[17]. São outros sinais (não provas, já que se trata sempre de discursos motivados teoricamente de maneiras diferentes e até opostas) de que a problemática da "libertação" não pode ser resolvida, no pensamento de Nietzsche e no pensamento de hoje, através de um movimento de "apropriação" – ou até, caso se queira, de desalienação; e sim, no plano teórico e também no da práxis histórica, através de um movimento de desassujeitamento (é esse o sentido da "ambígua" posição de Heidegger diante da técnica, que não é apenas lugar de esquecimento do ser, mas também lugar da perda, e portanto do possível reencontro, do ser-aí em sua autenticidade[18], que significa ao mesmo tempo liquidação da sujeição e perda do sujeito. A insistência de Nietzsche na moral como neurose, que já é evidente em

---

15. Cf. E. Bloch, *Il principio speranza*, cit., p. 791.
16. Cf. M. Heidegger, *Sentieri interrotti*, cit., p. 97, nota. Sobre Heidegger e a ruptura da subjetividade, cf. agora meu ensaio sobre "An-denken. Il pensare e il fondamento", in *Nuova Corrente*, fasc. 76-7 (inteiramente sobre Heidegger), 1977; agora in *Le avventure della differenza*, cit.
17. Cf. Th. W. Adorno, *Teoria estetica*, trad. it. de E. De Angelis, Turim, Einaudi, 1975, p. 364.
18. Cf. o já citado ensaio "An-denken", agora in *Le avventure della differenza*, cit.

muitas páginas de *Aurora* e se tornará temática em obras mais tardias, como a *Genealogia da moral* e *Além do bem e do mal*, deve ser entendida antes de tudo neste sentido: a crítica da moral, da eticidade como costume, moral do rebanho, não é empreendida em nome do sujeito livre e responsável, também ele produto de neurose, formação de doença. Esse sujeito, sobre o qual recai o peso da "responsabilidade" e da autoconsciência total, é aquele que não pode prescindir de Deus, como autor da Graça, como socorredor necessário para a realização do milagre moral; que se espera do sujeito (cf. o aforismo 87).

Para onde aponta esse movimento de desassujeitamento como experiência constitutiva do além-do-homem? O mundo do além-do-homem é o mundo da pluralidade liberta. A ideia do eterno retorno do mesmo, que, juntamente com o além-do-homem e a vontade de potência, constitui um dos polos essenciais do pensamento do Nietzsche maduro, não deve ser motivo de equívoco sobre o sentido do *über* na expressão *Übermensch*[19]. Como agora mostraram de modo definitivo as mais confiáveis entre as últimas interpretações de Nietzsche – não apenas a já mencionada de Deleuze, mas também leituras mais matizadas, como a bem recente de Ferruccio Masini[20] –, eterno retorno, além-do-homem e vontade de potência constituem um bloco de conceitos que podem ser lidos juntos apenas no sentido daquela que a nosso ver deve ser chamada a libertação da pluralidade. Antes que essas noções fossem tematizadas nas obras do

---

19. Dizemos aqui no sentido das páginas de G. Bataille, "La vecchia talpa e il prefisso 'su' nelle parole *superuomo* e *surrealista*", no volume *Critica dell'occhio*, ed. it. org. por S. Finzi, Rímini, Guaraldi, 1972.

20. F. Masini, *Lo scriba del caos. Interpretazione di Nietzsche*, Bolonha, Il Mulino, 1978.

Nietzsche maduro, *Aurora* já apontava nessa direção. Sua crítica da moral é a crítica de toda visão hegemônica do mundo: "uma única moral moralizadora não existe continuamente, e toda eticidade, afirmando exclusivamente a si mesma, mata demasiadas forças boas e passa a ser cara demais para a humanidade" (aforismo 164). Reconhecer isso abre caminho para uma visão "experimental" da existência: "novas experiências de vida e de comunidade devem ser realizadas" (ibid.). Se existe um sentido em que podemos nos sentir, nós, homens modernos, resultado de um progresso, este é que nos tornamos maduros para a experiência, para o experimento da pluralidade. Antes de tudo, porque "não precisamos mais ter sempre medo diante dos animais ferozes, dos bárbaros, dos deuses e dos nossos sonhos" (aforismo 5), sem dúvida, até porque a ciência, a técnica e a organização social do trabalho puseram-nos a salvo das ameaças mais imediatas à nossa sobrevivência; mas sobretudo pela autossupressão da moral que acompanhou nossa segurança externa. O homem maduro para a pluralidade é aquele que vive num mundo em que as decisões individuais não têm um alcance de salvação ou de perdição total; nessas decisões nunca está em jogo sua alma (cf. aforismo 501).

O saber já não é, como era em épocas mais violentas, o ato de força com que o homem queria garantir-se tudo de uma só vez, para se colocar, ainda que ilusoriamente, a salvo; o pensamento do futuro será um pensamento mais generoso ("'Que importa eu!' – está escrito na porta do pensador do futuro", aforismo 547). Fazendo desaparecer a ilusão de que se possa remontar a causas simples (aforismo 6), a ciência liquidará também o "eu" e sua infelicidade (cf. aforismo 450).

O além-do-homem não é o que nascerá depois desse processo de dissolução, depois desse distanciamento do sujeito; ao contrário, o além-do-homem é precisamente esse sujeito enfraquecido, não mais pateticamente confiado às próprias decisões, mas capaz de viver sem angústia uma existência superficial. O homem sem centro, ou também: o homem sem qualidades, não é uma etapa intermediária, uma fase de passagem para a construção do homem novo. O destino do declínio não é apenas do homem da tradição, mas também do além--do-homem; deve declinar o homem da tradição apenas para que o sujeito aceda finalmente à sua verdadeira condição, que é a de ser alguém que, contínua e constitutivamente, declina. Se é possível falar de um projeto nietzschiano de libertação, tratar-se-á de uma libertação "por subtração", por deslizamento ou deriva: o poder tem necessidade de sujeitos a quem dominar; a libertação da sujeição-assujeitamento passa por um processo de desassujeitamento. A vanguarda artística, literária, filosófica do século XX experimentou, viveu, percorreu esses aparentes "jogos de palavras" de muitas maneiras; e talvez a própria iniciativa política revolucionária tenha começado a fazer experiência deles de modo cada vez mais intenso: não se poderá ler também à luz desse problema da desassujeição a história do tão pouco real "socialismo real", e a problemática da crise do leninismo? A "campanha contra a moral"[21] que Nietzsche empreendeu em *Aurora* apenas começou; nós a realizaremos se e enquanto formos capazes de decifrar todos os elementos de desassujeitamento que se encontram na obra de Nietzsche e no pensamento e na poesia do nosso século.

---

21. Cf. *Ecce homo*, o início do capítulo sobre "Aurora".

ZARATUSTRA

Há muitas razões para considerar *Assim falou Zaratustra* a obra mais significativa de Nietzsche. De fato, em certo sentido ela contém toda a sua doutrina; sobretudo, tanto no plano do conteúdo como no do estilo, resume em si toda a ambiguidade que caracterizou o ensinamento e a própria figura desse extraordinário filósofo. Como o próprio Nietzsche, *Zaratustra* ("um livro para todos e para ninguém", como diz o subtítulo) é uma obra que atrai e repele, que inquieta precisamente pela inextricável ambivalência dos sentimentos que suscita. É difícil pensar que o *Zaratustra* alguma vez tenha sido amado incondicionalmente por algum leitor, como aliás se "prescreve" em muitas páginas do livro, no qual o mestre convida reiteradamente os discípulos a se libertarem dele e anuncia continuamente o próprio desaparecimento. À atração representada por tantas páginas de verdadeira poesia, de profunda sugestão, contrapõe-se com frequência, no espírito do leitor, uma certa justificada impaciência pelo estilo redundante, empolado, "retórico" no pior sentido, de muitas outras páginas. Será apenas uma questão de gosto da época – como parece pensar Hans Georg Gadamer, um dos comentadores que reconheceram mais explicitamente essas graves limitações estilísticas da obra?[1] Ou, ao contrário, não se trata de um caráter intrínseco, muito profundamente ligado ao próprio sentido dos conteúdos e dos ensinamentos que Nietzsche deseja transmitir? A ambiguidade inquietante não é apenas a do estilo literário da obra; é, mais uma vez ligada à forma literária, a questão de saber se se deve identificar Nietzsche com o personagem Zaratustra, como se este fosse a própria voz do filósofo e os seus discursos devessem ser tomados como exposições doutrinais do tipo do tratado. Tudo o que Zaratustra diz e ensina é ensinamento filosófico de Nietzsche? Ou existe um certo distanciamento, que deve ser levado em conta na interpretação, entre o autor e o "personagem"? Se não existe, por que Nietzsche teria escolhido essa forma literária, essa narrativa em terceira pessoa? Por outro lado, a ambiguidade ainda mais profunda é a concernente não apenas a esses problemas estilísticos, expositivos, retóricos, mas aos próprios conteúdos da mensagem de Zaratustra, ao significado dos vários discursos e à coerência ou incoerência que se pode reconhecer neles. Como todos os discursos alegóricos, as parábolas, os discursos de Zaratustra suscitam problemas de interpretação, de verdadeira decifração: quem são os animais que seguem Zaratustra, e tantos outros personagens como o anão, que aparecem a certa altura? O que significa o encontro com "o último papa" do capítulo intitulado "Fora de serviço", na Quarta Parte? O que devemos

---

1. Cf. H. G. Gadamer, *Il dramma di Zarathustra* (1986), trad. it. org. por C. Angelino, Gênova, Il Melangolo, 1991.

ler em um discurso tão repleto de símbolos como o que se intitula "Da visão e do enigma"?

Como veremos, não existe uma resposta cabal para todas essas perguntas. Não é possível – e nunca se tentou de maneira sistemática – compilar um dicionário exaustivo dos símbolos que aparecem no *Zaratustra*; nem, sobretudo, o trabalho dos intérpretes de Nietzsche até agora levou a uma construção sistemática confiável de sua doutrina, que não apenas resolva o problema da decifração dos símbolos do *Zaratustra*, mas que supere e concilie as contradições que parecem subsistir entre aspectos diferentes, todos essenciais, da doutrina que nele se anuncia. Essa impossibilidade de chegar a soluções definitivas e exaustivas é, contudo, menos grave do que parece e, acima de tudo, não deve levar a uma conclusão, esta sim, puramente retórica ou psicologística: como se, em última análise, as insolúveis ambiguidades do *Zaratustra*, e do próprio Nietzsche, fossem apenas o "trágico" testemunho de uma história existencial que deveria ser reconhecida como exemplar apenas na sua problematicidade sinceramente vivida até o fim... Em vez disso, pode-se começar prestando atenção em expressões como "um livro para todos e para ninguém", ou nas tantas páginas em que Zaratustra convida seus discípulos a esquecê-lo, ou em que declara que seus ouvintes ainda não estão maduros para sua doutrina, ou naquelas que insistem no caráter sempre preparatório de seu ensinamento: em suma, naquele certo tom profético abrangente desse texto, que, se quisermos levá-lo a sério, não é nem a expressão de uma trágica incapacidade existencial de ir além dos conflitos e das ambiguidades (pensadas como inatas à finitude do homem), nem o mero revestimento retórico de uma doutrina sistemática apresentada em uma narrativa simbólica com o objetivo de se fazer compreender melhor pelo grande público, como uma espécie de *philosophia pauperum*.

O que diz *Assim falou Zaratustra* e por que o diz na forma de uma série de discursos atribuídos a um personagem da mitologia iraniana pela qual Nietzsche nunca parece ter se interessado antes desta obra?[2]

Nietzsche projetou e escreveu o *Zaratustra* num momento em que seu pensamento sentia ter atingido uma fase de maturidade, tendo chegado àquelas que desde então, até o fim da vida consciente, passaram a ser suas doutrinas mais características e significativas, a ideia do eterno retorno do mesmo, o projeto do super-homem (ou: além-do-homem, como talvez fosse melhor dizer), a que se acrescentaram, sem mudar seu sentido, os temas do niilismo e da vontade de potência. Embora sobretudo a ideia do eterno retorno tenha "aparecido" a Nietzsche, como ele mesmo conta[3], como uma descoberta repentina, uma intuição inspirada comparável a uma verdadeira experiência de conversão, o significado resolutivo que ele lhe atribui para todo o seu pensamento não seria compreensível se ela não estivesse também profundamente ligada aos problemas e aos temas de sua filosofia precedente. Essa filosofia se configurara, a partir do livro de sua juventude, *O nascimento da tragédia a partir do espírito da música* (1872), como uma crítica da decadência que, segundo Nietzsche, caracteriza a cultura europeia desde o fim da época trágica dos gregos. Invertendo aquela que fora a orientação classicista de quase

---

2. A esse respeito vejam-se as notícias fornecidas por C. P. Janz, *Vita di Nietzsche* (1978), trad. it. org. por M. Carpitella, Roma/Bari, Laterza, 1981, vol. II, p. 209.

3. Cf. *Ecce homo*, *Opere*, vol. VI, tomo III, cit., p. 344.

todo o pensamento europeu desde o século XVIII (mas mesmo antes, a partir do Renascimento), Nietzsche pensa que a verdadeira vitalidade do mundo grego antigo, seu significado de modelo para toda cultura sucessiva, deve ser encontrado no período pré-clássico, que se encerra com a tragédia euripidiana e com o ensinamento de Sócrates. A grande tragédia grega (Ésquilo, Sófocles), de fato, era a expressão de uma civilização ainda profundamente arraigada ao mito, que nas histórias dos deuses e dos heróis trágicos construía uma imagem luminosa da vida humana que, no entanto, tinha sentido na medida em que conservava as próprias raízes em um sentimento profundamente pessimista, trágico, do destino humano. A tragédia, afirmava Nietzsche, nascera como síntese de espírito (ou elemento) apolíneo – o impulso para a forma definida, que dá lugar, por exemplo, à arte da escultura – e de espírito (ou elemento) dionisíaco – que, ao contrário, é o imediato sentir-se em sintonia com a história incessante da vida e da morte, em que os limites da individualidade e da consciência são arrastados como que pela enchente de um rio. Dionisíaca por excelência é a música (Nietzsche aprendera isso de Schopenhauer, para quem, como se sabe, a música era objetivação imediata da vontade de viver). Com Eurípides (cujo teatro é inteiramente permeado de motivos racionalistas) e sobretudo com Sócrates, que opõe ao mito uma ideia do mundo como ordem racional em que "não há nada a temer", desde que nos deixemos guiar pela razão, o equilíbrio entre elemento apolíneo e elemento dionisíaco se rompe, em favor do primeiro. Acontece um pouco aquilo que, no século XX, pensadores profundamente influenciados por Nietzsche, como Horkheimer e Adorno, chamariam a "dialética do iluminismo": a imposição de uma visão racional do mundo faz com que se perca o contato com a verdadeira realidade da vida humana, e sobretudo mata a capacidade de criar, a liberdade da imaginação poética, em suma também a liberdade no sentido mais pleno da palavra. Decadência, para o Nietzsche do livro sobre a tragédia, é portanto a ciência que se desenvolve a partir do racionalismo socrático, e que se harmoniza perfeitamente com a moral cristã, para a qual o mundo real com que temos de lidar todos os dias é apenas provisório e aparente (como eram as coisas sensíveis para Platão, apenas imagens das ideias eternas), e tem sua autêntica verdade no mundo do além, prometido aos fiéis após a morte. A decadência da civilização europeia é um efeito da atitude ascética imposta tanto pelo racionalismo socrático-platônico quanto pelo cristianismo: de fato, ascese é o esforço do cristão para não se deixar dominar pela paixão pelas coisas terrenas, assim como ascese é o esforço do cientista para prescindir das imagens móveis das coisas buscando a verdade, ou seja, as leis permanentes da natureza, colocando entre parênteses os próprios interesses e os próprios pontos de vista "subjetivos".

A decadência não tem apenas esse componente ascético: outro aspecto central dela é o que Nietzsche, em um escrito pouco posterior ao livro sobre a tragédia (a segunda das *Considerações extemporâneas* – quatro ensaios publicados entre 1873 e 1876 –, intitulada "Da utilidade e desvantagem da história para a vida"), chama a "doença histórica". O século XIX, como se sabe, foi o século da explosão da historiografia. A educação do cidadão moderno europeu sempre apareceu, desde então (e ainda hoje, aliás), como um colocar-se em dia com a história retomando textos, obras, eventos do passado. Nietzsche considera excessivo esse historiografismo de toda a cultura, porque produz uma espécie de indigestão. Sobretudo, ter assim presente o destino de tudo o que passou, e portanto também de sua irremediável transitoriedade, acaba impedindo qualquer criatividade: como um autêntico discípulo de Heráclito, o cidadão culto europeu não apenas não desce duas vezes no mesmo rio; não desce nem sequer uma vez, por estar a tal ponto convencido da inutilidade de qualquer iniciativa, destinada a ser arrebatada pelo inexorável transcurso do tempo.

A ideia de decadência definida como racionalismo, ascetismo, cientificismo, historiografismo permanece constante ao longo de toda a obra de Nietzsche, embora nos escritos daquele que chamamos o período "médio" (*Humano, demasiado humano, Aurora, A gaia ciência*; entre 1878 e 1882) ele vá atribuir à ciência também um significado positivo (a objetividade do cientista como modelo do desprendimento do espírito livre), e a história não lhe parecerá mais apenas um peso, mas também uma etapa indispensável para reconhecer os erros de que se alimentou a cultura do passado. As obras do período médio trazem efetivamente algumas novidades na estrutura de pensamento do Nietzsche jovem; por exemplo, afastam-se de Schopenhauer e de Wagner, do qual, nos anos do livro sobre a tragédia, Nietzsche esperara que podia vir um renascimento do espírito trágico. Mas a linha-mestra do pensamento nietzschiano permanece constante: a busca de um meio de sair da decadência. É precisamente em relação a isso que a ideia do eterno retorno de que Zaratustra é o advogado e o profeta mostra-se decisiva e resolutiva para Nietzsche. As "soluções" que, de *Humano, demasiado humano* à *Gaia ciência*, Nietzsche imaginou para o problema da decadência – e que substancialmente podem ser resumidas na ideia do "espírito livre" e naquela (por muitos aspectos semelhante) da livre criatividade do artista – configuraram-se todas como provisórias, instáveis, e por isso teoricamente insatisfatórias. A crítica da civilização "socrática" que Nietzsche realizou naquelas obras teve como resultado uma destruição radical das bases metafísicas e morais dessa civilização: retomando temas que tinham ampla circulação no pensamento de sua época, também e sobretudo no âmbito positivista, Nietzsche elaborou aquela que em *Humano, demasiado humano* chama uma "análise química das ideias e dos sentimentos", reconhecendo que na base de todo pretenso valor superior (tanto de tipo cognoscitivo como de tipo moral) há apenas o impulso egoísta para viver e se afirmar. A própria verdade, como núcleo estável sobre o qual se pode fundar e se pode construir uma convivência não conflituosa, é exatamente um valor funcional às exigências da sobrevivência e da convivência: em um ensaio incompleto de 1872, *Sobre verdade e mentira em sentido extramoral*, Nietzsche afirma que verdade é apenas aquilo que se adapta às regras determinadas pela maioria dos falantes de uma certa língua. Qualquer representação que nos fazemos das coisas, de fato, é já uma metáfora, a invenção de uma imagem sobre a qual não podemos saber se corresponde ou não à coisa, e que depois, outra metáfora, será designada com uma palavra, também esta inteiramente arbitrária. Para nos entender com os outros, porém, temos de adotar um sistema metafórico comum, e este geralmente é o dos mais fortes, como acontece no caso de povos colonizadores e vencedores que impõem a própria língua aos colonizados e subjugados. No entanto, se a verdade é apenas uma mentira, ou metáfora, que respeita uma convenção socialmente aceita (ou imposta), a análise química de *Humano, demasiado humano* não leva a identificar uma verdade última. A própria ideia de uma verdade última também é pura ficção que é útil para a vida. Contudo, ela se revela como ficção precisamente quando, tendo funcionado para garantir uma certa organização da vida social e também o progresso da ciência e da técnica, se descobre como não mais estritamente necessária. Esse processo de autodissolução da própria ideia de verdade é aquele que, a partir da *Gaia ciência* (portanto, em correspondência com a descoberta da ideia do eterno retorno), Nietzsche descreverá como a morte de Deus. Deus morreu, foi morto por seus fiéis. Ele ordenou que estes fossem verdadeiros, e no fim, precisamente para obedecer-lhe, os fiéis foram obrigados a reconhecer que o próprio Deus é uma mentira. Como a ideia de uma verdade objetiva e estável, também Deus serviu para proteger o homem em tempos em que ciência, técnica e organização social ainda não o protegiam contra as ameaças da natureza hostil e contra os riscos da guerra de todos contra todos; hoje que, precisamente graças à crença na verdade, em Deus, na razão, se alcançou um certo grau de segurança, esses mitos já não são necessários.

O alcance resolutivo que Nietzsche – certo ou errado, como se verá – atribui à ideia do retorno (que se anuncia já, antes de em *Zaratustra,* em um dos últimos aforismos do livro quarto da *Gaia ciência*) está estreitamente ligado à problematicidade aberta que essa "desmistificação" radical implica. Uma vez estabelecido que nossa civilização não se baseia na verdade, mas no erro ou ao menos em convenções arbitrárias inspiradas apenas por motivos de utilidade, o que obtivemos? Não a verdade, com certeza, já que também ela, e sobretudo ela, é erro. O renascimento da cultura trágica (e portanto o resgate do elemento dionisíaco do predomínio do apolíneo, ou seja, da verdade e da racionalidade socrática), que Nietzsche esperara poder ser determinado pela difusão da obra de Wagner, deu lugar à decepcionante experiência do festival de Bayreuth, uma espécie de rito espetacular para elites burguesas desejosas de intensas emoções estéticas (Brecht diria "gastronômicas"), e sobretudo exposto à "recaída" na mitologia cristã (uma recaída que Nietzsche vê verificar-se com o *Parsifal*). A rejeição da linguagem dominante, a libertação dos múltiplos sistemas metafóricos reprimidos pela obrigação de mentir de acordo com as regras estabelecidas (em que consiste precisamente a verdade, segundo o ensaio *Sobre verdade e mentira*...), pode ocorrer só na criatividade artística: mas também o fracasso, segundo Nietzsche, do sonho wagneriano, e em geral o fato de que a arte, em nosso mundo, continua submetida à lógica da divisão do trabalho, permanecendo apenas "a arte das obras de arte" (momento excepcional, reservado às horas de ócio, de descanso etc.), demonstram que não é daqui que se pode esperar uma saída da decadência. Desse modo, também o espírito livre, que é a figura de homem não decadente que se delineia em *Humano, demasiado humano*, é sempre descrito como uma personalidade excepcional: certamente, antes de tudo no sentido de que não é escravo das opiniões do rebanho; mas também no sentido de que é sempre a exceção de uma regra, um pouco como o gênio artístico, e seu elevar-se acima das convenções e do erro compartilhado, sempre um pouco como "a alegria do escravo nas Saturnais" de que fala o aforismo 213 de *Humano, demasiado humano* (cf. também o 225, 230, 427, 680, bem como a

Gaia ciência, 76 e 382). A problemática do espírito livre – do seu valer como modelo de humanidade não decadente – pode ser resumida naquilo que diz o belíssimo aforismo 54 da *Gaia ciência*: com a análise química das ideias e dos sentimentos descobrimos que a vida está imersa no erro e que este é necessário para a vida. Mas, então, para continuar a viver, temos de aprender a "continuar a sonhar" sabendo que sonhamos.

As razões pelas quais Nietzsche podia não se sentir satisfeito com essas posições podem ser resumidas, sem desrespeitar os textos e suas intenções, chamando de "esteticismo" o limite que ele mesmo sentia nelas. Com isso, dizemos também que tanto o conteúdo teórico como a forma (profética, alegórica) do *Zaratustra* impuseram-se a Nietzsche como uma maneira de superar esse limite. Do ponto de vista da forma, é até muito fácil reconhecer no *Zaratustra*, se não uma imitação dos Evangelhos (existem analogias, mas também diferenças profundas), ao menos uma escrita que se propõe objetivos análogos aos que cumpriu o texto do Antigo e do Novo Testamento na tradição ocidental: o próprio Nietzsche, aliás, compara sua tarefa à do Evangelho, quando insiste no erro que Jesus cometeu ao se tornar compreensível com excessiva facilidade. Em contrapartida, Zaratustra quer que o próprio ensinamento se apresente mais misterioso e problemático, mas de qualquer maneira, também isso, com o objetivo de se mostrar mais "historicamente" eficaz. A escolha da forma profética, portanto, corresponde ao propósito de Nietzsche de oferecer à humanidade um texto fundamental, uma espécie de manual para a preparação do além-do-homem. Esse propósito marcará todo o resto da obra de Nietzsche, até mesmo o projeto, jamais levado a termo, de escrever um

Hauptwerk ao qual, ao menos por um certo período, ele quis dar o título *A vontade de potência*[4]. Esse propósito se consolida, ou melhor, nasce nele precisamente na medida em que ele considera ter finalmente descoberto, na doutrina do eterno retorno, a base daquilo que, sempre nas anotações preparatórias de *A vontade de potência*, chamará a "transvaloração de todos os valores". O alcance resolutivo daquela doutrina, contudo, como se evidencia para quem lê o *Zaratustra* e os outros textos em que Nietzsche fala dela, é muito problemático; e isso poderia explicar também em um outro sentido o motivo de essa obra ter o caráter de uma profecia desenvolvida em uma trama alegórica tão difícil de decifrar. Nietzsche compreendeu, ou pelo menos sente, que a ideia do retorno é radical a ponto de mudar todos os termos da existência do homem, estabelecendo as bases do surgimento daquela criatura nova que é o *Übermensch*. Mas essa sensação, intuição etc., que – ao menos é o que nos parece – é amplamente compartilhada por quem lê o texto nietzschiano (porque do contrário não se explicaria a persistente popularidade de Nietzsche, a centralidade que sua filosofia conservou por quase todo o século), não consegue traduzir-se, nem nele nem, provavelmente, em seus comentadores, em uma explicitação completa e satisfatória que revele todo o seu sentido teórico. Será porque, como de resto as profecias bíblicas, a compreensão de seu sentido não é apenas uma atividade teórica, mas depende também e sobretudo de transformações práticas? As profecias do Antigo Testamento, segundo a doutrina cristã, só se tornam compreensíveis com base no evento da encarnação. Será que a obscuridade da profe-

---

4. Cf. ainda a *Vita di Nietzsche*, cit., vol. II, pp. 531-3.

cia de Zaratustra também está ligada ao fato de que o processo de seu cumprimento está ainda em curso, e por isso seu sentido, em grande medida, ainda nos escapa?[5] Pode não ser uma hipótese tão absurda, se pensamos que uma das principais dificuldades que os intérpretes (penso principalmente em Karl Löwith[6]) apontaram sobre o sentido da ideia do retorno consiste no fato de que ela pretenderia restaurar uma visão cíclica (e grega) do tempo mediante uma decisão, uma cesura, uma transformação que, como tal, nega precisamente a repetição e a ciclicidade, já que se apresenta necessariamente como uma novidade radical em relação ao modo de viver o tempo que caracterizou toda a modernidade europeia. É um problema que, aliás, se encontra claramente na leitura de algumas das páginas mais densas e difíceis do *Zaratustra* ("Da visão e do enigma", "O convalescente", ambos na Parte Terceira), em que imagens e símbolos falam tanto do círculo eterno do tempo como da decisão que, de alguma maneira misteriosa, é exigida para que ele tenha o sentido resolutivo que Zaratustra parece lhe atribuir: o pastor deve morder a cabeça da serpente, e só depois acorda luminoso e transfigurado (como Jesus sobre o Tabor?). A dificuldade dessa mordida é evocada por Zaratustra quando ele recrimina seus animais por terem feito do eterno retorno "uma modinha de realejo", ou seja, entendendo-a como uma mera constatação da insensatez de todo devir. A contradição evidenciada por Löwith na doutrina do retorno, portanto, embora sentida por Nietzsche, é "resolvida" por ele só através dos símbolos e das parábolas de Zaratustra. E continua a ser

---

5. Sobre tudo isso, como sobre outros pontos desta introdução, remeto ainda ao meu *Il soggetto e la maschera*, cit., p. 169n.
6. Cf. K. Löwith, *Nietzsche e l'eterno ritorno*, cit.

um problema para todos os intérpretes. A leitura do pensamento nietzschiano que mais determinou a imagem e a popularidade de Nietzsche na filosofia das últimas décadas foi, como se sabe, a proposta por Martin Heidegger, em uma obra de 1961[7] que trazia cursos universitários e escritos dos anos 1930-40, dos quais anteriormente haviam sido publicadas apenas algumas amostras. Pois bem, Heidegger também percebe o problema sobre o qual trabalha Löwith, ou seja, o de uma conciliação entre os elementos centrais da filosofia de Nietzsche (que ele identifica em cinco palavras-guia: Niilismo, Eterno Retorno, Vontade de Potência, Além-do-homem, Justiça). Sem seguir aqui toda a complexa reconstrução heideggeriana, é suficiente recordar que para Heidegger a contradição entre Eterno Retorno e Vontade de Potência é resolvida se se considera Nietzsche como o cumprimento da metafísica ocidental: com esse termo, Heidegger indica um pensamento – iniciado por Parmênides e por Platão – que se desenvolveu segundo a tendência a identificar o ser dos entes com sua apresentação como objetos certos e evidentes na representação de um sujeito. Isso significa, segundo Heidegger, que a metafísica "esqueceu o ser": de fato, este não pode reduzir-se ao caráter de "presença" dos entes, mas deve antes ser pensado como a abertura (poderíamos dizer, para esclarecer, a luz) na qual os entes se tornam acessíveis. A abertura do ser inclui o objeto e o sujeito, mas não se reduz a eles. Esquecendo o ser em favor da presença, a metafísica ocidental, na reconstrução que Heidegger faz dela precisamente nos estudos sobre Nietzsche, acabou pensando que o ser autêntico das coisas é a objetividade dessas

---

7. M. Heidegger, *Nietzsche* (1961), cit.

coisas; mas ela depende radicalmente dos métodos que o sujeito inventou para se certificar dela (a começar pelo experimento científico). Esses métodos fazem da objetividade algo que depende totalmente da manipulação técnica do mundo por parte do homem: desse modo, a metafísica atinge seu ápice na tecnologia moderna, na qual até o sujeito é, por sua vez, reduzido a agente tecnológico, força de trabalho, "material humano", como muitas vezes se diz. A vontade de potência teorizada por Nietzsche é precisamente o ser como o pensa a metafísica que culminou na técnica. O eterno retorno teorizado por Nietzsche, explica Heidegger, é a maneira concreta de realização de um ser que não é nada mais que vontade de potência: como não existe nada além de manipulação, tecnologia, desenvolvimento que deve apenas produzir outro desenvolvimento ao infinito, o devir não tem mais nenhum sentido nem direção, e pode-se até defini-lo com a ideia do eterno retorno do mesmo. O além-do-homem que Nietzsche quer preparar é apenas o homem capaz de "elevar-se" explicitamente a essa condição na qual de fato já o colocou a metafísica-técnica que domina o mundo moderno.

Desejamos lembrar aqui, em seus traços mais gerais, a leitura heideggeriana de Nietzsche porque, juntamente com a de Löwith e de poucas outras (entre as quais algumas que, sob muitos aspectos, dependem dela), ela constitui hoje o ponto de referência obrigatório para quem se dispõe a ler Nietzsche. É sobretudo em relação àquelas interpretações que se pode ter uma ideia do motivo pelo qual Nietzsche atribui tanta importância à noção do eterno retorno do mesmo: essa noção representa, para ele, quer (se seguimos Löwith) a reviravolta graças à qual se abandona toda a tradição judeu-cristã, cuja decadência pode ser inteiramente atribuída àquilo que Zaratustra chama o espírito de vingança, a resistência da vontade diante da linearidade do tempo, *ou seja*, da transcendência que o faz depender de uma origem e o liga a um fim, ambos fora do poder do homem; quer (se seguimos Heidegger) o reconhecimento do verdadeiro sentido da história humana até aqui, e o anúncio de uma nova forma de humanidade capaz de se colocar realmente no nível das próprias novas possibilidades, aquelas que lhe são oferecidas pela ciência e técnica. Naturalmente, é necessário ao menos esclarecer, Heidegger considera que essa supra-humanidade, que, de acordo com ele, Nietzsche prega, é o ápice da desumanidade (caracterizada como é pelo esquecimento do ser e pela redução de tudo, inclusive do próprio homem, à objetividade manipulável). A centralidade que Nietzsche explícita e indubitavelmente atribui à ideia do eterno retorno, em suma, faz dele ou o anunciador da problemática restauração de uma visão mais grega, menos historicista e mais naturalista, do mundo e do homem, ou o profeta da sociedade tecnológica, que deseja libertar o homem dos resíduos moralistas, metafísicos, religiosos, para fazer dele um sujeito capaz de viver até o fim as possibilidades que de fato acaba tendo à disposição.

No que diz respeito particularmente a *Assim falou Zaratustra* e à sua densa trama de alegorias e de símbolos, não podemos esperar que essas grandes interpretações filosóficas ofereçam um instrumento para uma decifração completa e satisfatória. Ao contrário, é muito comum que também e sobretudo quem se esforça para ler Nietzsche em termos filosóficos e, em certa medida, sistemáticos sinta uma certa intolerância pelo *Zaratustra*, precisamente por sua irredutibilidade a esquemas interpretativos satisfatórios, e prefira, em vez dele, tanto as obras aforísticas como, acima de tudo, os fragmentos da jamais concluída obra sistemática que Nietzsche preparava nos últimos anos de vida consciente. Não obstante isso, para ter uma ideia, que pode guiar como uma espécie de hipótese de trabalho, na leitura desse texto – e que deve também levar na devida conta o fato de que, na origem, a primeira parte foi publicada isoladamente, como se fosse todo o *Zaratustra* – podem-se considerar as quatro partes como etapas de um itinerário relativamente coerente que proporíamos dividir deste modo: a Primeira Parte – que, precisamente por ter estado na origem de toda a obra, contém *in nuce* todos os temas desenvolvidos depois nas partes sucessivas – aparece agora como uma longa meditação sobre a crise da subjetividade cristão-moderna, e nesse sentido é preciso ler sobretudo o Prólogo, com suas evocações do ocaso de Zaratustra, da morte de Deus, da pregação do além-do-homem diante do qual o homem atual, o homem como existiu até agora, é apenas uma ponte, um momento de passagem, uma fase que deve ser superada. O discurso que inicia a Primeira Parte, "Das três metamorfoses", delineia as principais etapas da crise da subjetividade do homem da tradição, que são também etapas de sua superação: camelo, leão, criança. Em cada uma delas há alusões a uma autossuperação do velho homem. O camelo é a fase da obediência como primeira maneira de se superar, obrigando-se à submissão; o leão é a revelação de uma vontade de autoafirmação (que, de resto, já está presente de alguma maneira na submissão "desejada" do camelo) que quer exercer a própria liberdade não na aceitação de deveres, mas na criação de novos valores; no entanto, o leão não é criador, talvez porque ainda lhe reste demasiado espírito reativo, esteja ainda concentrado demais em destruir as obrigações do dever para saber realmente criar. Por isso, é necessária uma terceira metamorfose, a da criança, que cria sem esforço, em uma espécie de harmoniosa identificação com o próprio ser do mundo – que aqui já é pensado como "uma roda que gira por si mesma". Como revelam sobretudo vários pontos da descrição da fase do camelo, essas etapas também podem ser lidas como momentos da história da civilização ocidental, que Nietzsche tem sempre em mira: espírito de camelo é aquele do ascetismo tanto platônico como cristão; revolta leonina pode ser considerada a passagem à modernidade, em um sentido análogo ao que o surgimento do espírito moderno tem no Hegel da *Fenomenologia*. A criança é provavelmente uma figura do além-do--homem nietzschiano, que continua sendo o fim de todo o *Zaratustra*, mas também seu problema jamais completamente resolvido, como a ideia do eterno retorno. Não é difícil, à luz desses elementos, ler os discursos da primeira parte ou como aspectos internos de cada uma das três fases (sobretudo primeira e segunda?), ou como desmascaramento de falsos caminhos de autossuperação. Este último parece ser o tema dominante da Segunda Parte, que se inicia com o capítulo sobre "A criança com o espelho" – em que Zaratustra reconhece que sua doutrina está em perigo porque "a erva daninha quer que a chamem de trigo" – e traz quase como uma conclusão o grande discurso "Da redenção". As falsificações da doutrina de Zaratustra, ou seja, os falsos caminhos até agora seguidos para a autossuperação do homem, são reconhecidas à luz de um "critério" indicado no segundo discurso, intitulado "Nas ilhas bem-aventuradas":

aqui Zaratustra anuncia que de agora em diante no lugar de Deus deverá ser colocado o além-do-homem; Deus, de fato, é uma suposição excessiva, que vai além dos limites da pensabilidade e da vontade criadora do homem. Ou seja, suposições, símbolos, sistemas de valores não devem visar ao eterno, mas ao tempo e ao devir. "Esta doutrina que fabula sobre o Uno em sua plenitude, sobre o Imóvel, o Farto e o Imperecível: eu a chamo má e inimiga do homem! O imperecível não passa de um símbolo. E os poetas contam muitas mentiras. Ao contrário, os melhores símbolos devem falar do Tempo e do Devir..." Os falsos caminhos que o homem do passado tomou para elevar-se acima de si mesmo são todos fundados na oposição de um mundo eterno ao mundo do devir: e essa oposição entre um aqui e um além, entre ser e dever ser, gerou os homens desequilibrados e disformes que aparecem a Zaratustra no início do discurso "Da redenção". A resistência da vontade contra o "foi assim", contra a imposição do passado como peso e necessidade intransponível também está ligada, segundo Zaratustra, à fé na transcendência que impede uma plena reconciliação com o mundo como ele é. A base da redenção, contudo, não parece ser apenas a aceitação fatalista das coisas como são, mas a livre vontade criadora que só se torna possível recompondo (de acordo com um sonho que era já de Schiller e de todo o classicismo alemão) a unidade do homem para além da fragmentação criada por uma disciplina social (também pela divisão do trabalho: sem dúvida, ecoa em Nietzsche também esse motivo schilleriano, e depois marxiano) fundada, em última análise, na distinção entre mundo do devir e mundo (metafísico, divino) do ser pleno e imperecível. O discurso sobre a redenção assinala também a passagem à

Terceira Parte, que se apresenta como uma ilustração já mais positiva e construtiva da doutrina do eterno retorno (e portanto do além-do-homem) anunciada no final da Segunda Parte: "Da visão e do enigma" é talvez o discurso mais significativo de toda a obra, e condensa também as dificuldades, às quais já aludimos, que parecem inseparáveis da tese fundamental de Nietzsche. A "mordida" que o pastor da visão e o próprio Zaratustra devem dar na cabeça da serpente mostra que o eterno retorno não é uma "modinha de realejo", um mero acomodar-se ao incontrolável ir e vir das coisas, mas uma conciliação "criativa" com o ser, que implica uma decisão e um esforço. Essa interpretação de "Da visão e do enigma" é dada por outro grande discurso da Terceira Parte, também ele colocado em uma posição estratégica perto do fim (é o quinto último), confirmando que o sentido de toda esta parte é a formulação e o esforço de esclarecimento construtivo da doutrina do retorno. Quanto ao resto, a Terceira Parte tem um andamento mais estático, como se o pensamento do eterno retorno, mais que analisado e argumentado, tivesse de ser "digerido", por Zaratustra e por seus ouvintes e leitores. O fato de Nietzsche ter deixado substancialmente inédita a Quarta Parte (que fez circular, separada, somente em um círculo restrito, e que foi publicada juntamente com as outras três apenas em 1892) indica com bastante clareza que ele também teve consciência do caráter conclusivo da Terceira Parte. Uma hipótese de leitura da Quarta Parte, que também leva em conta essa reserva ou indecisão de Nietzsche, provavelmente pode ser formulada a partir de uma passagem do discurso do convalescente (que, lembremos, está incluído na Terceira Parte da obra), aquele em que Zaratustra considera com tristeza o fato de que o homem velho também é algo que volta eternamente, e essa consciência é a doença de que ele vive precisamente a interminável convalescença. Não poderiam os vários discursos da Quarta Parte ser lidos justamente como um diário dessa convalescença, como vários achados do homem velho à luz de uma recuperação que o considera, com distanciamento mas também com compaixão, possível material para a construção do além-do-homem? A isso parece aludir, por exemplo, uma passagem de um dos primeiros discursos ("O sacrifício do mel"), em que Zaratustra se declara pescador de homens. Lida de acordo com essa hipótese, a Quarta Parte se apresenta como uma espécie de redimensionamento do projeto do além-do-homem segundo linhas que respondem, de alguma maneira, aos problemas e às contradições em que se detém Löwith. A instauração de uma temporalidade circular, não mais prisioneira do espírito de vingança que acompanha toda crença na transcendência e na oposição entre mundo do ser e mundo do devir, não pode, por sua vez, se apresentar com uma novidade radical, porque desse modo repetiria o esquema linear do tempo como superação sempre nova do passado rumo a um fim ainda por vir. Portanto, pode ser pensada apenas como uma longa convalescença, que em larga medida recupera também o estado precedente, não sem trazer em si os sinais da doença e da vitória sobre ela. De uma atitude semelhante falou em nosso século Martin Heidegger, não por acaso leitor e intérprete apaixonado de Nietzsche: para ele, ainda que nesse ponto não se baseie nestas páginas do Zaratustra, a ultrapassagem daquele pensamento inautêntico que ele chama metafísica, e que domina toda a cultura ocidental culminando justamente na ideia nietzschiana da vontade de potência, só pode ser realizada como uma espécie de retomada e de convalescença – já que uma pura e simples superação que pretendesse deixá-lo para trás reproduziria suas limitações e erros fundamentais[8]. Essa proposta, muito sumária, de hipótese interpretativa vale justamente apenas como uma proposta: o *Zaratustra*, como certos textos da Sagrada Escritura, não pode ser entendido apenas em sentido literal, e portanto o leitor, muito mais que em relação a outros textos, não pode deixar de se arriscar no jogo da interpretação. Com certeza, é isso também o que entende Zaratustra quando repete seu convite aos discípulos para que o interpretem mal, o abandonem, o traiam, o esqueçam.

Como mencionamos acima, as leituras mais sistemáticas e filosoficamente empenhadas do pensamento de Nietzsche propostas neste século não apenas não forneceram uma decifração exaustiva dos símbolos e das alegorias de que é constituído o *Zaratustra*, mas muitas vezes o preferiram a outros textos nietzschianos mais próximos, no estilo e nos conteúdos, da literatura filosófica tradicional.

Essa preferência, seja como for, parece ligada ao propósito, reafirmado e tornado quase canônico por Heidegger (cf. ainda o *Nietzsche* citado), de ler Nietzsche como um filósofo, do mesmo modo como se leem Aristóteles ou Kant, e portanto buscando nele uma espécie de "doutrina", ainda que não um sistema propriamente dito. Mas, se devemos levar a sério os propósitos destrutivos continuamente enunciados por Nietzsche em rela-

---

8. Sobre isso, permito-me ainda remeter a um trabalho meu: *La fine della modernità*, Milão, Garzanti, 1985, último capítulo [trad. bras. *O fim da modernidade: niilismo e hermenêutica na cultura pós-moderna*, São Paulo, Martins Fontes, 2002].

ção ao pensamento e à cultura "decadente" da tradição, então é possível que precisamente uma obra enigmática, muitas vezes decisivamente irritante, como *Assim falou Zaratustra*, que se recusa a qualquer esforço de organização sistemática, tanto pelo estilo quanto pela "contraditoriedade" de suas "teses" (mas até este termo é impróprio), deva ser colocada no centro da atenção. A polêmica contra os esforços de reconstruir, com base nos textos nietzschianos, uma doutrina coerente (uma concepção do ser, uma visão da ética, uma estética etc.) é hoje conduzida com especial vigor por Jacques Derrida[9], para quem precisamente o fato de os textos de Nietzsche não se deixarem reduzir a uma unidade não contraditória mostra seu verdadeiro alcance de superação da metafísica, uma superação que Heidegger tentou sem ser bastante radical, por estar ainda muito ligado à ideia de que o pensamento deva ser pensamento do ser (e portanto do uno, do imperecível, do não contraditório...). Naturalmente, essa posição "desconstrutiva" radical, como Derrida a chama ao se referir a Nietzsche, deveria ainda assim explicar tanto o caráter decisivo que ele atribuiu a certos termos (como niilismo ou eterno retorno), que parecem de algum modo constituir eixos doutrinais não perfeitamente equivalentes a qualquer outra coisa (como ao que está expresso no fragmento "Esqueci o guarda-chuva" – regularmente incluído nas edições dos fragmentos póstumos nietzschianos[10] e que Derrida comenta – de uma forma provocatória mas não tanto – nas páginas conclusivas do citado *Eperons*). Seja qual for a con-

---

9. Cf. J. Derrida, *Sproni. Gli stili di Nietzsche* (1978), trad. it. org. por S. Agosti, Milão, Adelphi, 1991.
10. Cf. *Frammenti postumi 1881-1882*, vol. V, tomo II das *Opere*, ed. cit., p. 415.

fiabilidade como um todo da leitura de Nietzsche proposta por Derrida, e em geral o alcance filosófico de seu desconstrucionismo do ponto de vista da preparação de uma filosofia pós-metafísica, é certamente no clima marcado por posições teóricas radicais como estas (ou como outras que se movem no âmbito da tradição hermenêutica de matriz heideggeriana)[11] que pode adquirir uma nova atualidade, entre os escritos de Nietzsche, precisamente uma obra tão problemática e intrinsecamente plural como *Assim falou Zaratustra*.

---

11. Para um panorama exaustivo e claro das interpretações mais filosoficamente relevantes do pensamento de Nietzsche, cf. *Nietzsche e la filosofia del Novecento*, de M. Ferraris, Milão, Bompiani, 1989.

NIETZSCHE, INTÉRPRETE DE HEIDEGGER

Retomar o problema da relação entre Heidegger e Nietzsche não é uma maneira de fazer, mais uma vez, filologia sobre um tema já intensamente abordado pelos estudiosos de ambos os pensadores. Ao contrário, é um meio de discutir um problema que, pelo menos do ponto de vista da filosofia europeu-continental, constitui um tema central, ou até – a meu ver – *o* tema central do atual debate filosófico. Sejam quais forem os aspectos que, na interpretação heideggeriana de Nietzsche, ainda podem ser questionados e esclarecidos no plano da filologia e da historiografia, o problema será aqui discutido principalmente com interesse teórico, partindo da hipótese mencionada, de acordo com a qual falar da relação Heidegger-Nietzsche significa pôr e desenvolver um problema, ou o problema, teórico central da filosofia atual.

Por ora, podemos partir de um fato não controverso: ou seja, o de que uma grande parte da filosofia continental dos últimos vinte e cinco anos – se quisermos estabelecer um limite cronológico – desenvolveu-se discutindo dois temas vinculados: o significado do pensamento de Nietzsche, em torno do qual os estudos, e também as pesquisas filológicas sobre os textos, são retomados com muita intensidade na Europa no início dos anos 1960; e a filosofia do "segundo Heidegger", também esta tornada amplamente conhecida por volta do final dos anos 1950. O sucesso do segundo Heidegger e a Nietzsche-Renaissance não são apenas dois eventos filosóficos que coincidem cronologicamente. Sabe-se que, se não o único, certamente um fator determinante da Nietzsche-Renaissance foi justamente a publicação dos dois volumes de Heidegger sobre Nietzsche, que reúnem cursos universitários e outros escritos dos anos 1935-46. O interesse de Heidegger por Nietzsche não é apenas um aspecto entre outros de sua volta às origens na história da metafísica; Nietzsche é para ele um termo de comparação que pode ser igualado, por importância, apenas aos pré-socráticos ou, talvez, a Hölderlin. A Nietzsche-Renaissance, embora sem dúvida tenha também aspectos filológicos que prescindem dos problemas interpretativos postos por Heidegger (assim, o trabalho dos organizadores da edição crítica, Colli e Montinari, permanece totalmente alheio às discussões das teses heideggerianas, mesmo quando enfrenta a tarefa de um "comentário" filosófico às obras nietzschianas), encontra-se em grande parte entrelaçada com o sucesso do pensamento do segundo Heidegger. Quem lê Nietzsche não pode deixar de levar em conta a interpretação que Heidegger propôs dele, e desse modo depara (isso aconteceu também com quem escreve, precisamente no início dos anos 1960) com o dever de retomar todo o caminho filosófico heideggeriano, já que Nietzsche não é, como se dizia, apenas um "tema" historiográfico de que Heidegger se ocupou marginalmente. Os estudiosos de Heidegger, por outro lado, são induzidos a remontar aos textos de Nietzsche justamente pela importância decisiva que Heidegger lhes atribui na história da metafísica. Desenvolve-se assim, em boa parte da filosofia europeia recente, um movimento de ir e vir entre Heidegger e Nietzsche que – e esta será propriamente a minha tese – não se limita a tentar compreender Nietzsche servindo-se dos resultados do trabalho interpretativo de Heidegger, como seria de esperar. Há também um movimento oposto: bem além das teses explícitas propostas por Heidegger em sua interpretação de Nietzsche, o próprio significado da filosofia heideggeriana tende a ser apreendido e compreendido por meio de Nietzsche. Pode-se falar assim não apenas de um Heidegger intérprete de Nietzsche, mas também de um Nietzsche intérprete de Heidegger; nessa sua figura de intérprete, e não de texto interpretado, Nietzsche não coincide de modo algum com a imagem que Heidegger propôs dele em sua obra. Verifica-se, assim, uma situação paradoxal, mas muito difundida, sobretudo na Itália e na França: muitos heideggerianos leem Nietzsche em uma perspectiva que certamente se remete ao pensamento de Heidegger, mas que não aceita, ou aceita apenas em parte, as teses específicas de Heidegger sobre Nietzsche. Gostaria de mostrar que isso não é consequência de um conhecimento incompleto ou apressado do pensamento de Heidegger por parte desses seus intérpretes; mas que, de alguma maneira, precisamente para serem fiéis às intenções mais autênticas de Heidegger, é preciso "traí-lo" na interpretação de Nietzsche.

Em favor dessa tese fala o fato – que aqui não pretendo documentar analiticamente – de que em grande parte do heideggerianismo contemporâneo o nome de Nietzsche não vale apenas como o de um dos autores da tradição metafísica que se procura ultrapassar (como seria, por exemplo, o caso de Descartes ou de Hegel), mas indica um pensador que, como Heidegger, já está a caminho de um pensamento do ser que abandonou a metafísica. É óbvio que essa situação "privilegiada" de Nietzsche é em certa medida prevista pelo próprio Heidegger, que vendo nele o último pensador metafísico, aquele em que o esquecimento do ser atinge seu ápice, coloca-o também em uma posição de reviravolta: "onde aumenta o perigo – como diz o verso de Hölderlin tão frequentemente citado por Heidegger – aumenta também aquilo que salva". Mas é indubitável que Heidegger também sente Nietzsche como profundamente distante de si na medida em que, seja como for, ainda pertence à história da metafísica e teoriza o ser como vontade de potência. Ora, é justamente essa distância entre Heidegger e Nietzsche que tende a desaparecer em grande parte do pensamento de tendência heideggeriana. No fundo, isso vale também para um autor como Gadamer, no qual, por outro lado, a temática heideggeriana da superação da metafísica tem um desenvolvimento muito limitado: em um ponto muito delicado e central de *Wahrheit und Methode*[1], em que se trata do significado da renovação heideggeriana do problema do ser, Nietzsche é indicado como precursor de Heidegger, em lugar de Dilthey e de Husserl. E, para ficar no âmbito dos intérpretes "clássicos" de Heidegger – aqueles da primeira geração heideggeriana –, é razoável imaginar que Löwith também pense Nietzsche e Heidegger como substancialmente paralelos, movidos pelas mesmas intenções: sabe-se que Löwith pensa a *Kehre* heideggeriana dos anos 1930

---

1. Cf. H. G. Gadamer, *Verità e método*, cit., p. 304.

como uma concessão de tipo fundamentalmente político, sem ver razões teóricas; mas, quando ele descreve Nietzsche como aquele que procura recuperar uma visão grega do ser no ápice da modernidade, e fracassa nessa tentativa, não estará também descrevendo, em termos teóricos e não mais apenas políticos, o esforço de Heidegger de ultrapassar a metafísica e o que para ele parece seu fracasso? A posição de Löwith é inteiramente peculiar, e não se insere plenamente em nossa exposição porque com certeza não se pode descrever Löwith como um "heideggeriano" – ainda que, à luz da hipótese que propus, fosse necessário também repensar esse problema em novos termos. Ao contrário, é verdade que uma proximidade entre Heidegger e Nietzsche é mais ou menos amplamente pressuposta por toda a hermenêutica atual, ou seja, por aquela filosofia que se apresenta como a continuação de Heidegger e que, sob esse aspecto específico da interpretação de Nietzsche, se afasta de muitas conclusões do mestre. Não quero discutir aqui se e até que ponto autores como Foucault ou Derrida, ou como Richard Rorty se inserem plenamente na hermenêutica: mas em todos, mais ou menos explícita, parece ser possível encontrar uma visão de Nietzsche que o interpreta em uma continuidade substancial com Heidegger, muito além do que o próprio Heidegger estaria disposto a admitir. O pensamento de Foucault, aliás, poderia ser descrito exatamente como um resumo ou "síntese" de Nietzsche e Heidegger, realizada de um ponto de vista predominantemente nietzschiano, porém, que dá muito pouco espaço para as intenções ontológicas de Heidegger. Pode-se dizer o mesmo, em certa medida, também da imagem de Nietzsche e Heidegger que se encontra nas obras de Derrida e de seus discípulos (Sarah Kofman, B. Pautrat), e primeiro em Deleuze (não apenas no livro sobre Nietzsche, mas também em *Diferença e repetição*): nunca se acentua a separação entre Heidegger e Nietzsche; ambos, com sentidos e em medidas diferentes, são incluídos entre os pensadores que indicaram o caminho de um pensamento que ultrapassa a metafísica. Também a retomada de Nietzsche no pensamento italiano das últimas décadas ocorreu em relação a Heidegger; uma posição central teve aqui o problema da técnica: também e sobretudo como "pensadores da técnica", Nietzsche e Heidegger apareceram em substancial continuidade (penso nos trabalhos de Massimo Cacciari, mas também nos de Emanuele Severino, que no entanto está em uma posição de polêmica em relação a Heidegger, considerando – com bons motivos, como veremos mais adiante – Nietzsche e Heidegger unidos por uma mesma perspectiva niilista).

Aqueles que mencionei tão brevemente pretendem valer aqui apenas como exemplos de um fato que me parece amplamente visível no pensamento continental dos últimos anos: esse pensamento, em amplas zonas, desenvolve-se tomando Nietzsche e Heidegger como pontos de referência privilegiados; e, mesmo quando se apresenta como continuação da filosofia de Heidegger, não "leva a sério" todas as implicações da interpretação heideggeriana de Nietzsche, mas tende a ver entre Heidegger e Nietzsche uma continuidade que contrasta com a explícita interpretação de Nietzsche dada por Heidegger em suas obras. Proponho considerar esse paradoxo um problema teoricamente significativo, procurando esclarecer por que se pode (e, a meu ver, se deve) ser heideggerianos sem seguir Heidegger em sua interpretação de Nietzsche; e até, para concluir, que as intenções profundas do pensamento de Heidegger podem ser seguidas somente revendo sua relação com Nietzsche em termos diferentes daqueles em que ele mesmo a descreveu. A virada impressa por Heidegger, sobretudo com os amplos estudos publicados em 1961, à interpretação de Nietzsche consistia na proposta de ler Nietzsche colocando-o em relação com Aristóteles[2] – ou seja, como um pensador cujo tema central é o ser, um pensador metafísico, e não apenas como um moralista, um "psicólogo" ou um "crítico da cultura". Com base nessa decisão interpretativa, Heidegger referia-se preferencialmente aos escritos tardios de Nietzsche, sobretudo às anotações que de início deviam servir para o *Wille zur Macht*, e tendia, ao contrário, a deixar de lado muitas das produções mais "ensaísticas" de Nietzsche, obras como *Humano, demasiado humano*, *Aurora* ou *A gaia ciência*. Foram precisamente estas, juntamente com certos livros aforísticos do último período, como *Além do bem e do mal*, e o "poema" de Zaratustra, as obras que determinaram a imagem predominante de Nietzsche nos primeiros decênios do século XX, aquela imagem que Dilthey, no breve escrito sobre *A essência da filosofia* (1907), resumia colocando Nietzsche ao lado de "escritores filósofos" como Carlyle, Emerson, Ruskin, Tolstói, Maeterlinck; essas figuras eram vistas por Dilthey como emblemáticas de uma situação em que a filosofia, terminada a grande época da metafísica, tendia a se fazer "Lebensphilosophie" – não no sentido de "metafísica vitalista" que a palavra tem hoje para nós, e sim no sentido de uma reflexão sobre a existência que não visa mais valer demonstrativamente, mas ao contrário assume as características da expressão subjeti-

---

2. Cf. M. Heidegger, *Nietzsche*, cit., pp. 73 ss.

va, da poesia e da literatura³. A descrição que Dilthey faz de Nietzsche é, por muitos aspectos, radicalmente oposta à de Heidegger; mas em um traço essencial as duas perspectivas coincidem. Tanto para Dilthey como para Heidegger, o caráter da filosofia de Nietzsche é determinado pelo fato de estar no fim da metafísica. Para Dilthey, além disso, essa posição "final" ou epigônica de Nietzsche se traduz no fato de que, nele, torna-se dominante um enfoque literário, mas poderíamos dizer mais amplamente "ensaístico" e de "crítica da cultura", dos problemas filosóficos, ao passo que, para Heidegger, ver Nietzsche em relação à história da metafísica significa buscar nele, predominantemente, teses e enunciados sobre os grandes temas da metafísica tradicional: o ser, Deus, a liberdade, o sujeito... Dilthey parece aqui mais radical e coerente que Heidegger: se Nietzsche está no fim da metafísica, isso não significará apenas que vê o ser e os outros "objetos" metafísicos de maneira diferente de Platão ou de Descartes; mas também que a forma de seu pensamento será diferente. Em outros termos, Dilthey vê mais claramente que Heidegger que a "metafísica" de Nietzsche deve ser buscada precisamente nas páginas que já haviam se mostrado mais características e significativas para seus primeiros leitores, em suas páginas de psicologia e "crítica da cultura". Essa é uma perspectiva de interpretação que não se choca de modo algum contra as bases da tese heideggeriana, e que no entanto Heidegger não desenvolveu; nele continua a haver sempre um hiato entre os temas autenticamente metafísicos de Nietzsche – niilismo, vontade de potência, eter-

---

3. Cf. W. Dilthey, *L'essenza della filosofia*, (1907), trad. it. no vol. organizado por P. Rossi, *Critica della ragione storica*, Turim, Einaudi, 1954, p. 427.

no retorno, *Übermensch*, justiça, segundo a lista dos *Leitworte* que ele traça em sua obra – e a sua crítica da moral, da religião, do sujeito etc. Por que, em sua interpretação, Heidegger não une esses dois aspectos de Nietzsche como pensador final da metafísica? Pode-se conjecturar que um motivo plausível disso deve ser buscado na desconfiança que Heidegger tinha, com bons motivos, na "filosofia da cultura" de tendência neokantiana (como a de Cassirer, ou do próprio Dilthey) e na "crítica da ideologia" hegeliano-marxista. No entanto, é difícil contentar-se com essa explicação, sobretudo se se considera que, pelo menos em certo sentido, aquilo que Dilthey diz de Nietzsche se aplica muito bem também ao estilo de pensamento do próprio Heidegger. A proximidade entre filosofia e literatura, a articulação do discurso filosófico segundo um ritmo mais "edificante" que demonstrativo e científico e também a identificação da filosofia com uma reflexão sobre a história da cultura (que em Heidegger se identifica com a história e o destino do ser) são todos traços que Heidegger tem em comum com Nietzsche, e são os descritos por Dilthey como próprios da *Lebensphilosophie* – ainda que esta, em Dilthey, assuma o significado de um pensamento subjetivista e impressionista, mas apenas porque Dilthey continua a cultivar o sonho de uma filosofia "rigorosa", herdeira da metafísica em sua forma "crítica" kantiana repensada como "psicologia transcendental" ou tipologia das *Weltanschauungen*. Mas eliminado, como é eliminado em Heidegger, esse sonho ainda metafísico, a *Lebensphilosophie* de Nietzsche não está tão distante do "pensamento do ser" que Heidegger se esforça para pensar.

Pretendo dizer que, se consideramos a forma diferente como se articula, em Dilthey e em Heidegger, a descrição de Nietzsche como pensador final da metafísica, percebemos que Heidegger tende a não ver o vínculo entre o Nietzsche metafísico e o Nietzsche "crítico da cultura" porque esse vínculo, uma vez reconhecido, o "obrigaria" também a reconhecer a própria proximidade com Nietzsche. Essa proximidade é aquela que o "heideggerianismo" atual percebe amplamente, ainda que não tenha feito dela um tema explícito de discussão.

De fato, o que significa que a ontologia de Nietzsche está estreitamente ligada ao seu repensamento "genealógico" da história da moral, da religião, da consciência europeia, isto é, à sua "arqueologia do saber"? Essa arqueologia nada tem a ver com a "crítica da ideologia", ou seja, com um pensamento que julga poder desmascarar as mentiras "humanas, demasiado humanas" da metafísica – dos sistemas de valores, das instituições, da arte – para levá-las finalmente a um fundamento verdadeiro. Diante das errâncias da cultura do passado e de suas pretensões metafísicas, Nietzsche não pratica esse desmascaramento ainda metafísico, já que desmascara também a ideia de uma verdade, de um "fundamento" sobre o qual se possa finalmente "permanecer". A arqueologia de Nietzsche celebra antes, diante da metafísica, "festas da memória", retoma a história dessas errâncias como "história do ser". Desde *Humano, demasiado humano*, Nietzsche tem consciência de que revelar o caráter "de devir" e os interesses que estão na base daquilo que se apresenta como verdade, valor, beleza "eternos" não significa liquidar todas essas coisas, mas descobrir, em última instância, que são a única substancialidade de que dispomos, os únicos "quadros" com base nos quais nossa experiência do mundo pode adquirir um sentido; é isso que ele chama a "necessidade do erro", e que em um aforismo da *Gaia ciência* (o 54) define como "continuar a sonhar sabendo que se sonha". O ser de que nos falou a metafísica é "erro"; mas o erro – as formas simbólicas produzidas pelas culturas no decorrer do tempo – é apenas o ser, e nós *somos* apenas em relação a tudo isso.

O Heidegger que concebe o pensamento pós-metafísico como *An-denken*, rememoração e volta à origem através da metafísica, estará mesmo tão distante do Nietzsche das "festas da memória"? Os dois pensamentos são na verdade muito semelhantes, unidos pelo fato de pensar o ser não como estrutura e *Grund*, mas como *evento*. Se Heidegger não percebe essa proximidade, é porque se recusa a aceitar e articular explicitamente as implicações niilistas da própria "concepção" do ser. Também para ele, como para Nietzsche, o pensamento é *An--denken*, e não representação ou fundação, porque *não existe outro ser* senão as aberturas histórico-destinais em que as várias humanidades históricas fazem experiência do mundo; e o fato de essas aberturas histórico-destinais não serem manifestações de uma estrutura eterna, mas eventos, não as condena à liquidação, ao contrário, confere-lhes a dignidade que a metafísica conferia ao ser estável e eterno, como nas "festas da memória" de Nietzsche.

Instaura-se assim entre os dois pensadores – não no plano da historiografia filosófica entendida em sentido *historisch*, mas no plano de uma resposta *geschichtlich* ao seu apelo – um entrelaçamento complicado. Heidegger é determinante para atribuir sentido ao pensamento de Nietzsche – um sentido que precisamente no plano *historisch*, da reconstrução dos textos e de suas conexões, a historiografia filosófica dificilmente consegue identificar, especialmente se se consideram as quase irreparáveis contradições que nascem em torno de conceitos como eterno retorno, vontade de potência, *Übermensch*, niilismo ativo e reativo. Heidegger certamente não fornece instrumentos para conciliar essas contradições no plano lógico, nem no "psicológico" muitas vezes preferido pela crítica nietzschiana (a "loucura" de Nietzsche). No entanto, ele esboça um quadro dentro do qual todos esses conceitos adquirem um significado como aspectos da história do ser na época do fim da metafísica. Para dar apenas um exemplo: o quase impensável conceito do eterno retorno do mesmo torna-se bem menos inconcebível se o vemos em relação com a temporalidade "a--histórica" do mundo técnico, do *Ge-Stell* em que a metafísica se realiza como organização total do mundo, excluindo a historicidade como novidade não planificada e dominada.

Sejam quais forem os problemas filológicos ainda não resolvidos, e talvez insolúveis, para a reconstrução historiográfica do pensamento de Nietzsche, é um fato que ele se torna significativo para nós, ou seja, capaz de falar produtivamente na atual situação filosófica, apenas – ou quase apenas – por mérito de Heidegger: conceitos como os de vontade de potência, de eterno retorno, de *Übermensch*, adquirem sentido como *modos de manifestação do ser* no fim da metafísica, ao passo que aparecem repletos de contradições insolúveis quando vistos como descrições metafísicas de um ser dado "lá fora". Nesse plano de uma descritividade ainda metafísica, por exemplo, continua a haver uma interpretação de Nietzsche que se limita a ver sua filosofia como uma "revelação" do fato de que o ser é vontade de potência e que, por conseguinte, propõe uma moral da força, da luta, do confronto (é a leitura "fascista" de Nietzsche;

mas há vestígios de semelhante interpretação também em Foucault).

No entanto, se Heidegger confere seu sentido ao pensamento de Nietzsche como filósofo do fim da metafísica, a analogia entre as "festas da memória" nietzschianas e o *An-denken* heideggeriano leva-nos a perceber que, reciprocamente, Nietzsche confere ao "ser" heideggeriano seu autêntico significado. De fato, o que significa que, para Heidegger, o ser (se é que se pode falar dele) é *evento*? Será que significa apenas aquilo que Reiner Schürmann chamou o "princípio de anarquia"? Essa expressão, de acordo com Schürmann, define o resultado da destruição da história da metafísica por parte de Heidegger, já que ele revela que tudo o que na história do pensamento se apresentou com *arché*, *Grund*, fundamento que sustenta e domina uma cultura (podemos pensar, ainda, nas *epistéme* de Foucault) não é senão "posição", evento[4]. Qual é, então, o resultado dessa tese? Pode ser ou o puro e simples reconhecimento de que toda *arché* é apenas resultado de um jogo de forças, apenas vontade de potência; desse modo se volta a um Nietzsche "desmascarador", que Heidegger retomaria ao pé da letra. Se, como me parece que Schürmann faz, se deseja evitar essa conclusão, então o risco é pensar que, uma vez descoberto que as *arkhaí* são eventos, seja possível um acesso ao ser diferente e alternativo em relação ao praticado pela metafísica, fundado na assunção de *arkhaí* e de *Gründe*. Nesse caso, porém, a superação do pensamento metafísico das *arkhaí* levaria a uma espécie de teologia negativa ou mística, que ainda tem a

---

4. Cf. R. Schürmann, *Le principe d'anarchie. Heidegger et la question de l'agir*, Paris, Seuil, 1982.

ilusão de apreender de algum modo o ser em sua diferença e irredutibilidade em relação aos princípios e aos fundamentos imaginados pela filosofia do passado. É um risco que não me parece totalmente ausente do trabalho, por outro lado extraordinariamente penetrante, de Schürmann – que parece oscilar entre um resultado foucaultiano (as *epistéme* como puros efeitos de jogos de forças) e um resultado "místico". Com certeza, este último é amplamente autorizado pelo próprio Heidegger, precisamente na medida em que nos seus textos, ao lado da "descrição" do ser em termos de evento, há também sempre (penso nas páginas conclusivas de *Zeit und Sein*[5]) a aspiração a uma situação em que o ser de novo nos fale "pessoalmente". Contudo, aqui se esconde um possível mal-entendido do próprio Heidegger em relação a si mesmo: se, indo *além* de seus eventos (as *arkhaí* que caso a caso, *je und je*, dominaram a metafísica), temos de aceder de qualquer modo, ainda que não fundamental, ao ser – então a tarefa de superação da metafísica acaba em uma nova metafísica, em uma nova "representação" ou concepção (*Begriff*) do ser. Mas o *An-denken* a que Heidegger nos remeteu não pode ser concebido como uma rememoração que "recupera" o ser como alguma coisa que podemos encontrar face a face; a rememoração lembra o ser precisamente como aquilo que se pode tão somente lembrar, e jamais representar. Isso equivale a dizer, como Heidegger muitas vezes faz, que o evento do ser deve ser entendido não apenas no sentido subjetivo do genitivo (as *arkhaí*, as épocas, são eventos que pertencem ao ser, não são apenas casos dos entes), mas tam-

---

5. Cf. M. Heidegger, *Tempo ed essere*, trad. it. org. por E. Mazzarella, Nápoles, Guida, 1980.

bém, inseparavelmente, no objetivo: o ser não é diferente de seus eventos. No entanto, isso significa que o ser jamais pode ser pensado como uma estrutura estável que a metafísica teria apenas esquecido e que seria preciso reencontrar. Pensado até o fundo, porém, isso é o que se deve chamar o "niilismo" de Heidegger. A superação da metafísica só pode ser realizada na medida em que, como escreve Heidegger a respeito do niilismo nietzschiano, "do ser como tal não existe mais nada"[6]; a superação da metafísica não é a inversão do esquecimento metafísico do ser, é esse mesmo esquecimento (o niilismo) levado às suas extremas consequências. Heidegger não pode fugir dessa conclusão, se não deseja voltar a pensar o ser como *arkhé*, *Grund*, estrutura estável.

Se Heidegger confere sentido a Nietzsche mostrando que a vontade de potência, por assim dizer, é "destino do ser" (e não mero jogo de forças a ser desmascarado com a crítica da ideologia), Nietzsche dá sentido a Heidegger esclarecendo que o destino do ser (se deve ser pensado fora da metafísica) é o niilismo; ou seja, que o ser se distancia de sua configuração metafísica não (*apenas*) quando revela as *arkhaí* como máscaras, como eventos; mas quando *se dá* na forma daquilo que não *é*, mas *foi* (desde sempre), e que vigora apenas como lembrança, em uma forma esmaecida e *fraca*. A esse destino de enfraquecimento do ser – que dissolve a forma autoritária e, no fundo, violenta em que sempre se apresentou o "fundamento" – pertence o vínculo, tão central no primeiro e no segundo Heidegger, entre evento do ser e mortalidade do homem (já que as aberturas histórico--destinais em que as coisas vêm a ser são epocais, e não

---

6. Cf. M. Heidegger, *Nietzsche*, cit., p. 812.

"eternas", só porque não são eternas as gerações, os "ser--aí", pelos quais e por obra dos quais elas se iluminam); e a ele pertence também o processo de dissolução que Nietzsche descreve na *Götzendämmerung*, no capítulo intitulado "Como o 'mundo verdadeiro' acabou se transformando em fábula", ou seja, precisamente a dissolução das *arkhaí* e das pretensas objetividades que caracteriza o desenvolvimento da filosofia ocidental. Esse ser que, como escreve Nietzsche em uma passagem citada por Heidegger, "evapora" não é apenas uma imagem falsa do ser que deveria ser substituída por uma mais sólida e verdadeira; é precisamente aquele ser que, depois de Nietzsche, pode "desvelar-se", no pensamento pós-metafísico, como não identificável com o objeto, a *arkhé*, o fundamento – mas como um "envio" ao qual o pensamento corresponde com o *An-denken* ou celebrando "festas da memória".

O NIETZSCHE "ITALIANO"

Há uma característica específica do "Nietzsche italiano", ou seja, das interpretações que se fizeram de Nietzsche na Itália no âmbito daquela "Nietzsche-Renaissance" que envolveu grande parte do pensamento ocidental dos últimos decênios, ao menos a partir da publicação dos dois volumes do *Nietzsche* de Heidegger (1961)? Ao consultar as atas dos grandes congressos internacionais sobre Nietzsche que se realizaram nos anos 1960 e 1970 (penso no de Royaumont, 1964, e na semana de Cérisy, de 1972), percebe-se que os únicos nomes italianos que aparecem (com a exceção do meu convite a Royaumont em 1964) são os de Colli e Montinari, ou seja, os organizadores da nova edição crítica das obras do filósofo, que se começou a publicar em tradução italiana em 1964 e que hoje é publicada, além do alemão, nas principais línguas do mundo. Tende-se, portanto, a pensar que a contribuição italiana para o renascimento nietzschiano foi sobretudo de caráter editorial e filológico: a edição Colli-Montinari, de fato, teve o mérito decisivo de colocar à disposição dos leitores um texto finalmente confiável das obras de Nietzsche, e sobretudo de fazer conhecer, em sua redação original, integral e não manipulada, os fragmentos póstumos dos últimos anos, dos quais os primeiros editores, como se sabe, haviam extraído aquela obra, se não inventada, pelo menos abundantemente "construída" que foi *A vontade de potência*. Ora, sem tirar de modo algum os méritos de Colli e Montinari (ambos desaparecidos nesse meio-tempo) como editores, é um fato que a leitura que eles fizeram de Nietzsche, atestada principalmente pelas notas críticas que acompanhavam os vários volumes da edição[1], jamais se caracterizou em um sentido fortemente teórico; ou ao menos jamais entrou em diálogo produtivo com as interpretações que se apresentavam naqueles anos, e que (não apenas na Itália) giravam em torno das teses de Heidegger. Na verdade, Colli tinha, mais que Montinari, interesses teóricos marcados, também ligados à sua leitura de Nietzsche[2]; mas tais interesses, ainda que em explícita polêmica contra a filosofia contemporânea e contra as excessivas atualizações do pensamento de Nietzsche, levavam-no mais a uma releitura da filosofia pré-socrática inspirada em Schopenhauer e no Nietzsche jovem, o do livro sobre a tragédia e de *A filosofia na época trágica dos gregos*. Quanto a Montinari, ele sempre se propôs apenas restituir uma imagem filologicamente fundamentada de Nietzsche, combatendo sobretudo, por meio de um estudo acurado dos manuscritos, a imagem do Nietzsche nazista, antissemita, antidemocrático etc. que havia sido difundida pela irmã no início do século,

---

1. Colli reuniu essas notas em um volume de *Scritti su Nietzsche*, Milão, Adelphi, 1980; de M. Montinari, veja-se: *Che cosa ha "veramente" detto Nietzsche*, cit.; e *Su Nietzsche*, Roma, Editori Riuniti, 1982.

2. Veja-se seu *Dopo Nietzsche*, Milão, Bompiani, 1974.

sem nenhuma propensão, contudo, a considerá-lo um filósofo repleto de futuro como outros viam na mesma época. Em certo sentido, pode-se dizer que a edição Colli-Montinari, tanto em sua concepção inicial como nas perspectivas interpretativas que a nortearam, pertence inteiramente àquela fase da Nietzsche-Forschung preocupada sobretudo com sua "desnazificação", e que compreende grande parte dos trabalhos sobre Nietzsche publicados nos anos 1950, especialmente na Alemanha e nos países anglo-saxões. De resto, a colocação histórica da edição Colli-Montinari merece ser lembrada precisamente porque mostra, não apenas em negativo mas também em positivo, uma característica essencial que de alguma forma sempre acompanhou as releituras italianas de Nietzsche nas décadas recentes, ou seja, a profunda conotação política. O projeto de publicar uma edição completa e crítica das obras de Nietzsche havia sido apresentado na origem (anos 1950) à editora Einaudi, fortaleza da cultura de esquerda italiana na época, a qual, depois de acirradas discussões, decidiu não fazer nada. Precisamente em virtude dessa história, alguns consultores e redatores da época deixaram a Einaudi e confluíram para a nova editora Adelphi, que assumiu a publicação. A conotação "de esquerda", no entanto, em muitos sentidos permaneceu determinante para a edição de Nietzsche: nos anos 1950, Montinari era um comunista militante, e também esse fato certamente contribuiu para facilitar-lhe o acesso ao Nietzsche Archiv de Weimar, na então República Democrática Alemã.

Também por causa dessas origens, bem como pela convicção pessoal dos dois organizadores, a edição crítica publicada pela Adelphi a partir de 1964 teve em vista sempre o propósito, mais ou menos explícito, de tirar de

Nietzsche a imagem demoníaca que o nazismo (e, na Itália, o fascismo de Mussolini) lhe imprimira, combatendo contudo, ao mesmo tempo, aquela que Colli e Montinari consideravam uma nova mitologização de Nietzsche realizada por aqueles que, a partir do início dos anos 1960 e sobretudo sob a influência de Heidegger, haviam começado a ver nele um mestre da filosofia do futuro, finalmente livre da metafísica e da escravidão da representação. É principalmente nos autores dessa orientação[3] que é preciso buscar uma imagem "italiana" de Nietzsche fortemente caracterizada em sentido filosófico-teórico. E no entanto, para concluir o raciocínio sobre o sentido da edição Colli-Montinari, no final não é completamente verdadeiro que ela não apresente um Nietzsche claramente conotado. O propósito de acentuar sua "extemporaneidade", que se expressa antes de tudo na preferência por um trabalho estritamente filológico sobre os textos e depois em um esforço de redução da ênfase própria de quem busca em Nietzsche o anunciador de uma nova filosofia, acaba por dar lugar a uma visão de Nietzsche que privilegia as obras da juventude, schopenhauerianas, e as do chamado período "iluminista" (de *Humano, demasiado humano* à *Gaia ciência*), conferindo menos importância aos escritos sucessivos, nos quais Nietzsche realiza seu maior esforço "sistemático"; e que são também os preferidos pelos leitores mais filosofi-

---

3. Sobretudo Massimo Cacciari e eu mesmo; mas também, com ênfases diferentes: N. M. De Feo, *Analitica e dialettica in Nietzsche*, Bari, 1965; F. Masini, *Lo scriba del caos*, Bolonha, Il Mulino, 1978; C. Sini, *Semiotica e filosofia*, Bolonha, Il Mulino, 1978; E. Mazzarella, *Nietzsche e la storia*, Nápoles, Guida, 1983; V. Vitiello, *Utopia del nichilismo*, Nápoles, Guida, 1983; S. Givone, *Disincanto del mondo e pensiero tragico*, Milão, Il Saggiatore, 1988.

camente comprometidos de Nietzsche, como Löwith, Baeumler, Jaspers, Heidegger. Talvez não seja um acaso que a edição Colli-Montinari chegue precisamente nestes dias, na tradução italiana, à sua conclusão (faltam poucos escritos filológicos publicando um volume de *Frammenti postumi 1869-1874* (organizado por M. Carpitella), que confirmam a imagem de Nietzsche preferida por Giorgio Colli: um Nietzsche crítico da civilização decadente, do historicismo e do cientificismo, em nome de um ideal "trágico" que se esforça para manter a relação vital entre mundo apolíneo da forma e mundo dionisíaco da vida. O ideal da restauração de uma cultura trágica através da arte (no qual Nietzsche pensa no período de crença schopenhaueriano-wagneriana) no final se lhe revela ilusório; e isso assinala a nunca superada incompletude e problematicidade de seu pensamento, bem além das obras da juventude; esse pensamento, contudo, mantém um alcance profundamente crítico, porque desmente toda pretensão de verdade definitiva e absoluta apresentada por qualquer formação "apolínea" (da ciência à metafísica e à moral) que pretenda fazer esquecer as próprias raízes dionisíacas no mundo da vida.

A identificação do significado antimetafísico do pensamento de Nietzsche com esse seu alcance "suspensivo", no sentido de uma *epokhé* de tipo fenomenológico que reconduz toda enunciação categorialmente articulada ao mundo da vida, pensando colocá-la assim em sua verdade, não apresenta, além disso, um cunho teórico baixo como somos levados a acreditar. Quero dizer que, por exemplo em comparação com o "Nietzsche francês" como aparece nos escritos de Foucault, de Klossowski, de Deleuze e de Derrida (com todas as diferenças que devem ser reconhecidas entre eles), esse Nietzsche crítico-suspensivo contraposto ao Nietzsche com pretensões sistemáticas das últimas obras não parece tão extemporâneo e marginal. Será que realmente há muito mais dessa "epokhé" no Nietzsche afirmativo de Deleuze e, sobretudo, no Nietzsche da verdade plural de que fala Derrida, contrapondo-lhe a lição autenticamente ultrametafísica às persistentes preocupações "ontológicas, demasiado ontológicas" de Heidegger e de seus seguidores?

A partir dessa pergunta, provavelmente, é que se deveria buscar a especificidade do Nietzsche italiano; se não é apenas ou principalmente o de Colli e Montinari, distingue-se do Nietzsche francês precisamente por uma mais marcada intenção "construtiva", permeada, em sua origem, pelas mesmas preocupações políticas que haviam inspirado a realização da edição crítica. Tanto nos trabalhos nietzschianos de Cacciari (especialmente: *Krisis. Saggio sulla crisi del pensiero negativo da Nietzsche a Wittgenstein*, Milão, Feltrinelli, 1976) como nos meus, pode-se reconhecer, ainda que com resultados e percursos diferentes, o esforço de superar a imagem de um Nietzsche exclusivamente "crítico", nos limites da pura e simples reproposição de temáticas fenomenológicas ou existencialistas; esse esforço é exercido antes de tudo levando a sério os grandes temas da interpretação heideggeriana de Nietzsche (a crítica da metafísica, a relação entre niilismo e técnica moderna), com uma constante atenção ao significado histórico-político do pensamento nietzschiano. Os resultados do trabalho de Cacciari e do meu são, no entanto, profundamente diferentes: Cacciari lê no niilismo e na vontade de potência nietzschianos a afirmação incondicional de uma razão não mais clássica porque não mais limitada por algum resíduo metafísico, fazendo assim de Nietzsche o oposto daquele mestre do irracionalismo contemporâneo que nele haviam visto tanto Lukács como Baeumler ou Spengler. Se desse modo Nietzsche é libertado da imagem substancialmente decadente em que havia sido enquadrado pelas leituras do início do século XX (a começar pela de Dilthey, para quem Nietzsche é um típico "filósofo da vida", daqueles que florescem nas épocas de dissolução das grandes visões metafísicas) e colocado na perspectiva inaugurada com toda a credibilidade por Heidegger, que ao contrário o vê como o ápice da racionalidade tecnocientífica ocidental (precisamente na medida em que eliminou qualquer tipo de limite metafísico, de essências, naturezas e normas, que poderiam opor-se à vontade de potência do sujeito moderno), na leitura de Cacciari ele não é o anunciador de nenhuma libertação ou emancipação, mas apenas o defensor de um extremo e desencantado "realismo". Esse tom, que o pensamento de Cacciari manteve também fora do âmbito de seus estudos nietzschianos, corresponde muito bem a uma certa época da história da cultura italiana, sobretudo a de esquerda, em que a crítica dos dogmas metafísicos do marxismo foi realizada com uma atitude que a meu ver deve ser definida como um tanto masoquista: chega de ilusões historicistas e humanistas que ainda permeiam a filosofia de Marx, é preciso dar lugar agora a uma visão lúcida, "impiedosa" – às vezes até um pouco *dandy* – da situação em que se encontra o homem na época final da modernidade. O caráter construtivo que, contudo, deve ser reconhecido também nesses traços da leitura de Cacciari consiste no esforço de captar a relação positiva, e não apenas crítica, de Nietzsche com a modernidade e os seus aspectos determinantes, como a ciência e a tecnologia.

Quanto à leitura de Nietzsche que eu mesmo propus no livro de 1974, também ela tem suas raízes na interpretação heideggeriana. Pensa Nietzsche como o anunciador de um pensamento pós-metafísico que se fundamenta antes de tudo no niilismo como dissolução do ser identificado com a presença, a objetividade, a manipulabilidade. O que Heidegger chama de metafísica, e que Nietzsche nos ajuda a ultrapassar, é aquilo que na linguagem marxiana se chama a alienação ligada à divisão do trabalho social. Em um espírito muito próximo do movimento de 1968, a aproximação entre metafísica no sentido heideggeriano e alienação marxiana leva a pensar que a revolução, se houver, só poderá ser bem-sucedida se eliminar os persistentes resíduos metafísicos que ainda sobrecarregam o pensamento de Marx, e isso precisamente com a ajuda da crítica genealógica de Nietzsche. O eterno retorno, nessa perspectiva, aparece como a utopia de um mundo em que, destruídas as estruturas do domínio, seja possível também realizar uma reunificação, no homem, de essência e existência (aquela que Sartre, na *Razão dialética*, pensou como apropriação do sentido da história por parte dos sujeitos que concretamente a fazem). Ainda que depois do livro de 1974 eu tenha percebido que não se pode imaginar nem a superação da metafísica em que pensa Heidegger, nem o *Übermensch* nietzschiano como resultado de uma conciliação dialética, e portanto tampouco de um processo revolucionário de tipo marxiano (já que também o sujeito conciliado dialeticamente é ainda estruturado demasiado metafisicamente), as características essenciais da interpretação de Nietzsche propostas naquele livro parecem-me ainda inteiramente atuais: a ideia de um niilismo "ativo", como o chama Nietzsche, que deve ser levada até o fim porque apenas de um enfraquecimento das estruturas fortes do ser se pode esperar o surgimento de uma nova relação não mais metafísica entre ser e homem como a que Heidegger se esforça para pensar. Essa interpretação (que deu lugar na Itália àquilo que se chamou o "pensamento débil") depende estreitamente de Heidegger, mas tem a característica de não "levar a sério" aquilo que o próprio Heidegger diz de Nietzsche, vendo-o apenas como o último pensador da metafísica: trata-se, ao contrário, de ser fiel a Heidegger além do sentido literal de seus escritos, reconhecendo que, para superar realmente a metafísica (o ser reduzido à presença, à objetividade etc.), é preciso seguir Nietzsche no caminho do niilismo; de resto, segundo uma indicação que o próprio Heidegger dá na conferência sobre *Zeit und Sein*, quando escreve que para pensar autenticamente é preciso "abandonar o ser como fundamento".

Talvez seja uma impressão pouco objetiva, própria de alguém ativamente "interessado" demais para ser realmente um informador confiável: no entanto, parece-me que, embora expostas aqui muito sumariamente, as leituras italianas de Nietzsche[4] caracterizam-se, em comparação com as francesas, por uma relação mais estreita (e talvez também mais "ideológica") com a atualidade política, já que nos anos 1960 elas foram formuladas em um contato muito intenso com os movimentos da extrema-esquerda; e que precisamente por isso mostram a tendência a não se contentar com um Nietzsche apenas crítico-suspensivo, empenhando-se em lê-lo em um sentido mais pleno como o possível ponto de referência de

---

4. Para informações mais amplas, cf. o livro de M. Ferraris, *Nietzsche e la filosofia del Novecento*, cit.

uma filosofia pós-metafísica. Por essas duas características, parece-me, elas se distinguem muito claramente das leituras francesas, as quais, não obstante o indubitável *engagement* (pode-se dizer isso sem parecer demasiado sartriano?) político de filósofos como Foucault e Deleuze, do outro lado dos Alpes aparecem mais marcadamente próximas de experiências artísticas e literárias, ligadas (muitas vezes até por linhas muito precisas) ao espírito das vanguardas. Precisamente um certo esteticismo tende a fazer com que, mesmo vendo em Nietzsche o grande destruidor da tradição metafísica ocidental, as interpretações francesas mais significativas acabem reduzindo seu alcance subversivo à "suspensão" das pretensões metafísicas de qualquer pretensa verdade, valor, construção simbólica: como se tudo, para a filosofia, pudesse ser reduzido a uma advertência contra aquilo que julga elevar-se, apolineamente, acima do dionisíaco mundo da vida. Mas talvez tanto Nietzsche em suas tentativas sistemáticas como a filosofia de hoje considerem difícil se contentar com essas conclusões.

NIETZSCHE 1994*

Cento e cinquenta anos do nascimento de Nietzsche: não são muitos, e talvez – no caso de um autor como Nietzsche, que em tantos sentidos é considerado extemporâneo, póstumo, destinado a ser mal-entendido – a coisa certa a fazer na circunstância não seja tanto relembrar, trazer de volta um ausente, mas instalar-se decisivamente na distância e tentar olhar para a situação atual de sua *Wirkung*, de seu sucesso, de seus efeitos sobre nossa cultura. Em poucas palavras, não procuraremos esclarecer um ou outro aspecto da filosofia de Nietzsche, reexaminando seus textos, mas considerar alguma coisa que com certeza é muito fugaz e corre o risco de se identificar com impressões e opiniões, ou seja, o estado das interpretações hoje.

No entanto, se, não podendo nem querendo apresentar um inventário bibliográfico completo, se partirá

---

* Este texto foi lido em 15 de outubro de 1994 durante um congresso organizado pela Universidade de Buenos Aires por ocasião dos cento e cinquenta anos do nascimento de Nietzsche.

aqui de uma impressão, a relativa arbitrariedade do ponto de partida poderá ser compensada pelas reflexões a que dará lugar (de resto, assim funcionaria também uma exploração que se pretendesse mais completa, objetiva, documentada...).

A impressão da qual proponho partir é esta: que a imagem de Nietzsche hoje tende a readquirir aquelas características "estéticas", esteticistas ou estetizantes que nas décadas passadas – digamos, a partir do início dos anos 1960 – pareciam sobrepujadas pela imagem de um Nietzsche mais político. Entende-se que o termo político aqui não tem um significado restrito, já que quase nunca se pensou que era possível ligar Nietzsche a um programa político preciso, transformando-o no ideólogo de um partido, de um movimento, no profeta de uma forma ideal de sociedade etc. A exceção mais visível e funesta é naturalmente representada pela pretensão dos nazistas de incluí-lo entre os partidários da seleção racial, do Estado totalitário, da violência sem limites. Mas talvez precisamente a lembrança dolorosa do uso nazista tenha vacinado os intérpretes dos decênios sucessivos contra os riscos da politização demasiado literal, vulgarizante, instrumental. No entanto, é verdade que, no período em que penso, que inclui também o 1968 da contestação estudantil e os anos imediatamente sucessivos em que grande parte da *intelligentsia* europeia se sentiu envolvida em algo que aparecia, então, como um movimento em algum sentido revolucionário, geralmente não se olhou Nietzsche como um autor cujo pensamento podia ser resumido nos termos de uma poética, de um programa de arte, ou até de uma teoria da existência do artista. O livro que publiquei em 1974, e que tinha como centro a ideia de que o além-do-homem de Nietzsche poderia, em múltiplos sentidos, ser a mais autêntica realização do homem desalienado de Marx, embora tenha despertado inúmeras discussões e objeções, não me parece ter suscitado escândalo por ser excessivamente político. Para dar um exemplo concreto: um título como o do livro de Alexander Nehamas, *Nietzsche. A vida como literatura*[1], que recentemente teve um bom sucesso nos Estados Unidos, teria sido considerado provavelmente uma expressão crítica e limitadora nos anos em que Foucault e Deleuze evocavam Nietzsche para pôr em discussão a sociedade burguesa, o capitalismo etc. É verdade que a leitura "estetizante" de Nietzsche, que por fim se exprime na obra de Nehamas, tem suas raízes justamente na França, até em autores como os dois mencionados; mas nos anos 1960 e 1970 seu lado esteticista era como que deixado na penumbra, em favor de preocupações que, mesmo no sentido amplo de que eu falava, podem ser legitimamente chamadas de políticas. Se se releem hoje os dois volumes que trazem as atas do colóquio sobre Nietzsche realizado em Cérisy La Salle em julho de 1972[2], pode-se notar, até mesmo a partir das poucas linhas que ilustram a obra na quarta página de abertura, a característica mistura de tensão política e vanguardismo literário, uma mistura que, no entanto, nos próprios termos em que é formulada, mostra a intensidade, e a meu ver a nítida predominância, da dimensão "política". "... O colóquio ... compara as leituras mais subversivas de Nietzsche com exegeses estilísticas, filosóficas e políticas, despojadas de qualquer academicismo. Os subtítu-

---

1. *Nietzsche. Life as Literature*, Harvard, Harvard University Press, 1987, trad. it., Roma, Armando, 1989.
2. *Nietzsche aujourd'hui*, cit.

los dos dois volumes evocam os temas da intensidade libidinal, do complô, da máscara, mas também o questionamento radical de todo humanismo, ainda que revolucionário, que não seria, antes de tudo, senão *béance* e paródia, crucifixão de Dioniso no êxtase impossível de um mundo transfigurado ..." Naturalmente, logo se observará que aqui se coloca em questão também o "humanismo revolucionário", em favor de termos como paródia, *béance*, êxtase impossível. Mas experimente-se imaginar tal apresentação fora do clima essencialmente político daqueles anos. São os anos em que na Itália, por exemplo, os debates culturais organizados pelas chamadas "cidades vermelhas" eram dedicados a Nietzsche e ao niilismo e reuniam milhares de pessoas que certamente não teriam partido para um encontro acadêmico ou de interesse estético-literário. Ainda que de maneira obscura e confusa, naqueles anos buscava-se em Nietzsche não apenas o crítico "moralista" da cultura burguesa, mas também o teórico de uma possível alternativa repleta de implicações políticas e sociais. Aquele alcance revolucionário da filosofia de Nietzsche já naquela época, nos principais intérpretes franceses presentes em Cérisy, era fortemente caracterizado em sentido estético, como agora tentarei esclarecer; mas esse caráter nunca se mostrava separado de um discurso cujo tom permanecia principalmente político. O *Anti-Édipo* de Deleuze e Guattari talvez possa nos parecer hoje uma "metafísica de artista", como diria Nietzsche. Na época, porém, era lido, e muito provavelmente também escrito por seus autores, com intenções de aplicação política mais ou menos imediata.

O que acontece hoje, e que me parece testemunhado pela popularidade de um trabalho como o de Nehamas não apenas no ambiente cultural anglo-saxão, pode ser descrito como uma libertação do componente esteticista daquelas interpretações "francesas" de Nietzsche do invólucro "político" em que então estavam encerradas. Assim, em Cérisy (onde, para dar ainda um exemplo eloquente, o relatório de Lyotard se intitulava: *Notes sur le retour et le Kapital*), quando Pierre Klossowski (que três anos antes publicara seu livro *Nietzsche et le cercle vicieux* – traduzido em italiano apenas no início dos anos 1980, e lembro esse fato porque também isso me parece um sintoma) falava da doutrina do eterno retorno como da base de um complô subversivo paradoxal que visa subverter as próprias bases da ordem social, sem contudo nunca se propor instaurar uma nova ordem, certamente propunha uma posição de tipo fundamentalmente estético e literário, mas devia depois (na discussão também reproduzida no volume) enfrentar uma série de objeções e perguntas de tom principalmente político.

Se nos perguntarmos o que ficou hoje de todo aquele nietzschianismo que se expressava em eventos como o colóquio de Cérisy, a resposta provavelmente será uma só: permaneceu o Nietzsche desconstrucionista de Derrida, ou seja, ao menos no sentido da minha hipótese, precisamente o aspecto estético-literário despojado do invólucro político. O livro de Nehamas, embora original e fruto de uma pesquisa independente, é sintomático também como expressão da afirmação final da leitura desconstrucionista de Nietzsche na cultura contemporânea, não apenas americana.

A intervenção de Derrida em Cérisy (intitulada *La question du style*) era o texto que depois se tornou um livro autônomo com o título *Eperons*, esporas, conservando o subtítulo de *Styles de Nietzsche*; é o escrito em que

Derrida discute mais amplamente a leitura heideggeriana de Nietzsche, e que se encerra provocativamente com a exegese, por assim dizer, da frase de Nietzsche "Esqueci o guarda-chuva", encontrada pelos editores entre os manuscritos póstumos e publicada em um dos volumes da edição crítica. Não importa aqui, e não se poderia, retomar todo o complexo discurso de Derrida naquelas páginas. No entanto, pode-se recordar que ali se encontram em síntese os motivos da diferença entre a leitura derridiana e a heideggeriana de Nietzsche: ao interesse ontológico de Heidegger, a sua permanência no horizonte da ontologia (portanto logocentrismo, portanto obsessão pelo próprio, pelo autêntico etc.), Derrida contrapõe o chamado ao indecidível, à ambiguidade da diferença sexual, e sobretudo à ambiguidade do *Geben* (*es gibt Sein, Gabe*), do dom. O tema do dom (com uma referência explícita também a Mauss, ainda que através de uma página de Rodolphe Gasché, cf. p. 278), como um aceno à economia "no sentido restrito" – mas se poderiam buscar outros indícios –, testemunha a continuidade dessas páginas derridianas com a tradição da leitura francesa de Nietzsche: não apenas Klossowski, mas antes dele Bataille, e provavelmente Blanchot, e também o hegelianismo "existencialista" da Paris dos anos 1930-40.

Com a acumulação dessas referências, estou tentando esclarecer por que esse ensaio de Derrida me parece característico dos problemas diante dos quais ainda hoje, ou novamente hoje, se encontra a interpretação de Nietzsche. Aquela que chamei a leitura "política" de Nietzsche poderia muito bem ser identificada, ou ao menos ser ligada por inúmeros aspectos, com a leitura heideggeriana; enquanto nos anos 1960-70 a corrente francesa da interpretação de Nietzsche, que remonta a Bataille e a

Klossowski, se manteve bem próxima do Nietzsche de Heidegger (cumprimento da metafísica, profeta do resultado niilista da civilização ocidental moderna) precisamente em virtude de um certo predomínio do interesse político, que se concretizava em uma visão de Nietzsche como expressão suprema da conclusão niilista da história do Ocidente moderno (e portanto também do fracasso de suas estruturas políticas), nos anos recentes a separação de Nietzsche desse horizonte político (crítico, revolucionário etc.) acentuou-se, a ponto de tornar até mais nítida a fratura entre o Nietzsche heideggeriano e o Nietzsche "francês", em um contraste que, por ora, me parece ter-se concluído com a predominância deste último. Nehamas (e Rorty) *docet*.

O Nietzsche que recebemos dessas mudanças de interpretação é um Nietzsche não mais, em nenhum sentido, político, mas "estético". Sua caracterização mais clara e expressiva é a que podemos encontrar, no mesmo congresso de Cérisy, na intervenção de Klossowski a que já me referi. Klossowski (dito muito sumariamente) vê o pensamento nietzschiano como uma espécie de permanente revolução estética. Contra o nivelamento e a estagnação que ameaçam a humanidade atual, em que prevalece um "surdo conluio entre moral institucional e teoria darwiniana", a doutrina do eterno retorno entendido como círculo vicioso, pura insensatez do devir, constitui para Klossowski o princípio seletivo com base no qual Nietzsche quer tramar um complô que tem o objetivo de minar a sociedade do nivelamento. No entanto, o complô, precisamente porque seu critério seletivo é o círculo vicioso, não é uma modalidade de ação provisória que acabaria instaurando uma ordem diferente. Nesse caso, só faria repetir o caráter institucional, nivelador, da ordem que deseja combater. O círculo vicioso obriga o complô a se caracterizar como pura experimentalidade sempre aberta de novo, nunca satisfeita por nenhum resultado. "A experimentação é essencialmente o ato, ou o tipo de atos, que se reserva o privilégio de fracassar. O fracasso de uma experiência revela mais que o seu sucesso" (p. 102). Os outros termos com que Klossowski ilustra essa teoria são os de "delírio" e de "formações patológicas", cujas implicações políticas, no debate de Cérisy, foram bem claramente apreendidas e discutidas por interlocutores como Derrida, Deleuze, Lyotard. Em toda essa discussão, a estética nunca assume um peso central: mesmo assim, tanto através do patológico e do delírio, que não são alheios à tradição literária surrealista a que Klossowski se vincula, e mais em geral a tantas poéticas de origem romântica, quanto através do termo mais próximo de "paródia" (outro meio característico do complô), é precisamente um resultado estético aquele que por fim se delineia – estético também e sobretudo no sentido "esteticista" de ato que não cria história, que não dá lugar a instituições, que se esgota em seu caráter pontual e que contudo, precisamente nessa forma, configura uma "grandeza" e um alcance "revolucionário" específicos.

Embora o livro de Deleuze sobre *Nietzsche e a filosofia* seja de 1962, isto é, anterior à formulação mais madura e ampla da interpretação klossowskiana (*Nietzsche e o círculo vicioso* é publicado em 1969; mas há páginas sobre Nietzsche de *Sade mon prochain*, de 1947, e os ensaios que depois confluíram no volume *Un si funeste désir* de 1963), geralmente é verdade aquilo que Maurizio Ferraris escreve sobre ele em seu *Nietzsche e a filosofia do século XX*: ou seja, que o trabalho interpretativo de Deleuze é "a expressão mais rica da atitude exegética inaugurada por Bataille-Klossowski"[3], e que, acrescentaria eu, continua característica em todo o Nietzsche "francês" até Derrida. Em Deleuze, o complô klossowskiano torna-se a afirmatividade infinita que põe em xeque todo pensamento puramente reativo e que se recusa a qualquer conciliação dialética, acabando por se converter em uma retomada do vitalismo bergsoniano, cujos desdobramentos místicos assumem aqui o aspecto de uma tensão revolucionária ainda que intensamente marcada por traços políticos que explicam a popularidade de Deleuze nos movimentos de contestação radical dos anos 1970, até aquelas margens extremas que, na Itália, assumiram o nome de "autonomia operária": lembro-os porque me parecem uma manifestação característica de um niilismo sem esperança de construção histórica, sem perspectiva de se tornar "estado", que une o Nietzsche afirmativo de Deleuze ao Nietzsche pensador do complô de Klossowski.

Contudo, o que desejo ressaltar, sem ilustrar ainda mais as teses de Deleuze, é que da linha interpretativa Bataille-Klossowski-Deleuze hoje continua vivo apenas o Nietzsche desconstrucionista de Derrida, a que se dá continuidade no livro de Nehamas. Esse Nietzsche menos político e mais literário, cujo pensamento se resumiria em opor à metafísica uma redescoberta do "estilo" como única saída, é ainda o Nietzsche de Bataille e de Klossowski, despojado porém das características mais estritamente políticas, ou até "metafísicas", caso se queira, que ao contrário ainda tinha para Deleuze. A impressão de que parti, e que, obviamente, pode ser questionada mas me parece suficientemente fundamentada e signifi-

---

3. M. Ferraris, *Nietzsche e la filosofia del Novecento*, cit., p. 121.

cativa, é que não restam hoje muitos vestígios da interpretação de Deleuze, e que em contrapartida a de Derrida se afirma. Esta, porém, ao contrário do que se pensa (lembro mais uma vez o trabalho de Ferraris), não é uma linha interpretativa diferente da de Bataille-Klossowski, mas representa apenas uma continuidade mais claramente esteticista, literária, "impolítica" dela.

O ainda que relativo esquecimento em que caiu o Nietzsche político de Deleuze, mas também de Foucault e, talvez, de Lyotard, em favor do estético certamente tem também e sobretudo motivações externas à teoria, de sociologia geral da cultura. É aquilo que nos anos passados, quando ainda era uma novidade (que ainda por cima parecia provisória), foi chamado de refluxo (mas no cinema americano é o "grande frio", por exemplo): o fim das esperanças em uma transformação radical ao alcance da mão do sistema capitalista, o fim do sonho revolucionário (chinês, cubano). A atual maior popularidade do Nietzsche estético parece-me refletir antes de tudo esse clima cultural diferente, no qual também no pensamento político se afirmou cada vez mais amplamente um enfoque "popperiano" dos problemas, a lógica das soluções "parte por parte", uma atitude pragmática que foge dos juízos globais e das pretensões de solução radical. Quem, não obstante tudo isso, ainda tem a coragem de se referir a Nietzsche o faz agora apenas em nome de uma "revolução" que tem sua base na escrita, no estilo, nos textos, e que não tem mais a ilusão de agir diretamente sobre as estruturas efetivas da sociedade.

Essa desilusão, como muitas vezes ocorreu na história da crítica filosófica do existente, se abranda e se reconcilia consigo mesma em nome da ideia de que, seja como for, aquilo que a vontade de potência nietzschiana busca não pode identificar-se com nenhuma ordem efetiva, nem sequer com a sociedade revolucionária sonhada por tantas ideologias, a última das quais é a marxista. Quanto Bataille, em seu livro sobre Nietzsche de 1945[4], declara que é "espantoso reduzir ao nível de propaganda [entende-se especialmente a nazista; mas também eventualmente a oposta, G.V.] um pensamento que permaneceu comicamente sem uso e que abre apenas o lugar para aqueles que nele se inspiram" (pp. 23-4), estabelece já claramente as premissas para a noção de complô que será explicitada por Klossowski: o "lugar" que Nietzsche abre é aquele diante do qual se encontra qualquer necessidade radical de totalidade que se exerça como "total libertação do possível humano" (p. 22). Mas a liberdade não pode subordinar-se a nenhum fim particular, nem sequer ao de lutar contra uma forma determinada de opressão. "Apenas se não é subordinada a um objeto preciso que a supera, a vida permanece integral" (p. 28). É aquilo que em outro lugar Bataille chama a "experiência interior [que] é a própria maneira com que se afirma a negação radical que não tem mais nada a negar" (ensaio introdutório de Blanchot, p. 14). Um texto muito significativo, em que é claro que a afirmatividade pertence somente à mais total negação, precisamente aquela que não se contenta em negar (apenas) algo de determinado, mas vai sempre além. Seria interessante vincular mais detalhadamente essas passagens de Bataille ao "hegelianismo" parisiense dos anos 1930 e 1940, até a teoria sartriana da imaginação posterior a *L'être et le néant*: na raiz de toda afirmatividade está a potência do negativo, que o hegelianismo existencialista de Kojève e

---

4. G. Bataille, *Nietzsche*, cit.

de Hyppolite opõe à conciliação dialética. E a dialética é também o objetivo polêmico contra o qual se constrói o Nietzsche afirmativo de Deleuze.

Não é exagerado dizer que na popularidade atual do Nietzsche estético ecoa toda essa herança do "pensamento negativo", que contém em si a justificação da impoliticidade do pensamento, entendida não como uma posição de impotência e de último recurso, mas como sinal da nobreza do espírito, do anseio de infinito que, para ser realmente reconhecível, só pode apresentar-se na forma da "parte maldita" (Bataille) ou na fantasia perversa de Sade (Klossowski). Observarei de passagem que a noção de perversão sobrevive talvez, como vestígio remoto mas não muito, na "torção" de que fala Derrida retomando autonomamente a *Verwingund* heideggeriana; e também eu estou em parte de acordo.

Mas – à parte a atualidade "cultural" dessa interpretação (que talvez, mais que depor em favor de sua validade, deveria suscitar, precisamente para quem queira ser fiel a Nietzsche, fortes suspeitas e necessidade de alternativas...) – podemos considerar que esse seja o verdadeiro Nietzsche? Ou seja, que a experiência interior de Bataille e o complô de Klossowski sejam aquilo que em última instância Nietzsche significa (e apenas pode significar) para nós? Como já mencionei, não vejo grande diferença entre Bataille-Klossowski, de um lado, e Derrida-Nehamas, de outro. É verdade que Derrida e, sobretudo, Nehamas apresentam-se com traços muito mais sóbrios, menos escandalosos, extremistas, ou simplesmente menos místicos, que seus predecessores. Ambos, ainda que de formas diferentes, veem a revolução nietzschiana como uma questão de "estilo": que em Derrida coincide mais ou menos com aquilo que ele mesmo concebe e pratica como desconstrução, a qual implica uma espécie de olhar "perverso" para os textos da tradição, uma deslocação deles que, no entanto, Derrida pode considerar digna de ser perseguida só com a condição de vê-la como uma espécie de revelação da verdadeira estrutura metafísica do ser ou então (já que certamente não aceita a primeira posição) à custa de teorizar implicitamente sua afirmatividade nos termos da negatividade radical de Bataille.

Quanto a Nehamas, ele pensa que o vertiginoso pluralismo estilístico de Nietzsche seja o exemplo vivenciado de um pensamento que leva radicalmente a sério a falta de fundamentos, e portanto pode conceber o eu apenas como a criação literária que faz de si mesmo. Parece-me que o sentido da interpretação de Nehamas é bem ilustrado por Rorty, que, em uma base análoga, vê Nietzsche como um pensador, ainda que imperfeitamente, "irônico", ou seja, consciente de que a filosofia é sempre apenas uma redescrição do mundo entre outras, uma espécie de invenção poética que pode ser apresentada apenas como obra de arte, sem nenhuma pretensão de legitimação "objetiva". Mas – para voltar ao vínculo também deste Nietzsche com suas remotas origens em Bataille – se o que importa, como diz Rorty, é que a conversa continue, e portanto que nasçam sempre novas "redescrições", é em suma porque a liberdade é ainda sempre pensada apenas naquele sentido radicalmente negativo que tinha em Bataille.

O que acontece se, diante da (impressão de) difusa popularidade do Nietzsche estético, levamos a sério a suspeita (inspirada justamente por Nietzsche, mestre da suspeita) de que essa imagem corresponda demasiado pacificamente ao clima cultural e político dominante (com tudo o que de vago tem também essa expressão) para poder ser verdadeira, ou até mesmo apenas aceitável? Em outras palavras: o pensamento que se inspira em Nietzsche pode hoje contentar-se em dar lugar a uma revolta puramente estético-literária contra a tradição ocidental? Esclareço: não que aqui se esteja buscando sujeitar (de novo) Nietzsche a usos propagandísticos ou de imediato significado prático-político. O que pretendo dizer é, antes, que não me parece aceitável a ideia de que Nietzsche se resuma inteiramente no teorizar uma rejeição do existente que se identificaria com a criação artística de mundos alternativos; ou seja, que produziria apenas obras de arte oferecidas à fruição de uma consciência estética, destinadas à galeria ou ao museu, ao teatro ou ao entretenimento. Pelo menos, essa insatisfação pode ser atribuída legitimamente ao próprio desenvolvimento do pensamento nietzschiano depois de *O nascimento da tragédia*: esse desenvolvimento, como não seria difícil mostrar com uma análise mais detalhada dos textos, vai precisamente na direção de substituir a mera revolução estética wagneriana, na qual o escrito sobre a tragédia acreditava reconhecer o início de um renascimento da cultura trágica, por uma transformação mais historicamente consistente – até as ideias de "grande política" que obscuramente se agitam nos fragmentos póstumos dos anos 1880. Em suma, aquela "dinamite" da cultura que Nietzsche desejou e acreditou ser realmente se resumiria na teorização de uma metafísica de artista, seja ela pensada na forma da desconstrução derridiana (que se realiza sempre em performances de tipo, no fundo, artístico), seja na forma da invenção de redescrições de si mesmo e do mundo em que pensam Nehamas e Rorty? Como se vê, nessa pergunta ecoa também algo mais que o problema "filológico" de entender o que Nietzsche queria dizer; de fato, a pergunta pode ser reformulada também deste modo: a filosofia depois de Nietzsche deve realmente tornar-se uma atividade "simplesmente" estética, na medida em que a dissolução da metafísica e da própria ideia de fundamento só pode dar lugar a um resultado desse tipo?

Gostaria de sugerir, como conclusão provisória, que talvez seja possível recuperar um Nietzsche diferente, ainda que não político em sentido estrito (quando muito, uma síntese renovada das duas imagens que seguimos aqui), refletindo ainda sobre alguns componentes da leitura de Bataille. Em primeiro lugar, voltemos por um instante às razões de Derrida, e depois de Rorty[5], contra a interpretação heideggeriana de Nietzsche – que, como dissemos acima, pode ser considerada mais próxima do Nietzsche "político". Derrida pensa que Heidegger erra ao ler Nietzsche como cumprimento da metafísica não apenas porque Nietzsche, com o estilo de sua escrita, se situa fora daquela tradição; também e sobretudo porque é errado acreditar que o pensamento possa sair da metafísica falando ainda em termos de história do ser, como faz Heidegger. Ora, mas é precisamente a referência à história do ser que defende Heidegger do risco do esteticismo, ou seja, do risco de considerar o exercício do pensamento como um puro *coup de dès*, como o ato genial, ou a torção ou a perversão, totalmente imprevisível e imotivada, de quem desloca os textos e as pegadas do passado (e assim, devemos supor, testemunha a própria infinita liberdade...). Quanto a Rorty, ele recrimi-

---

5. R. Rorty, *La filosofia dopo la filosofia* (1989), trad. it., Roma-Bari, Laterza, 1989.

na Nietzsche e Heidegger pelo fato de não serem radicalmente irônicos o bastante – ou seja, de terem pretendido fundar a verdade de sua redescrição em uma estrutura objetiva: para Nietzsche, a vontade de potência e o eterno retorno; para Heidegger (aqui Rorty retoma a seu modo Derrida), a história do ser.

Ora, o curioso é que, enquanto tanto Rorty como – de maneira mais atenuada – Derrida e, antes, Klossowski só podem exaltar o caráter individual e individualista do exercício estilístico de Nietzsche (até o complô de Klossowski dificilmente pode ser obra de um grupo organizado), Bataille recusa-se explicitamente, em sua leitura de Nietzsche, a conceber a experiência de liberdade radical do pensamento como uma questão exclusivamente individual, embora sinta o fascínio dessa posição (cf. p. 31). Eis duas passagens que me parecem esclarecedoras: "Nietzsche não duvidou de que a existência do possível proposto por ele [ou seja: da liberdade total da negação-afirmação, G. V.] exigisse uma comunhão. O desejo de uma comunhão agitava-o sem cessar" (p. 41); e pouco acima: "Tudo o que diz respeito ao humano exige a comunidade daqueles que o querem. O que deseja ir longe exige esforços conjuntos, ou ao menos sucessivos um ao outro, que não se limitem ao possível para um só [...]. A vida é apenas o elo de uma corrente [lembra *Humano, demasiado humano*, I, G. V.]. Quero que outros continuem a experiência que antes de mim outros começaram, que outros se dediquem como eu, como outros antes de mim, à minha própria prova: ir até os limites do possível" (p. 41). Se aqui a exigência de comunidade é motivada pela infinitude do objetivo que nos é apresentado (o possível humano não pode ser o possível de um só), poucas páginas mais adiante ela é ligada mais profundamente ao núcleo do pensamento de Bataille, que é a noção de *dépense*-desperdício, dispêndio: "O ápice corresponde ao excesso, à exuberância das forças. Está ligado ao dispêndio de energia sem medidas, à violação da integridade dos seres. Está portanto mais próximo do mal que do bem." E nesse sentido "Cristo na cruz é a expressão mais equívoca do mal" (p. 49). O dispêndio é comunicação, mas a comunicação – como mostra, segundo Bataille, o caso da comunicação do homem com Deus, que ocorre em Cristo crucificado (cf. p. 50) – viola a integridade dos seres, é uma ferida: "o amor suja aqueles que une" (p. 50). "A 'comunicação' não pode ocorrer de um ser pleno e intacto para outro: ela quer seres em que esteja em jogo o ser – em si mesmos – no limite da morte, do nada" (p. 51).

Não se trata apenas do fato de que, sendo posto ao infinito, o objetivo (todo o possível humano) exige o empenho de uma comunidade e não pode dizer respeito ao indivíduo isolado; mas também e sobretudo do fato de que, lançando-se para além do ser (quanto de tudo isso ecoará, por exemplo, em Lévinas?), a vontade de afirmação tem necessidade de comunicação como superação de si; sem dúvida, "além do meu ser está antes de tudo o nada" (p. 51), mas precisamente na abertura para o nada está também a possibilidade e a necessidade de se comunicar com o outro. É a possibilidade ameaçadora da morte que constitui a extrema abertura para o nada e que, imediatamente, evoca também a presença dos outros, mortais como eu, mas que podem continuar a interrogação radical (cf. p. 68).

Precisamente a mortalidade que o existente experimenta como possibilidade de nulificação é, em Heidegger, a raiz da qual se ramifica o discurso sobre a história do ser: é porque a abertura da verdade, a época do ser, terminam e se sucedem como as gerações mortais, que o ser é envio, *Ge-Schick*, história de interpretações que se ligam uma à outra como chamados e respostas, e não se amontoam em uma desordem meramente arbitrária e incompreensível. A experiência interior de Bataille, que visa além do ser (Heidegger, porém, diria além do ente), que experimenta esse além como encontro com o nada, como dispêndio e dissipação, e portanto, inseparavelmente, como abertura para os outros que sente junto consigo como elos de uma mesma corrente, não terá algo a ver com a história do ser de Heidegger? Quero dizer que nessa proximidade, que podemos razoavelmente reconhecer, provavelmente está a possibilidade de reconstruir uma síntese entre o Nietzsche político de Heidegger e o Nietzsche estético que vive em Bataille e em seus herdeiros.

A transgressividade e o complô, pensados em sua mais radical conexão com o dispêndio, o nada, a mortalidade e a comunicação com o outro, põem as redescrições de Rorty e o exercício da desconstrução de Derrida na condição de se remeter de modo não metafísico a uma "lógica" diferente daquela do simples *coup de dès*. Em Nietzsche, essa "lógica" é a da história do niilismo, que chega a reconhecer a ausência de fundamento apenas no final de um processo que exige ser reconhecido, interpretado, assumido como um destino a que é preciso se manter fiel. Por outro lado, reencontrando o próprio parentesco com o dispêndio de Bataille, a história do ser de Heidegger perde o caráter de uma filosofia da história demasiado rígida e metafísica contra a qual teriam razão as objeções de Derrida. E por fim também a retomada batailliana da noção de dom, como ele a encontra em Mauss, abre significativas possibilidades de reinterpretar, em perspectiva niilista nietzschiana, a *Gabe*, o *es gibt Sein* de Heidegger. O evento do ser é dom, ou seja, dispêndio, e no final vocação para o nada, para a dispersão, poderíamos dizer (como talvez já se terá compreendido...) para o enfraquecimento. E enfim: a "grande política" de que falam obscuramente os últimos escritos de Nietzsche talvez tenha a ver precisamente com uma lógica do dom, de que se poderia até reivindicar o alcance prático, realista, em um mundo no qual o que Bataille chamava a economia restrita revela-se cada vez mais insuficiente para regular as relações entre os indivíduos, as classes, as nações.

Nesses caminhos, pode-se talvez reconhecer que não existe um abismo intransponível entre o Nietzsche estético e o Nietzsche político; porém, trata-se de uma conexão que, por enquanto, parece apenas vislumbrada, e cujo aprofundamento pode muito bem ser considerado uma das tarefas diante das quais se encontra nosso pensamento, cento e cinquenta anos "depois" de Nietzsche.

ÍNDICE DE NOMES

Abraão 237-8
Adorno, G. 220
Adorno, Theodor
  Wiesengrund 170, 220-5,
  252, 293-4, 303
Agosti, S. 321
Allason, B. 11
Andler, Ch. 202
Apel, Karl Otto 134
Aristóteles 176, 180, 228, 284,
  320, 329
Artaud, Antonin 213

Baeumler, Alfred 136, 156, 159,
  343, 345
Bataille, Georges 136, 165-6,
  260, 295, 354, 357-61, 363-7
Bateson, Gregory 231
Baudelaire, Charles 223-4
Beaufret, Jean 1
Benjamin, Walter 214, 220
Benz, E. 36

Bergson, Henry 136
Blanchot, Maurice 165, 354,
  359
Bloch, Ernst 167-71, 204, 286,
  293-4
Borghello, G. P. 221
Boscovich, Ruggero Giuseppe
  268
Brecht, Bertolt 308
Burckhardt, Jakob 37, 50, 52,
  54, 68, 142, 246, 268

Cacciari, Massimo 261, 328,
  342, 344-5
Cambiano, G. 179
Carlyle, Thomas 136, 329
Carpitella, M. 302, 343
Cases, Cesare 258
Cassirer, Ernst 331
Cavallo, T. 170
César 161
Chiodi, P. 51

Colli, Giorgio 1-2, 5-6, 241, 255, 257, 262, 264, 324, 329, 340-4
Comte, Auguste 60, 288
Conill, Jesús 3
Copérnico 28

D'Annunzio, Gabriele 136
Darby, T. 4
De Angelis, E. 171, 220, 294
De Feo, N. M. 342
De Toni, G. A. 246
Deleuze, Gilles 50, 108, 136-7, 246, 260, 284, 295, 328, 343-4, 348, 351-2, 356-8, 360
Derrida, Jacques 134, 137, 187, 215-9, 225, 260, 262, 321, 327, 343-4, 353-8, 360-1, 363-4, 366
Descartes, 6, 117, 118, 257, 284, 326
Dilthey, Wilhelm 88, 134, 136, 139, 246, 326-30, 345
Donolo, C. A. 252
Drews, A. 8
Dufrenne, M. 216
Dühring, Karl Eugen 9

Egyed, B. 4
Emerson, Ralph Waldo 136, 329
Ésquilo 303
Eurípides 193, 205, 211, 303

Fabris, A. 149
Ferraris, Maurizio 6, 322, 347, 356-8

Fichte, Johann Gottlieb 205
Filippini, E. 214
Fink, Eugen 50
Finzi, S. 295
Foucault, Michel 134, 136-7, 246, 260, 268, 327, 335-6, 343, 348, 351, 358
Freschi, M. 4
Freud, Sigmund 146, 191, 275, 283

Gadamer, Hans Georg 133, 139-40, 148-9, 300, 326
Gasché, Rodolphe 354
Gast, Peter 6, 8
George, Stefan 136
Givone, S. 342
Goethe, Johann Wolgang 161
Granier, J. 102, 108
Guattari, Felix 352

Habermas, Jürgen 134, 149, 153-6, 283
Hegel, Georg Wilhelm Friedrich 16, 60, 62-4, 95, 98-9, 106-7, 124, 132, 141, 159, 181, 212, 218-23, 235, 284, 316, 359
Heide, Lenzer 249-50
Heidegger, Martin 1-4, 6, 25, 41, 51, 112-6, 129, 131-4, 136-40, 148-50, 157-8, 175-6, 181, 214-8, 232, 241, 252, 255-62, 265, 271-2, 282-5, 293-4, 312-4, 319-22, 323-40, 342-7, 354-5, 360-7
Heráclito 14, 61, 95, 143, 305

ÍNDICE DE NOMES 371

Hölderlin, Friedrich 231, 324-6
Horkheimer, Max 303
Husserl, Edmund 139, 233, 326
Hyppolite, Jean 360

Isaac 238

Janz, C. P. 302
Jaspers, Karl 6, 36, 136-7, 258-9, 283, 343
Jauss, Hans Robert 134
Jones, B. 4
Joyce, James 213, 236

Kant, Immanuel 106, 109, 124, 186, 188-9, 199, 212, 288, 320
Kaufmann, Walter A. 10, 137, 160-1, 171, 283
Kierkegaard, Søren 67, 180, 237
Klossowski, Pierre 137, 165, 360, 284, 343, 353-60, 364
Kobau, P. 6
Kofman, Sarah 137, 187, 217, 282, 328
Kojève, Alexander 359

La Rochefoucauld, François de 268
Leibniz, Gottfried Wilhelm 112-3
Lévinas, Emmanuel 364
Lichtenberger, H. 8
Lo Gatto, Ettore 56
Löwith, Karl 5-8, 49, 136-8, 258-9, 283, 311-4, 319, 326-7, 343

Lukács, György 62, 136, 155, 158-65, 167-72, 213, 241, 261-2, 286-7, 345
Lyotard, Jean-François 353, 356, 358

Maeterlinck, Maurice 136, 329
Mann, Thomas 276, 283
Marconi, D. 247
Marx, Karl 168, 204, 244, 283, 345-6, 351
Masi, G. 157
Masini, Ferruccio 261-2, 295, 342
Mauss, 354, 367
Mazzarella, E. 336, 342
Millone, C. 247
Montaigne, Michel Eyquem de 268
Montinari, Mazzino 1-2, 5-6, 37, 241, 255, 257, 262, 264, 279, 324, 339-44
Moretri Costanzi, T. 36
Musil, Robert 236, 286

Napoleão 161
Nehamas, Alexander 351-7, 360-2
Nietzsche, Elisabeth 2, 6, 257

Overbeck, Friedrich 268

Papini, Giovanni 136
Pareyson, Luigi 106, 133
Parmênides 118, 312
Pautrat, Bernard 137, 187, 189, 191, 216-8, 282, 328

Peretti, M. 221
Péricles 208
Platão 31, 55, 175-80, 183, 205, 207, 209, 213, 256-7, 304, 312, 315
Pozzi, C. 215
Proust, Marcel 236

Rey, Jean Michel 137, 187, 191, 217, 260, 282
Ricoeur, Paul 133, 275
Rorty, Richard 134, 247-8, 327, 355, 361-6
Rossi, P. 330
Rousset, Jean 215
Ruskin, John 136, 329
Rustichelli, L. 6
Rütmeyer, Ludwig 268

Sade, marquês de 256, 360
Safranski, Rüdiger 3
Salizzoni, R. 247
Sartre, Jean-Paul 346
Schelling, Friedrich Wilhelm Joseph 106-7, 216
Schiller, Friedrich von 317
Schlechta, K. 9, 49
    Schleiermacher, Friedrich Daniel Ernst 134
Schmidt, Rüdiger 3
Schoeck, M. 88
Schopenhauer, Arthur 21, 77-8, 82, 97, 184-9, 199, 251, 270, 288, 303, 305, 340
Schultz, W. 106

Schürmann, Reiner 335-6
Secci, L. 213
Severino, Emanuele 328
Sini, C. 342
Sócrates 31, 53, 193, 211, 268, 303
Sófocles 303
Spengler, Oswald 158, 345
Stambaugh, J. 31
Steiner, Rudolf 8-9
Strauss, David 84

Tassinari, S. 108
Tiedemann, R. 220
Tolstói, Lev Nikolaevich 136, 329
Tylor, Edward Burnett 268

Vattimo, Gianni 139, 149, 176, 247, 204, 252, 271
Venuti, S. 6
Vigevani, R. 160
Vitiello, V. 342
Volpi, F. 6
Voltaire 267
Von Hermann, F. H. 4

Wagner, Richard 182, 268, 305
Weber, Max 256
Welte, B. 36
Wittgenstein, Ludwig 261

Yovel, Y. 4

Zanzotto, Andrea 165

Cromosete
Gráfica e editora ltda.
Impressão e acabamento
Rua Uhland, 307
Vila Ema-Cep 03283-000
São Paulo - SP
Tel/Fax: 011 2154-1176
adm@cromosete.com.br